明清野史丛书 第一辑

李鹏飞 编

蜀碧

（外二种）

[清] 彭遵泗 等 著

北京出版集团
文津出版社

图书在版编目（CIP）数据

蜀碧：外二种 ／（清）彭遵泗等著；李鹏飞编．—北京：文津出版社，2020.2
（明清野史丛书．第一辑）
ISBN 978-7-80554-706-0

Ⅰ．①蜀… Ⅱ．①彭… ②李… Ⅲ．①中国历史—野史—明代 Ⅳ．① K248.045

中国版本图书馆CIP数据核字（2019）第215931号

出版策划：安　东　高立志
责任编辑：乔天一
责任营销：猫　娘
责任印制：陈冬梅
封面设计：吉　辰
书名题字：老　莲

明清野史丛书　第一辑
蜀碧（外二种）
SHUBI
［清］彭遵泗　等　著
　　　　李鹏飞　　编

出　　版：	北京出版集团 文津出版社
地　　址：	北京北三环中路6号
邮　　编：	100120
网　　址：	www.bph.com.cn
发　　行：	北京出版集团
印　　刷：	河北赛文印刷有限公司
经　　销：	新华书店
开　　本：	889毫米×1194毫米　1/32
印　　张：	13.375
字　　数：	236千字
版　　次：	2020年2月第1版
印　　次：	2023年5月第3次印刷
书　　号：	ISBN 978-7-80554-706-0
定　　价：	58.00元

质量监督电话：010-58572393
如有印装质量问题，由本社负责调换

出版前言

1925年12月10日、12日、25日,鲁迅在北京的《国民新报副刊》上分三次发表了《这个与那个》(后收入《华盖集》),在第一节《读经与读史》中,鲁迅说:

> 我以为伏案还未功深的朋友,现在正不必埋头来哼线装书。倘其咿唔日久,对于旧书有些上瘾了,那么,倒不如去读史,尤其是宋朝明朝史,而且尤须是野史;或者看杂说。
>
> ……
>
> 野史和杂说自然也免不了有讹传,挟恩怨,但看往事却可以较分明,因为它究竟不像正史那样地装腔作势。

1935年2月,鲁迅在《文学》月刊第四卷第二号上又发表了《病后杂谈》(发表时被删去第二、三、四节,后全文收入《且介亭杂文》),文末也提到野史:

> ……我想在这里趁便拜托我的相识的朋友,

> 将来我死掉之后,即使在中国还有追悼的可能,也千万不要给我开追悼会或者出什么记念册。……
>
> 现在的意见,我以为倘有购买那些纸墨白布的闲钱,还不如选几部明人、清人或今人的野史或笔记来印印,倒是于大家很有益处的。

鲁迅一向看重野史、笔记之类非"官书"的史籍,盖因官修正史常是"里面也不敢说什么"的,而通过野史的记载,却往往能提供官书有意无意漏略不言的细节,也就是前引文中所说的"看往事却可以较分明"。而明清两代的野史记述了大量官书所不载的人物和事迹,其中还有不少是时人亲见、亲闻,乃至亲历的,其重要性不言可知。这些史料早已为学界所利用,但对大众读者来说,往往还是陌生的。编纂出版《明清野史丛书》,想来还是"于大家很有益处的"。

当然,作为史料,野史杂说也有其不足之处。鲁迅说它"免不了有讹传,挟恩怨",这在明末清初的一些史料中尤其明显。例如,《蜀碧》等书将明末清初四川人民遭遇的兵燹之灾一概归罪于张献忠,《汴围湿襟录》将决河淹没开封的责任推在李自成头上,《三湘从事录》作者蒙正发粉饰自己和恩主章旷、李元胤的所作所为,敌视由大顺军余部改编而成的"忠贞营"等,经过现当代学者的研究,都证明是不可靠的。由于本系列

出版前言

主要面向大众读者,我们不可能对书中记载一一进行核实和考辩,只能提请读者注意:尽信书,则不如无书。

另外需要说明的是,明清时期的野史,成书之后多通过抄录流传,不但鲁鱼亥豕在所难免,即残损佚亡,也不在少数。我们在编辑本丛书的过程中,尽量依据不同版本进行校勘,纠正了书中一些错字,特别是错误的人名、地名。但是,有一些人物在不同历史记载中的名字、行迹甚至最终下落都有不同,无法强求一致。如南明武将陈邦傅,一些史料写作"陈邦传",由于没有第一手史料可供确认,在编辑本系列所收野史时,也只能各从其原书写法。至于明显由于避讳改写的字,如改"丘"为"邱"、易"胤"为"允"、书"弘"为"宏",则径自回改,以存历史原貌。

总目录

蜀碧……………………………〔清〕彭 遵泗（001）

先拨志始………………………〔明〕文 秉（091）

鹿樵纪闻………………………〔清〕梅村野史（261）

蜀 碧

[清] 彭遵泗

目 录

叙 …………………………………………………（005）

卷一（起戊辰止癸未）………………………………（007）

卷二（起甲申止本年十二月）………………………（023）

卷三（起乙酉止丁亥）………………………………（044）

卷四（起顺治戊子止康熙癸卯）……………………（066）

附录 …………………………………………………（076）

  附记 ………………………………………………（076）

  哀蜀藩 ……………………………………………（079）

  余飞传 ……………………………………………（080）

  铁脚板传（附向成功）……………………………（081）

  刘道贞传 …………………………………………（083）

  杨展传 ……………………………………………（086）

叙

蜀碧者，哭蜀也。哭蜀者，所以著杨嗣昌之罪，而悯邵捷春之愚，以吊忠魂烈魄于地下也。蜀之险甲天下，绝其要塞，虽百万可立挫焉。贼一入寇，秦良玉扼之，向非赂陈奇瑜脱去，则贼之亡久矣。嗣昌委贼于蜀，夫人知之，而捷春不知也。撤夔、万之藩篱，守重庆之门户，使贼得以出入纵横而无所忌，此其罪在谁哉？故曰：哭蜀者，所以著杨嗣昌之罪，而悯邵捷春之愚也。

献贼之三入蜀也，分道屠戮，流血成川，蜀之受祸极矣！当是时，自缙绅以至氓庶，尽节者不可胜数。而闺中妇女，或闭户自焚，或骂贼以死者，无算也。戎马倥偬，其事不必尽传，传者又莫由表述。笔之于书，使后之君子得以考之，则死者可以无憾。故曰：哭蜀者，所以吊忠魂烈魄于地下也。

曩者余尝论其大略，特未暇详，今余弟磬泉采择成编，颇为详悉，是固余之志也。呜呼！蜀非有深怨积怒于贼也，而残忍苦害，果天命为之耶？抑人事使然耶？

览是集者，必将有叹息泣下而不能已者已。故曰：蜀碧者，哭蜀也。

乐斋彭端淑叙

卷 一

（起戊辰止癸未）

戊　辰（崇祯元年）

冬十有二月，陕西贼大起。陕西连岁大祲，平凉、延安间，饥民相聚为盗。首乱者，王子顺、苗美、张圣、姬三儿、王嘉胤、黄虎、小红狼、一丈青、龙得水、混江龙、掠地虎、上天猴、闯王、孟良、刘六等，名目甚众。督抚讨之，久无成功。其后并小为大，李自成、张献忠虎视鸱张，秦、楚、豫、蜀之间，战无坚阵，攻无坚城，肝脑涂中原，而明社屋矣！

丹棱学博何修云：天启间，蜀大旱，遵义守令集黄冠祷雨。拜章者伏地弥日，及起，守询之，云："上帝召天下都城隍议事，章出甚迟。"问议何事，云："战场始于陕西。"至崇祯初年，秦中贼果起。（修，明季遵义人。）

己　巳

四川地大震。（是后不书四川，所纪皆蜀事也。）

庚 午

秦、蜀二境，击柝相闻，贼既乱秦，蜀岂无知？而瞿塘、剑阁间，不闻修边备、实军储，袖手以待贼入，何与？备叙岁次，痛当事无阴雨之忧也。

辛 未

壬 申

癸 酉

甲 戌

春正月，叙州母猪洞铜鼓鸣，声闻一昼夜。

二月，流贼张献忠始自楚犯蜀。（献忠，陕西肤施人，本将家子。少时从军犯法，得总兵陈洪范救免，刻梅檀为洪范像事之。其为贼也，与罗汝才同起。献忠身长而瘦，面微黄，须一尺六寸，僄劲果侠，军中称为黄虎，又号八大王。二月，自郧阳渡汉，犯襄阳，连陷紫阳、平利、白河等邑，遂入四川。）

贼陷夔州府及大宁、大昌、开县、新宁诸邑。（贼至大昌，人皆走避。有罗杰者，独坐室中，正衣冠，阅书史。贼入，骂之，遇害。）

贼犯梁山，邑人中书涂原击走之。（原以中书家居，贼至，集乡勇与战箐铣间，伐大松蹙山径，而用竹畚囊石飞击之，又以毒矢射贼，中者见血立毙。贼败，退入巴州，为川兵所破，去攻太平。石砫女土司秦良玉将兵至夔，蜀抚刘汉臣运长寿之米，顺流济师。贼知有备，不敢攻，太平围解。汉臣及按臣党崇雅请用涂原，以蜀人治蜀兵，不许。）

贼攻保宁，不下。走犯广元，城上发炮石击之，遁。（贼攻保宁，推官张一鹗、按臣刘宗祥、川北道夏时亨共谋守御，不能下。走攻广元，围七昼夜，城上人发炮石击之，贼遂遁。）

方贼犯彝陵、松滋，入归、巴、万山中，荆州推官刘振缨提施兵从战香溪坝、平阳坝，斩获殊众。而杨正芳有金沙铺之捷，李卑有莲花、白沟二坪之捷，邓玘有胡地冲之捷，许名成有仙女山之捷。当时川抚若董石砫兵，力扼巫、夔，不令得入，诸镇戮力，可望成功。乃施兵以援荆东下，舍之勿追，夔关天险，无一人敢谁何！此贼入蜀之始也。

乙 亥

丙 子

先是，贼既退，秦、楚间藩封数陷，蜀王泄泄然不知远虑。成都令吴继善痛哭于王之朝，以书谏曰："高皇帝众建藩辅，棋置绣错，数年以来，蹐命亡氏，失其国家。此数王者，非真有败德失道，见绝于天也。直以拥富贵之赀，狃便安之计，为贼所利，而不思自全，此非殿下前车之鉴乎？今楚氛日恶，秦关失守，曹、闯、姚黄（时姚黄贼初起），陆梁左右，殿下付之悠悠而不恤。夫全蜀之险，在边不在腹，若设重戍于夔门、剑阁，诚足自固，否则黄牛、白帝，亦属彝庚，黑水、阳平，更多歧径，乃欲坐守门庭，谓为设险，不可解者一也。往者蔺酋扑灭，献贼逃遁，止以蔺兵力有亏，献地利不习，今者荆襄撤其藩篱，秦陇寒其唇齿，揣量贼情，益无瞻忌，而欲援引前事，冀幸将来，不可解者二也。至于锦城之固，不及秦关，白水之险，宁逾湘汉？此可恃以无虞，彼何为而失守？且城如孤注，救援先穷，时及严冬，长驱尤易，累卵不足喻其危，厝火不足明其急，而犹事泄泄，以幸苟免，不可解者三也。为殿下计，宜召境内各官，咨诹谋议。发帑金以赡戍卒，散朽粟以慰饥民，出明禁以绝厮养苍头，蠲积逋以免流离沟瘠，募民兵以守隘，结彝目以资援。政教内修，声势旁振，则可易危为安，转祸为福。苟或不然，蜀事诚莫知所终矣！窃为殿下危之。"王不能用。（吴，江南人，才辩阔达，有谋略，后殉难于蜀。）

丁 丑

闰四月，雅州地震。马湖四土洞地震者二。叙州、建武、泸州、越嶲，皆同日震。

蜀　碧

五月，闯贼李自成自秦州犯蜀，连陷南江、通江等邑，寻退去。（自成出身事，见正史，此处从略。）

剑州大水。（先一日，沿滩巨石数百，皆反复无定。及水至，民登州堂以避者免，余俱漂没，黄肠凶具架屋檩者累累。）

九月，龙安地震。荣县黄时太家地鸣，声闻半里。（工科给事中吴宇英言于朝曰："臣乡以诏书征发救关中者无已，壮丁死于疮痍，老弱困于骚动，以此城邑空虚，关梁不戒。贼蹈瑕抵隙，连陷南江、通江二邑。镇臣侯良柱犹以贼遁为功，易视贼。占曰：'地震主兵。'又曰：'地鸣者，伏尸流血。'灾不徒设，臣窃忧之。"宇英，潼川人。）

十月丙寅，李自成由汉中趋攻广元，总兵侯良柱战死。（李自成、混天星、过天星等以十月初三日破汉中之宁羌州，分其军为三：一由黄坝攻七盘关，一由梨树口、麦坪入广元，一由阳平关过青冈坪、土门塔，向白水。侯良柱壁广元，贼至力战，死于阵。贼结七十营于乌龙山下。良柱阵亡，有尸无首，后削生前官职。）

贼陷昭化，知县王时化死之。（初五日，贼分兵守二郎关。初八日，从浅滩过河，破昭化，知县王时化不屈死。）

贼破剑州，知州徐尚卿及州人杨于鼎等死之。（先是，初九日，贼攻剑门，州吏士塞石牛道，不得过，回屯江口。初十日，疾趋攻剑州。城将破，知州徐尚卿召士民语之曰："城不可守，吾惟有死耳，尔等避之！"众不忍去。尚卿书"城空不可守，仗节为谁危。苟窜那无计，殊羞孤影随"数语，匿于怀。于鼎与尚卿共守城，城陷，尚卿自缢死，于鼎率子侄诸生令青等，督众巷战，奋臂击贼。贼怒，支解以死，子侄皆被杀。尚卿，福建举人。）

贼破梓潼。（十二日，梓潼破，庠生赵节妻魏氏被执，绐贼曰："家有积金，窖之江边，愿取以行。"贼喜，同至园子潭，氏奋身投水死。）

贼陷江油，执知县马弘源。（贼破梓潼，三分其军：一往绵州，一往盐亭，一往江油。江油陷，知县马弘源被执，不死，寻提问。）

贼攻绵竹，诸生王铎及其妻赵氏死之。（贼至绵州，彰明、安县、罗江、德阳、汉州闻风先溃。攻绵竹，执诸生王铎及其妻赵氏，令之跪，铎大骂不屈，杀之。复胁赵氏，氏亦大骂，贼又杀之。时贡生施奇与妻姜氏避乱西山，闻贼近，恐其辱也，拔一簪授婢曰："吾不能逃，汝速去！万一得生，汝主自北归来，持此语之：我不敢为家门羞。"嘱毕，投崖死。）

贼焚新都。越一日，焚彭县。

贼掠郫县，主簿张应奇死之；攻温江，丞簿纵系囚逃。

贼破金堂，典史潘梦科死之。（盐亭一股贼抄西充，折遂宁，趋潼川，直走金堂，攻破之，梦科不屈死。）自是，重庆以下皆戒严矣。

贼围成都二十日，蜀王之坟柏刊焉。

冬十有二月，总督洪承畴、总兵曹变蛟帅师援蜀，次于广元。初,巡抚王维章以贼去而侯良柱撤隘兵也,相龃龉,上书言之,朝廷深以为忧。维章守保宁,良柱守广元。及广元破,良柱战殁,贼直逼成都,维章反在其下,不及援。按臣陈廷谟虽檄总兵罗尚文集永、遵、松、茂之兵来援,又自以使事讫,新按臣梁士济已至,意可弛担。有诏,维章、良柱俱落职,戴罪自赎;廷谟降三级。盖不知良柱之死也。时辅臣刘宇亮宗人歼于绵竹,告家难。上逮治维章,以傅宗龙代之。

戊 寅

春正月,洪承畴大败闯贼于梓潼,贼还走陕西。(是役也,贼陷州县三十六,蜀创甚。)

夏六月,秦寇再入蜀。(寇由阳平、白水再入蜀,巡抚傅宗龙以滇兵二千与蜀帅罗尚文谋战守,却之。)

己 卯

春正月,保宁天鼓鸣。(时成都东岳庙玉帝像自动不止。)

夏五月,以参政邵捷春抚蜀。(代傅宗龙也。)

秋八月,大学士杨嗣昌督师讨贼。(先是,十一年夏四月,张献忠伪降于谷城。理臣熊文灿责赂黄金袅蹄千,珠琲盈斗,他货累万,受其降。及是年五月,献忠复叛,攻杀知县阮之钿,汉东大扰。上命阁部杨嗣昌督师讨之,赐上方剑,宴于平台后殿,上手觞嗣昌三爵。赐以诗云:"盐梅今暂作干城,上将威严细柳营。一扫寇氛从此尽,还期教养遂民生。"书用黄色金龙蜡笺,后署云:"赐督师辅臣嗣昌。")

张献忠寇蜀,官军败绩于汤家坝。(先是,左良玉罗猴山之败〔在七月〕,献忠谋入秦,秦督郑崇俭率副将张应元、汪之凤、贺人龙、李国奇扼兴安。贼犯兴山、太平等县,屯于永宁关、大巴山分水岭,秦蜀之交界。又从义溪走马家洞、沙子岭,以窥合江;从鹿耳坡、高竹坪,以窥大宁。蜀抚邵捷春遣其兵二千人,同副将王之纶、方国安分地拒险。八月,官军败绩于汤家坝,之纶力战不支,都司何明没于阵,裨将多伤。)

九月,方国安部将岳宗文、谭弘破贼于三尖峰。时又破之于黑水河。张献忠、罗汝才分其军,自白水之碧鱼口入秦,合江之万家坡入楚。

冬十有二月,流贼罗汝才犯蜀。(汝才绰号曹操。先,豫中童谣云:"邺台复邺台,曹操今再来。"汝才因假以为号。)

庚 辰

春,全川地鸣。

夏五月,石砫女土官秦良玉大破罗汝才于夔州。(汝才入巫山,为良玉所扼,遂犯夔州,良玉师至,乃去。已而邀之马家寨,斩首六百级。又追败于留马垭,斩其魁东山虎;复合他将大败之于谭家坪北平;又破之仙寺岭,夺汝才大纛,擒其渠副塌天等六人,贼走大宁。)

六月,安岳红雨,着物俱赤色。

秋七月,督师杨嗣昌驻师彝陵。(时张献忠败于玛瑙山,遣间说左良玉曰:"献忠在,故公见重。"良玉乃围而不攻。贼得与山民市盐刍米酪,收溃卒,养痍伤。久之,自兴、房走白羊山,西合罗汝才,悉锐来攻夔州,官兵大溃。楚将张应元中流矢,突围走,参将汪之凤等战死。嗣昌在襄阳闻之,乃进师彝陵。)

嗣昌虚愎自用,又烦琐无大略。军行必自裁进止,千里待报,动失机宜。其驻彝陵也,偕幕士饮酒赋诗,一月不进。取《华严》第四卷,谓可咀蝗已旱,公然下教郡邑,且以上闻。朝士闻而叹曰:"文若其将败乎?拥百万之众,戎服讲经,其衰已甚,将何以战?"嗣昌楚人,不欲贼一骑蹂楚。其初至军,即谋以蜀困贼,谓:"蜀地险远,极边则松潘诸蛮。吾藉将士力,蹙贼而致之蜀。蜀能守则守,不能守,弃涪、万、松、雅之间以陷贼。秦兵断栈道,临白水;滇兵屯曲靖,扼白石江;我率大兵掩击其后,驱入松潘诸蛮中,可制贼死命。"又恐蜀之门户坚,反而决斗,凡蜀兵之强者,辄调之以饰他备。巡抚邵捷春戏下止弱卒二万,守重庆。捷春愤曰:"令甲:失一城,巡抚坐。今以蜀委贼,是督师杀我也。"争之,不能得。

时嗣昌又下檄曰:"贼东走大宁、大昌,由彝陵下荆襄者，我当之；西走紫、兴、房、竹，入秦者，左良玉当之；伺四川，走夔门，邵捷春当之。"又令蜀抚弃两省界中三十二隘口，专守夔门。用楚大兵从竹、房逼贼于大宁、大昌，势如圆盘，点滴不漏。捷春意其以失地相害也，坚守各隘。会隘将覃思岱、杨茂选者不相能，思岱阴中茂选，捷春不察，立召茂选斩之，即以兵属思岱。一军皆怨，相率委去，贼遂从此隘入，诸隘骇散。贼直斩夔关，从白马渡过江，壁达州西关，蹂及蓬、绵矣。（见《研斋文集》）

巡抚邵捷春移秦良玉兵至重庆。（时知绵州陆逊之罢官归，捷春遣往按行营垒。过秦，秦冠带佩刀出见，左右男妾十余人，然能制其下，视他将加肃。为陆置酒，叹曰："邵公不知兵，吾一妇人，受国恩，应死，所恨与邵同死耳！"逊之请其故。良玉曰："邵公移某自近，去其所驻重庆三四十里，而遣张令守黄泥洼，固已失地利矣。贼在归、巫、万山之上，俯瞰吾营，铁骑建瓴而下。张令破，次及我，我败，尚能救重庆之急乎？且阁部驱贼入蜀，无智愚皆知之。不及此时争山夺险，令贼毋敢即我，而坐以设防，此覆军之道也。"）

九月，张献忠陷大昌，总兵张令死之。捷春收兵扼梁山。（先是，万元吉驻巫山，邵捷春驻大昌，相声援。捷春用其将邵仲光之言，以大昌之上、中、下马渡，水浅地平，难持久，乃扼水寨之观音岩为第一隘，而夜叉岩、三黄岭、磨子岩、鱼河洞、下涌诸处，各分兵三四百人以守。元吉以兵分力弱为忧。贼以九月先突观音岩、三黄岭,窥下马渡无备,破之。元吉急檄诸将,邀之于谭家岭、七箐坎、乾溪;而张奏凯以专兵屯净壁,捷春用罗洪政、沈应龙二将兵助之。已而献忠从竹菌坪突过净壁,进屯开县。嗣昌闻蜀兵溃,取观音岩守将邵仲光斩以徇。)

是时,张令中流矢死,石砫军亦覆没。令故奢崇明降将,年七十余,能马上用五石弩,中必贯革,忠勇善战,军中号神弩将,捷春倚之,然性轻敌。时有贼策一骑于山,呼其垒曰:"谁是张将军?"令易之,跃马出,贼曰:"若善弩,今用相报。"发矢中项以殁。

良玉兵既败,单骑见捷春曰:"事急矣!尽发吾溪洞之卒,可二万。我自饟其半,半饟之官,足破贼。"土官家调兵,用一箸一帚者最急。箸以能饭者毕至,帚则扫境尽出也。捷春见嗣昌与己不相能,而蜀无现粮,峒寨之人讵可信?遂谢良玉言不用,自收其兵扼梁山。

时有降贼自请于捷春曰:"某降有日矣,而公不我用,有疑我心乎?"邵曰:"军机大事,汝新从贼来,固不能无疑。"贼曰:"吾从贼久,恨失身,欲图报国。公疑则速杀我,否则当早用吾计。今贼大众既疲,乘饥可灭。倘有他贼以军粮接济者,虽百万众,无能破之矣。"捷春从之。贼盛言诸贼山中所窖金银处,以动将士。而道上所遇皆饿莩,无人色,其死者剖其腹,尽草树皮。谓可信,乃尽新募军者二万人深入,皆覆没焉。

捷春退屯绵州。(罗汝才既与张献忠合,献忠以梁山河水深,不得渡,谋于汝才曰:"达州河浅,不如自开县西走,复东向而趋达州。"是时,方国安招集残兵,保达之郊,献至,不敢争。贼遂渡河,长驱深入。捷春退屯绵州,扼涪江。)

贼趋汉中,赵光远、贺人龙拒之,复走巴西。(捷春既扼涪江,贼闻,疾走剑州,越广元,将从间道趋汉中。赵光远、贺人龙拒之于阳平、百丈二关,不能进。乃逾昭化,复走巴西。张应元合楚、蜀兵,邀之于梓潼,战小利。贼反斗被衄,蜀将曹志耀、王光启、张世福力战却之,降将张一川等阵亡。涪江军闻之,遂溃。)

贼屠绵州,捷春归成都,贼逼成都。(贼从绵趋攻内江,内江有土司家将毛文者,设守。贼至,文与战,大败之于东瓜崖,杀其渠魁曰曹四。贼因偃旗鼓,疾走成都。成都城龟形,其下皆甃石,惟北角楼用土填筑,少瑕。贼夜至,穴城数处,将穿矣,城中出董卜蛮者,与之战,贼大败,杀其卒万人,乃遁。)

冬十月,参足突入玉井。(占曰:"虎狼暴害。"其时献方蹂躏四川,盖其应也。)

十一月,逮邵捷春论死。(嗣昌先以大昌失事纠捷春罪,用监军道廖大亨代之。捷春为人清谨,有惠政,士民哭送者载道,舟不得行,竞逐散旗官。蜀王疏救,不听。)

杨嗣昌进军驻重庆。(嗣昌幕下评事万元吉飨士于保宁，用猛如虎为正总统，张应元副之，令率其军趋绵州，诸将分屯要害，而元吉自间道走射洪，遏蓬溪以待贼。时贼屯安岳周里场，知官军至，宵遁。如虎选骑逐贼，元吉与应元营安岳城下，以截贼归路。）

是月也，贼纵掠什邡、绵竹、安县、德阳、金堂，所至空城而遁。复由水道下简、资。嗣昌征诸将合击，皆退缩，贼遂陷荣昌、永川。

十二月，贼陷泸州，知州苏琼死之。（琼，江南进士，城破，正衣冠，向阙拜泣，坐堂上，贼至，不屈死。）

时嗣昌在重庆，下令赦汝才罪，降者授官，有擒斩献忠者，赏万金，爵通侯。次日，堂皇厨湢，遍题有"斩阁部头来者，赏银三钱"。嗣昌瞠视咄叱，疑左右皆贼，勒三日进兵。会雨雪，道断，再戒期视师。三檄贺人龙，不至。

初，嗣昌忧左良玉跋扈，私许贺代左为平贼将军。已而良玉有玛瑙山之捷，谓贺且需后命。良玉闻之，不悦，二将以是怨望。元吉进曰："军心未一，不可以战。盍令前军蹑贼，后军为继，中军从间道出梓潼，扼归路，以徐候济师，此万全策也。"嗣昌有骄色，曰："贼易与耳，焉用分兵示弱耶？"至是，献忠破泸州。泸州城三隅，形锐而面江，止立石站一路可北走。元吉请以大军自南捣其老巢，伏兵旁塞玉蟾寺，蹙贼北窜永川，逆而击之，可以尽歼。已而抵立石，贼营先移，秦师屯小市厢,隔水而阵。贼渡南溪,秦兵纵之,遂越成都,走汉州、德阳。元吉单骑至藉田铺,贼渡绵河,入巴州。嗣昌既诎监军谋不用,将以明年正月,自统舟师赴云阳。檄三军陆行,疾趋追贼,毋令他佚。诸将乃尽从泸州蹑贼后,贼反而东走,诸路尽空,不可复遏。于是自巴抵达,及于新开。

辛 巳

春,正月己丑,总兵猛如虎追贼及开县之黄陵城,败绩,参将刘士杰等死之。(官兵追贼至黄陵,日晡雨作。参将刘士杰擐甲持矛,摧陷贼阵,贼众披靡,后军无继者。贼密抽骑越竹箐中,乘高大呼驰下,士杰及游击郭开、猛如虎之子先捷力战,皆死。如虎率牙兵鏖拒,中军马智挟之,冲突溃围走,纛符尽失。嗣昌在云阳,闻败,顿足叹曰:"吾不用万监军之言,以至于此!"贼遂东下。)

万元吉永川之议也,猛如虎先行,询向导,无一人应者。元吉轻骑至城中,惟丞簿一二人,县令戴尧云已先期遁。及诸将会于泸,中军陈可立拥纛牛头山,饮倡乐以观斗。元吉令之赴贼,背道驰去。如虎所将宁国兵止六百骑,余皆平贼镇兵(平贼镇,左良玉),骄悍不法,流言云:"想杀我左镇,跑杀我猛镇。"盖诸军随良玉优游不战,而如虎逐贼,日驰风雪中,不乐也。未几,大噪西归。《易》曰:"师出以律,否臧凶。"嗣昌之军律如此，宜其凶终也。

元吉以嗣昌荐，起自废官，欲乘时会以立功名。当自保宁趋达州时，贼烧绝驿置，七百里不见烟火，单骑崎岖箐箐间，至江，舍骑放舟，始及大军，故一见督师，即请分兵以为后距。开县之败，元吉亲至战处，为文以祭阵亡将士刘士杰等，哀动三军。在夔门收召残卒。登白帝以望贼骑，历历在山谷间，我师川、湖诸将反出其后，无一人御之者。不觉抚髀流涕，而痛昔日吾谋之不用也。

三月，杨嗣昌至荆州之沙市，自杀。（嗣昌引兵归楚，传箭召溃卒，顺流东下。而贼已席卷出川，率轻骑一日夜驰三百里。杀督师使者于道，取兵符，驰呼襄阳城门，入之。夜半从中起，城遂陷。献忠缚襄王置堂下，属之酒，曰："吾欲断嗣昌头，嗣昌在远，今借王头，俾嗣昌以陷藩伏法。王努力尽此酒！"遂害之。嗣昌羞愤，抵荆州沙市之徐家园，伏毒以死。）

壬　午

夏，达州城濠水尽变为血，城中井鸣。（又剑州民家有滴血污其门，城中数万户皆同。）

冬十月，松潘兵变。（松潘边兵以索饷不给，聚众数万为乱。巡抚陈士奇以祸福谕之，众乃定。）

癸　未

夏，大足县李结实如刀豆，川南李生黄瓜。（占云："李生黄瓜，民皆无家。仳离之兆也。"时民家有贮米箕中者，粒粒跃出，顷刻布地。）

又，梓潼县龙江寺僧，晨起汲水，见霞光烛天。潜伺之。少顷，有鳞浮出潼水，逾时乃隐。未几，献逆入。

卷 二

（起甲申止本年十二月）

甲　申（是年三月十九日，闯贼李自成陷京师，怀宗殉社稷。五月，我大清世祖章皇帝定鼎燕都，是为顺治元年。是岁八月，献贼陷蜀。）

春正月，日赤。（日中有赤气数道，下宽上锐，自东指西。又日月无光，赤如血。仰视北斗，皆不复见。）

大星出西方。（芒焰闪烁不定，至献贼灭后乃隐。）

彭县白鹿山裂。

张献忠复自楚寇蜀，正月，夔府陷。（先是，崇祯十六年，献忠破江西、广东诸郡县，再入岳州。或有进策东下取吴越者，献忠以左良玉驻武昌，忌之，乃决议入蜀。时蜀抚陈士奇性率傲，无他筹略，缘劾候代，军不放粮，十三隘口无分遮者。贼至梅子坡山而饥，以无兵故，入之。秦良玉驰援，众寡不敌，溃。正月，陷夔府。）

贼入万县，贡生吴献棐被执，不屈死。（献棐被执，强以为参军，不受。贼怒，断臂解腕而死。其子之英痛父，亦被磔焉。）

时贼攻梁山，邑人高宗舟（副榜）率乡勇守北门。

城陷，疾归家，令妻孥皆自尽，作书付仆，使间道达父所，而身统家奴二十余人巷战，被重伤，死，奴辈从之。又执庠生古元直妻谭氏，氏大骂，触阶而死。贼掩其尸而去。

贼屯万县。（江滩水涨，贼不得上，留屯者三阅月，民皆逃避。贼诱以降者不杀，既出，悉驱之入水。）

夏四月，参将曾英败贼于忠州。（贼至忠州，英率水师迎之。用火攻，烧其舟百余号，贼死以千计。及英等还守涪州，贼遂悉众屯忠州葫芦坝。）

参将曾英及守道刘鳞长与贼战于涪州，败绩。（贼徒健斗者十余万，负载者倍之，置横阵四十里，左步右骑，翼舟而上。时英与鳞长守涪州水路，赵荣贵守梁山陆路。贼至，荣贵望风先遁，英接战而败，退至五里望州关。贼追及，斫伤其颊，英手杀数人，跳而免，与鳞长走川南。）

六月二十日，贼陷重庆，瑞王常浩及巡抚陈士奇以下各官死之。（重庆下流四十里曰铜锣峡，上江要路，士奇宿重兵以守。六月八日，献忠入涪，分舟师溯流犯峡，而己则登山疾驰一百五十里，破江津，掠其船顺流而下。十七日，夺佛图关。贼得关，峡反出其下，兵士惊扰，不能支，遂溃。贼数十万至城下，士奇等日夜登陴，衣不解带，以火罐、滚炮击贼，死无数。于是贼发民墓凶具，负以穴城，而置大炮为火攻。至二十日夜，黑云四布，贼于城角藏火药数十筒。晨起，以火箭齐射药处，火发地裂，城遂陷。王与各官俱遇害。）

蜀 碧

瑞王常浩,神宗第五子。先自汉中奔蜀,关南道陈振羽与之俱,陇西士大夫多挈妻子以从王来驻重庆。城陷被执,时天无云而雷,贼曰:"若再雷者,释之。"已而王不免。王好佛,不近女色,丞监以下皆化之。吴民有解瑞府粮者,无行费,必厚给赍,使早归。其死也,乘白气冉冉而殁,人谓之"兵解"。

陈士奇,字平人,漳浦人,闽之能文家也,天启进士。崇祯十五年来抚川,缘劾候代。贼既入夔,将吏谓公曰:"卸事抚军,可以去矣!"公曰:"贼自我入川来,我去,何以对君父?义与封疆共存亡耳。"城陷,与关南兵备副使陈纁、知府王行俭、巴县知县王锡、指挥顾景俱死。行俭,字质行,江南宜兴进士。贼缚于演武场,大骂不绝,贼脔之。锡字古田,江西新建进士。被执,慷慨激烈,与士奇备受五毒磔死。景闻贼陷,入王府,以己所乘马乘王,鞭而走。遇贼,呼曰:"贼宁杀我,无犯帝子!"贼戕王,景死之。自瑞王以下,死者万人。

是日,天大雷电,昼晦。献怒,架飞炮向天击之,天为之霁。

按:鄞都林明隽作《三忠传》,盖士奇、行俭及锡也。而巴人刘道开有列传行世。

贼断军士臂三万七千余人。(时重庆军士尚存三万七千余人,贼尽断其臂而纵之。)

贼分兵攻合州，诸生董克治起兵拒战，死之。（重庆既陷，贼即分兵掠合州。克治倾家赀，募勇壮杀贼。贼大至，遇于长安坪，与战不胜，退据峒中。诱以爵位，不动。相守月余，贼凿山梯峒，举火薰之。凡三千人，感克治风义，至死无一变心者，时比田横云。）

入永川，邑人蒋世铉集义勇二百人，撄城固守。后与贼战于东门，被执，劝之降，瞋目大呼曰："速杀我，不降也。"贼寸磔之。邑孝廉梁士骐遇贼，执之行，欲授以官，大怒，骂贼被杀。

秋，八月初九日，贼攻成都，陷之。成都王至澍、太平王至渌、巡抚龙文光、巡按刘之渤及诸文武官俱死。贼大杀三日。

贼自重庆趋成都，一路州县望风瓦解，烽火数百里不绝，成都大震。蜀王谋迁于滇，按臣刘之渤力持不可。内江王不听，与之争，王以六月十三日成行。守门卒汹汹乱，辎重妇女有被掠者，王乃止。之渤与监纪同知方尧相等请王出财货招募死士，向东杀贼，王以祖制为辞。于是城中一日数惊，火药局灾，雷震宫殿，大雨雹。王惧，方出财招募，三日，人无应之者，而贼从资、简至矣。是时，新抚龙文光、总兵刘佳印率三千兵自川北入援，谋守御，而王宗大姓逸去者半。贼薄城下，佳印出战，败还。文光见濠涸，急遣郫县令赵嘉炜决都江大堰以益之。时贼穴城，实以火药，又刳大木长数丈者合之，缠以帛，贮药向城楼。之渤等厉众奋击，贼却二三里。未几，雨大作，雷电交加，守陴者不能立。贼纵火攻城，穴西北陬，以大炮击之，锦江楼崩，木石飞空蔽天，贼蜂拥而入。城破，王率嫔妃沉于宫中八角井，太平王至渌从焉。文光等俱殉难。贼大杀三日。

成都王至澍，嗣王奉铨长子，万历四十三年嗣。城陷，自沉于井，丘妃随王，宫人素馨等相继从死。（《志》云：王先数日赴社稷坛井侧，闻贼入，投之。与此少异。）

初，高皇诸子，蜀献王好学，帝呼为蜀秀才，妙选名儒侍讲幄，缮写购藏图书甚富。而世传献王得鸿宝之书于内府，子孙善黄白冶化，然皆积不用。至陷藩亦能作黄金，因恃其都为天险。而蜀士大夫以道恶地偏，无复多忧。迨五月，审知国信；七月，传贼将至。城中人震恐，每夜呼曰："闯至矣！"明日，又呼曰："献至矣！"王不知所为，谋以宫人遁于荒，富家亦从孥以出，以刘之渤持之，不果。蜀世有共德，王号贤王，特以祖宗之制，不典兵，不与民事，故请饷弗听，请召募弗听，贼薄城下，始出金购兵，而人莫应。二百七十年富庶之藩封，丧于贼手矣。哀哉！

太平王至渌，嗣王奉铨第四子，万历四十四年封。随居成都，贼入，同蜀王投井死。（或云内江王，非。）

龙文光，柳州进士。以川北道擢抚四川，驻节顺庆。闻贼趋成都，星驰赴省，图拒守。城破，投浣花溪死。

刘之渤，字羽长，宝鸡进士。以御史巡按四川，与文光谋守城。被执，贼以同乡欲用之，之渤大骂曰："死贼！我岂从汝耶？"贼缚于端礼门外，攒矢射之，不少屈。临死，厉声曰："宁多剐我一刀，少杀一百姓！"贼磔其尸。一时从死者：按察副使张继孟、守西道陈其赤、建昌兵备佥事刘士斗、监纪同知方尧相、成都令吴继善、华阳令沈云祚、郫县令赵嘉炜、教授何（失名）、长史郑安民。刘士斗，番禺人，以进士任成都推官，之渤特荐建昌兵备佥事。贼将入，之渤趋之行，士斗曰："安危死生同此耳。"城陷，死之。尧相，字绍虞，黄冈人。兵饷不继，与巡按请于蜀藩，不允，遂投王府河，被拯起。次日被执，受害于万里桥。其绝命诗云："时危节见古今同，取义成仁且尽忠。江水茫茫愿借力，此身飘荡赴团风！"（方家在团风，故云。）继善，江南人，贼未至，上书藩府，劝其出饷募兵，累累数百言，极痛切，王不用。城破，阖家三十六人同日死难。云祚，字子凌，太仓人，城陷，与之渤、士斗俱幽于大慈寺，绝粒半月不死。贼馈之食，诱降，云祚跃起大骂云："吾欲食贼肉耳，岂食贼粟哉！"与二刘同遇害。有幼子荀蔚，方五岁，友人匿之山中，得免，越二十年始归。嘉炜，浙江监生，令郫县。贼围城，濠涸，文光令决都江堰以益之。水甫至，城陷。嘉炜还，遇贼射之，赴水死。其子庆麒自浙走万里，求父尸，三年不获。遇堰夫向应泰，告以死处为三渡口，招魂垒土葬焉。何教授当城破时，坐明伦堂，鸣鼓集诸生，不至，夫妇自缢。

武臣死者：刘佳印。佳印，川北总兵，贼走成都，与抚臣文光率三千兵赴援。比至，贼薄城，出战，败还。同文光赴浣花溪死。总兵张奏凯，綦江人，守东门，城陷，死。叙南卫世袭指挥同知鲁印昌、镇守成都合州人罗大爵、山东人刘镇藩、雅州指挥阮士奇、抚标参军徐明蛟、都司金书李之珍，或以陷阵死，或以巷战死。

乡宦士女殉难者：原任顺天府治中庄祖诏，同弟致仕按察司祖诰。祖诰当贼入，整衣冠端坐于堂，大骂贼，遇害。原任东流知县乾曰贞，贼入城，曰贞拒之，用砖毙一贼而死。明经丘之坊及子庠生祖福，居乡，贼遣人招之。之坊卧于床，曰："吾受国恩已久，更知谁耶？"掉臂复卧，不食死。贼执祖福，叱之跪，祖福曰："朝廷士子，岂为贼屈乎？"大骂而死。诸生王鸣珂妻熊氏被执，贼胁之，氏骂曰："我名家妇，肯辱身从汝？"贼怒，杀之。（以上成都县人。）

致仕大理寺正王秉乾，城陷，驱阖家投井，以身骂贼，遇害。原任宣化府同知王履亨被执，至新桥投江死。生员何继皋，以伪学官杨允昇迫诸生应考，大骂，自刎死。（三人华阳县人。）

闻蜀藩殉国死者：原任给事中吴宇英、原任工部主事蔡如蕙、举人江腾龙。（俱潼川人。）

不就贼死者：内江张于廉，以彭泽令致仕归，贼迫就伪职，不从，与妻钟氏同骂贼死。安县明经赵鸿伟，子进士昱，贼召入监，不应，全家罹害。安县监生李资生，宣大总督鉴之子也。贼逼入监，生叹曰："吾为人臣子，肯屈贼乎？"以死自誓。妻董氏年二十三，愿从夫死，并自经。新繁诸生费经世者，与贼将有旧，贼将欲荐而官之，坚辞，为贼所杀。资阳诸生刘宏芳，为贼所得，持扇行歌于道，至西门，从容投石桥潭死。大学士绵州刘宇亮子裔盛，从贼，授之官，使回绵移家。其妻王氏曰："贼之官，汝固可作；贼之妻，我断不为。"自缢死。什邡明经李爱芳二女，适宗室朱氏弟兄。城陷，二朱已先期出，贼大搜藩宗，二朱知不免，投水死。李氏姊妹相谓曰："夫死安归？"联袂溺于江。汉州诸生陈云鹏，为贼搜执，欲授以官，不从，死之。

贼略崇庆州，知州王励精死之。（励精，陕西蒲城人，贼破成都，州人闻风先避。其仆劝之去，励精不可。具朝服北面拜，复西向如礼，从容于甬壁书文山"孔曰成仁"数语。书罢,登楼,以利刃缚柱而露其锋。贮火药于楼下,危坐以俟。及报贼骑渡江,纵火,药发,触刃贯胸以死。贼壮其节,敛葬之。至今所书,雨洗风凌,墨痕不灭。)

贼入新津,贡生王源长及妻徐氏死之。(源长,邑人,崇祯间拔贡。献至,揭一联于室,云:"存心正大光明,夜可焚香告上帝;立身忠孝廉节,日将披赤事明君。"为贼所执,不屈死。妻徐氏从之。有袁氏者,诸生蓝灿妻,灿死于贼,氏闻自经。)

贼略汉州。(举人江禹泽妻陶氏被执不辱,同儿媳张氏携手骂贼,引颈就刃。时张氏妇闻贼逼近,将衣服周身缝固,投井死。贼退数日,出其尸,颜色如生。)

贼略彭县,士民祝丕传、鲁城隍等死之。(丕传,邑诸生,孙可望至彭,丕传负母逃避樊家场。贼追及,欲杀其母,求以己代,不许,遂大骂,母子罹害。刘昌祚,亦邑诸生,匿山中,被执,不屈死。鲁城隍,失其名,城隍其绰号也。贼执至成都,大骂,割其舌,噀血奋詈。贼怒,寸磔死。有业医徐履端者,贼至,脱衣履置观音岸上,赴水死。刘时雨妻黄氏,携七岁子避贼于雷打庙。贼至,胁以兵,不从,杀之。邑赵姓妻官氏,威远人。贼屠县,氏先将数女缢死,后自缢。入什邡,邑人顾存志妻贾氏焚其室,偕媳缢死火中。)

贼陷绵竹,邑人杨国柱巷战死,典史卜大经自缢。(国柱,贡生可贤子也。先是,崇祯庚辰,献逆获可贤,挟之曰:"汝子国柱守城,召之降则免。"可贤佯诺。临城,语其子曰："贼不满千，汝第坚守，勿以我为念。"贼忿杀之，攻城不克。至是，城陷，国柱率士民数万与贼巷战，力竭，骂贼死。大经偕其仆缢死厅中。）时邑诸生陶修吉同妻庞氏被缚，至中途，庞氏绐贼曰："我愿往，奚缚为？"贼宽之，夫妇俱投崖死。诸生顾天泽妻刘氏，当贼攻城，叹曰："死之迟早，到底不免，此身岂可受辱？"抱幼女投井死。邑民文仕举夫妻同执，贼见其妻勾氏美丽，逼之。氏大骂，贼环碎其衣，骂愈厉，贼怒，支解之。其夫乘间亡去。诸生杨元吉妻萧氏，贼至，语元吉曰："祖宗不可无后，我势难行，君速避，同死无益也。"元吉泣去。贼执萧氏，氏绐之曰："素苦贫，今愿相从。"贼信为实，防少间，跃入井死。邑民王宗道妻袁氏被执，迫之行，愤怒骂贼，贼杀之。黄守学，亦邑民，以孝闻。贼围城，其母柳氏自缢。守学收殓毕，曰："吾当从母于地下。"亦缢死。

贼略绵州。时关南道刘宇扬妻李氏、侍郎刘宇烈妻张氏、大学士刘宇亮妻宋氏避西山白崖沟。伪将刘文秀访得之，三氏相谓曰："吾姑昔日涪水遇盗，惧辱，投水死。吾辈终有死期，今日受污，异日何以见姑与夫于泉下？"遂同缢。

贼攻仁寿，知县刘三策、孝廉贾钟斗、诸生刘士恺等拒战，死之。（三策，饶州举人，任仁寿令。贼至，誓死守城，多方捍御。每对绅士云："事迫矣！吾惟有'不动心'三字耳。"及城破，死之。钟斗，崇祯己卯孝廉，同诸生刘士恺率乡勇共谋守御。贼大至，力战不胜，俱死之。）诸生龙明新复起兵拒贼，被执，骂贼死。又执贡生顾鼎铉，鼎铉不屈，贼抉其两目以死。诸生陈素、陈应新、左灼俱殉难。贼欲污左灼妻闵氏，氏大骂不从，贼杀之。辜氏女及笄，未嫁，闻贼入境，怀利刃以俟，势迫，自刎死。

时井研有雷应奇者，素负侠气。贼至，曰："奈何郡县无一杀贼者？"纠义勇，拒于高境关，追至桑园，力杀数贼死焉。

贼入汶州，原任教谕高仲选死之。（仲选，邑岁贡，原任大足县教谕，城陷，携其子女投江死。）

冬十月初五日，贼陷邛州，上南道胡恒、知州徐孔徒死之。（胡恒，竟陵人，官川南，驻节邛州。贼分兵徇邛，恒命幕客汪光翰出调兵，并檄宁越守备杨起泰将兵来援，未至而城陷。恒与其子之骅战死，妻樊氏，妾成氏、冯氏，之骅妾周氏，仆京儿、驽来，婢女二从死。举家遇害。惟之骅妻朱氏及幼子峨生得脱，世定后始归。徐孔徒，江西人，城陷被执，贼知其才，欲生降之，不屈，怒其不顺。孔徒曰："不屈固不顺，降则为不忠，吾不敢不忠也。"遂死之。）

时贼屯兵文笔山，驱士女登城环守，彻夜鸣钲，有假寐者立斩。每日未曛即不许举火。时遣夜不收百许绕巷升屋，觇有灯光及偶语者收之。左右数十家皆坐。

贼陷蒲江，知县朱蕴罗死之。（蕴罗，湖广江夏举人。蒲城陷，率兵巷战，被执不屈，贼杀之。全家俱死。)

邛州举人刘道贞起兵拒贼，战于雅州小关山，大破之。(道贞，字墨仙，邛州名士，天启辛酉举人。贼陷邛，道贞走沈黎，激励土、汉，与黎州指挥使曹勋合谋起兵。贼至雅州，道贞及勋拒战于小关山，大破其众，斩首千级，贼败走。自是，严道以南不被寇害。)

十六日，流贼张献忠踞藩府称帝，僭号大西，改元大顺，以成都为西京。贼僭位，置丞相六部以下等官。命汪兆麟为左丞相，严锡命为右丞相，南充江鼎镇为礼部尚书，彭县龚完敬为兵部尚书。封养子大将四人为王：孙可望平东王，刘文秀抚南王，李定国安西王，艾能奇定北王。马元利、刘进忠、狄三品、张能第、张化龙等为将军。易王府正殿为承天殿，以府门外屋为朝房。诏民间皆称"老万岁"。又建东西二府，以可望、定国居之，命皆称"千岁"。是日，殿前赐各官朝服。令丞相以下朝罢，齐集朝房议事。

贼取井研陈氏女（即相国演女，或云胡氏女），立为伪后。其迎入也，自南门五里外架桥，高十数丈，逾城直达藩府。左右五彩栏槛，上结锦绷，络以明珠，像星辰；首尾悬水晶灯笼，像日月；一望如长虹亘天，迷离夺目。谕众云："天赐后也！"封其兄为国戚。不十日，皇后赐死，其兄亦受极刑。(自是，令兵马于城上大桥出入。)

开科取士，中乡试者八十人，中会试者五十人。以汉州樊姓为状元（一云姓刘），榜、探皆具。献自为万言策，历评古今帝王，以西楚霸王为第一，命颁布学宫。所取状元后随川北，不知所终。或曰：传胪后赐美女酒缎，甫归，令人就其家斩之。其余俱以受职死。

贼遣张化龙等陷龙安。（府庠生梁道济同妻杨氏避乱山中，贼执之，使跪。道济曰："我读圣贤书，岂为贼屈膝耶？"欲犯杨氏，氏骂曰："我名家女，士人妻，尔速杀我！随夫地下足矣！"贼缚剐之。夫妻至死骂不绝口。）

贼遣刘进忠、马元利等略川北。

是时，贼设铸局，取藩府所蓄古鼎玩器，及城内外寺院铜像镕液为钱，其文曰"大顺通宝"。令民间家悬顺民号帖，以大顺新钱钉之帽顶。诸神像首，百炼不化，贼尽弃之。后本朝成都知府冀应熊拾而埋之北关外，题其碣曰"佛冢"。贼钱肉色光润精致，不类常铜。至今得者作妇女簪花，不减赤金。

又行保甲法甚严。诸门各设一兵部、二都督，讥呵出入。民之出城者，先期报某甲姓名，以某事往，约某日归，合符而出，有失期及逾时者斩。又将各处石碣碑坊，悉划明朝年号，有"献忠"二字者，尽去无遗。又禁其下勿得触讳，郡邑人物，有犯必死。

贼又分其兵一百二十营。虎威、豹韬、龙韬、鹰扬为宿卫，设都督总督领之。立大营十、小营十二于南门五里外，中置老营，献自居之，名为御营。或云献坐正殿，影见白衣大人射之，头晕目眩，欲坠座下，不敢坐，常居营中。今其地名御营坝。

时孙可望取汉中，为闯将贺珍所败。献亲往救，过梓潼七曲山，仰视神庙题额张姓，曰："此吾祖也！"追上尊号曰始祖高皇帝。献不知书，其从官进谀，比于李唐之追王混元，自谓文昌之后裔，宜帝巴蜀，诳耀百姓，建太庙于山，铸像祝之。落成，赋诗其中，令右相严锡命以下皆和御制，稍迟者斩。诗刻石置八卦亭内。（刻石后为知县王维坤碎之。王，顺治辛丑进士，长垣人。）

贼将刘进忠等破安岳，原任兵备副使窦可进死之。进士王起峨起兵拒战，败死。（可进，邑人，崇祯庚辰进士，任云南兵备副使。告归，安岳陷，被执，骂贼不屈，贼剥其皮，磔之。起峨，字如苏，可进同榜进士。贼至，倡义得万余人，与贼战，败，殁于阵。）

贼陷乐至，烈妇荆娘不辱死。（荆娘，邑人杨文焕之妾也，买于荆州，因以为名。文焕卒，守节。城陷，为贼所得，大骂不受辱，贼杀之。）

贼陷潼川，孝廉李永蓁死之。（永蓁，崇祯丙子举人，魁岸善饮。闻贼据蜀，避老安寺，断荤绝饮，称病卧床。贼至，严索得之，令伪官舁至成都。张目不言，引颈受刃。）李锦中，州廪生，贼遣伪官考试，佯狂卧地，迫之，遂闭户自经。州进士李为霈妻吴氏，缢死。孝廉黄缵妻张氏、欧如虹妻黄氏、贡生杨先宪妻朱氏，俱被执骂贼死。时贼取朱氏首去，先宪刻木首，附尸葬之。

贼至遂宁，原任教谕姚思孝死之，诸生罗璋战死。（思孝，邑明经，内江县教谕。贼执之，守义不屈，被杀。时罗璋奉母避山中，贼围之，力战，杀数人，母得脱，璋遇害。）

贼遂至蓬溪，邑人谭性妻陈氏被获，欲污之，大骂不从，杀之。至射洪，城中人尽逃，有一老儒遽止之。人告以故，老儒曰："焉有此事？待吾问之。"登女墙，见贼卒猬集，疾声向贼云："清平世界，尔等率众围城，欲谋反乎，独不畏王法耶？"言未毕，而飞矢集喉，毙城上矣。（此殆与桐城二老人相似。贼寇江南，入桐城，人皆走避。一老人自扶杖出，见贼，絮语生平苦状，谓不能具主人礼。贼笑曰："若苦如此，何必更住世间？"杀之。又一老人赴其戚属，值戚家汹汹避贼。老人骂曰："汝曹俱出，家中什物谁与看守，不惧旁人偷窃？汝等俱去，我止于此。"未几，贼大至，焚其室，老人被杀。）

贼将刘进忠入保宁府，据之。（先是，闯贼伪节度马科、黎玉田〔明巡抚降贼者〕寇蜀，扰乱川北。献兵至，二人败走陕西。贺珍统前锋王老虎、裨将严某〔后为江西提督〕、沈郑复师来争，马元利败走，城复失。及珍回，不守，献命进忠入据之。）

保宁有张桓侯飞庙，千年矣。初，献攻城，夜出巡垒，见一黑大人踞城上，手持蛇矛，足浸江中，惊怖失声。如是者三夜。献询知为侯神,望空遥祭而去,一城获全。保宁数被兵,而城中人不至澌尽者,侯之庇也。

通江童子以抗贼死。(童子,通江人,贼犯境,邑令李存性守御甚严,贼不能近,佯为官兵,将袭城,道遇童子,绐之曰:"勿言我兵也!"童子佯应之,且走,将及城门,大呼曰:"贼至矣!"贼杀之。邑令为具葬于城西,祭之以文。)

时邑人王廷辅妻阎氏,闻贼入,遁深林中。被贼搜执,触树未死,骂贼,贼怒杀之。群鸟环尸,哀鸣不散。

贼至东乡,贡生冉璘及其子宗孔死之,举家自焚。(冉璘,东乡恩贡,贼至,挈家避天台寨。贼追及,同子宗孔被执,不屈死。其母杨氏、妻向氏偕一家老稚,登楼自焚。)

剑州、梓潼等处,俱陷于贼。(贼遣兵徇梓潼,诸生蒲先春妻赵氏投江死,魏元良妻赵氏投缳死。入剑州,诸生李一鸿妻被执,贼逼之,大骂,剖其腹而死。贡生张公选女,逃至石子岭,贼追及,登石上骂贼,贼撞其齿,落尽,仍骂不绝,以刃穿胸死。入昭化,生员贾胤昌母李氏、任如永母吴氏,俱为贼掳,并骂贼死。入广元,诸生李犹龙抗节不降,为贼所杀。)

贼将马元利下顺庆,守之。

原任礼部郎中李含乙起兵复广安州,不克,死之。(含乙,渠县人,由进士任礼部郎中,丁忧里居。贼至,破家募士,得数千人。围广安,城几复;适马元利来争,力战,被执死焉。邑人王树极,从含乙为裨将。含乙败,为贼所获,树极已溃围出，遥见之，反戈杀数人，被执，亦不屈死。）

贼陷西充、南充、营山诸邑，原任御史李完，诸生樊明善、陈怀西等死之。（李完，西充进士，官御史，致仕归，贼入西充，死难。樊明善，南充学生，闻京城破，大恸。时抚军龙文光驻节顺庆，明善丧服诣军门，曰："鼎湖新逝，臣子不共戴天，公闻变三日矣，而无所施为耶？"文光深谢之。至是，破家御贼死。陈怀西，南充武生，贼诱之官，怀西曰："宁作明朝武生，岂为逆贼元老！"贼斩之，悬首东门，其子哀痛而死。）时西充学生马孙鸾，见贼杀怀西，大骂，割舌死。营山诸生王光先，当贼犯城，率义勇战于北关。被执，胁之降，不从，遇害。大竹武生王蘋，闻贼入川，语其父曰："食国家水土，力不能报，毕命可耳。"父然之。及贼至，其父拔刀相迎，杀数贼，力竭死。遂擒蘋，蘋骂不绝口，死之。贼破仪陇，有王尔读者，邑人王皋家仆也。贼追县令李时开，将及之，尔读奋身御贼，令奔脱，尔读被杀。

其时妇女死者：南充黄氏，氏，太史黄辉孙女，夫早卒，教子成名。闻贼至，泣语子曰："尔幸游泮，我终身苦节，值兹寇乱，敢求活耶？我死，汝弗事贼，即报汝父母矣！"遂缢。西充杜氏，避贼于张村沟，被获，骂贼不从，断臂以死。孝廉陈宸女，年十六，未字。值贼至，随父母走避射洪，为贼所得，强之行，骂贼，贼怒杀之。贡生张尚选女，年二十，贼据西充，与父母同执。贼绐以好语，女大怒，骂贼死。仪陇杨氏、岳池刘氏，俱为贼所获，不从，死之。巴州廪生杨日昇妻李氏，被掳，奋身投江死。

贼掠眉州。

贼陷夹江，置伪官守之。（邑贡生黎应大潜于家结乡邻之倡义者，以图恢复。事露，贼支解之。子照斗、照逵、照鸾同日遇害。父子至死骂不绝口，三日后，犹凛凛有生气。）

贼陷嘉定，改为府，以伪官任元祐守之。（贼入州，执庠生郭大年杀之。大年妻杨氏曰："愿同夫死。"乃出其幼子付姑，从丽正门城上跃入江中。）

入犍为，举人周正、陈天祐抗节死。（伪守任元祐促周正之官，正不从，骂贼被杀。其子成儒与少弟议，以家属托其叔曰："臣死君，子死父，其分也。"乃共奔贼营，抱父尸大哭，贼并杀之。陈天祐夫妻同执，并拒贼死。贼拘其二女，置舆中，舁经学前，二女抗声曰："我陈氏女也，往与父母同死一处，断不玷我乡里。"到营门，见父母尸，踊身撞石，指贼大骂，俱遇害。）

初，贼索诸生省试，邑人彭大同、张廷机并被难。大同妻任氏，设酒肴邀乡邻亲戚永诀，自缢；廷机妻梅氏，投水死。时称双节云。

贼分掠荣县，知县秦民汤死之。（民汤，汉阳人，贼至，被执不屈，丛射而死。）

贼陷叙州，原任湖广布政司尹申死之。（尹申字子求,宜宾人,万历戊戌进士。历官陕西提学、湖广布政司,以节义文章自负,尤工书法。避乱山中,为贼搜获,大骂贼。贼重其名,欲生致之,舁至井研。骂日益厉,贼不堪,杀之。妻邵氏、妾夏氏、长子尹恩、妇杨氏并尽节。)同邑举人周元孝亦以不受伪职死。时诸生熊兆柱倡义讨贼,李师武附之。兆柱被获,大骂曰:"天运至此,任尔戕戮。"贼剥皮鞔鼓,悬之城门,令出入者击之;师武被磔。诸生鱼嘉鹏率众杀伪官,为贼所缚,拷讯其党,厉声曰:"自我为之,恨不擒斩献逆耳!他人何与?"贼剐死。诸生刘苞、晏正寅、王应世俱不屈死;郭大勋阖门骂贼死;李合宗、梁为宪械至成都,面骂献忠死。

时邑人总督樊一蘅方奉永明王命,入川讨贼。夫人李氏,方伯文续之女也,家居,为贼搜执,系诸郡狱以辱之。夫人大呼曰:"我夫奉行天讨,誓必殄灭贼类,系我何惧!"厉骂贼,贼杀之,裂其尸,弃之于途。樊一若妾夏氏,年二十,被执,夺刀自杀。贼怒,悬其发于梁,支解焉。兵部侍郎刘之纶妻杨氏,孀居,贼至,逼之。夫人曰:"我命妇也,岂为贼屈?"贼剐其两乳而死。诸生余智与妻杨氏俱执,同骂贼死。周坝有渡子者,业操舟。贼至,命之渡,不应。问船所在,亦不应。贼胁以刃,忿怒,拳击贼,贼杀之。

叙州诸属邑俱陷。筠连人苏亮工妻毋氏,为贼挟之行,至鸣凤冈,坠崖死。高县人陈征女三姑,避落角硐中，硐破，投水死。珙县举人向科，原任江陵县，里居，贼入，索之，阖家殉难。庆符人张祖周，闻贼至，语友人曰："百年有尽，何贪生为？"投缳自死。隆昌诸生刘兹，为贼所杀，执其妻卢氏，强之行，氏绐曰："必见夫尸乃行。"及兹死所，抱尸痛哭，大骂贼，死之。廪生范玙妻胡氏，抱幼女逃，被掠，母子俱死。贼入纳溪，邑有二王氏，一为生员闵翼圣妻，避兵芦乡，贼劫之，投缳死；一为生员易衍禹妻，被获，不受污，投崖死。

贼入泸州，绅士韩洪鼎、方旭等死之。（洪鼎，州人，以孝廉任泽州牧。归里，贼至，同原任推官韩大宾俱不屈死。方旭及方伯元、曾荐祚、钟子英，皆诸生也。贼掠生员至营中，有泣诉求脱者，旭叱之曰："我辈受国家养士恩，三百年矣！恨不能噬贼肉以报国，尚欲觍颜求活乎？丈夫死即死耳，乞怜何益！"贼怒，支解之。伯元亦骂贼被杀。荐祚投水死。子英闻贼至，叹曰："吾读圣贤书，何忍立此世乎？"与其妻携手沉于江。）

泸州卫指挥使王万春起兵拒贼，败死。（万春见贼入，所至多降，忿怒。率屯兵拒贼，转战数日，兵败就擒。不屈，并其家死之。）

七宝寺僧晞容，纠众破贼于豹子硐。（贼攻豹子硐，晞容奋臂曰："硐中数百生灵，岂可坐视其死？"纠乡勇五百人拒战。身先冲杀，贼大败，硐围解。于是简练精悍，与之相持，先后杀贼千计。一日，贼突至，遂为所害。）

先是，泸有汤名扬者，天启间蔺寇起，集义勇百余，随大司马朱燮元征讨，以功授松潘守将。时有边警，名扬自龙安转战三百里间，筑砦堡十数拒寇，累绩至副将。流贼入蜀，抚镇檄名扬为前锋，遇伪帅虎头卜，数战败之。贼悉众围于二郎关，援兵不至，卒饥，战且死。名扬身被数十枪，犹举刀杀贼，贼争磔之。事闻，赐荫祠祀焉。

卷 三

（起乙酉止丁亥）

乙　酉（顺治二年，时贼窃据全蜀。）

春正月，举人刘道贞以兵复邛，不克，贼灭其家。（初，道贞败贼于小关山，贼还据邛。至是，道贞谋恢复，命子睽度以兵来争。贼搜获道贞妻王氏，环刀械颈，令招其子，王氏大骂不从。贼分其尸，投之城外，举家百口俱死，睽度亦以战殁。〔睽度妻冯氏，有诗名，诗载《邛志》。〕）

时贼胁绵州诸生叶大宾牧邛，大宾佯受之，密通绅士军民，相时举事。始以计绐贼将曰："蒲江要害，闻有警，须调兵往。"贼信之，分其众千余去。翌日，又曰："大邑隶邛，系将军责，恐有变，亦宜调兵往。"又分其众千余去。贼众既分，大宾矫令杀贼帅，溃其卒三千，保护州民万余，夺西门而去。

三月，故明诸臣起兵攻叙州，取之。（初，阁部巴县王应熊奉永明王命，总督川湖云贵军务，专办川寇。时诸郡惟遵义为王祥所守，未破，应熊入居之，缟素誓师，开幕府，传檄讨贼。而总督宜宾樊一蘅适至，命诸郡旧将会师大举。起甘良臣为总统，副以侯天锡、屠龙，合参将杨展，游击马应试、余朝宗所携溃卒，得三万人。是年三月，攻叙州，斩贼数千级，走伪都督张化龙，复其城。冯双礼来争，又败之。孙可望来援，相持一月。一蘅粮尽，退屯古蔺州，展退屯江津。贼乃截朱化龙于羊子岭，化龙率番兵冲击之，贼惊溃，遁去。是时，副将曾英、参将刘鳞长及部将于大海、李占春、张天相等方破贼于重庆，属兵十余万，来奉一蘅节制。）

李研斋长祥记云：献忠陷成都，蜀残甲并草泽间诸忠勇合兵中江、射洪间，约十余万。阻山壁水，整饬甲胄，献忠忌之。时阁部王应熊驻师遵义，去中江、射洪千余里，呼应不及。王又慎惜名器，蜀之来言情与请札付者，多不遂意。军中旧官称官，他惟称义士，无以临众。忽传山中有王，内江王也，使人视之，容貌顾盼，英雄异常。军中大喜，思得王监国，不受阁部节制，共往迎王。王至，欢呼相贺，因请视事，王不得已任之，遂于军中设官职，定尊卑，安养百姓，训饬士马，十余万众无不帖然者。军中亦为王建行宫，选后妃，备宫女，募内侍，又拔战士充御营。亡何，贼至，出师与战，大败。数战数败，军中摇动。王乃自将兵出战，大捷。贼益兵来，王又出战，又大捷。生擒数百人，降千余人，王皆编入御营中。一日，献忠自以大队至，对垒，未合战，御营兵噪，各营惊乱。献自外攻击，御营从内杀出，十余万兵，斩艾奔窜尽矣。内江王盖贼也，献使之来，伪为王以破坏我师者。

雅州知州王国臣以州降贼。（国臣，西安人，初通闯将马爌，继又归献忠。先与下南道胡寅不睦，将执以与贼，寅逃入土司高克礼家。而土司杨姓者，与高世仇，互相攻杀。杨之乔又欲因乱弑兄之明，降贼，遂执胡寅并家口数十人，送献忠杀之。）

天全六番招讨使杨之明、成都进士朱倖伊、川北举人郑延爵起兵拒贼，败绩，俱死之。（之明等合谋起兵，与贼战于雅州飞仙关，兵衄俱擒，为贼剐于会城南门外。延爵逃至总岗山，收兵再战，殁于阵。）

黎州宣慰司马京及弟亭起兵讨贼。（初，贼以蜀人易制，惟黎、雅间土司难于骤服。用降人为招诱，铸金印赉之，易其章。马京者，汉将马岱后也，年十六。得印，掷之地，誓众不服。时伪游击苗姓率众赴黎、雅任，京密令通把调集番众，与亭攻之，擒伪弁七十余人。于演武厅申明大义，斩首祭旗，起兵讨贼。）

马京、马亭及土千户李华宇、指挥丁应选、富庄七姓，与贼战于龙观川，大破之，斩其伪帅方总兵。（京兄弟起兵，令白通使及白寰翠招致富庄七姓子弟头人姜、黄、奈、李、蔡、包、张等。土千户李华宇者，年八十矣，亦率众至，京即以七姓界之。而海棠堡指挥使丁应选、宁越守备杨起泰以观察胡恒之檄，引兵入援。闻恒死，遂与京兄弟合，得兵万余。至雅州观川对岸，与贼大战，杀数千人，阵擒伪帅方总兵，斩之。贼败归，京遂恢复黎、雅。）

蜀　碧

贼大杀伪从官。（初，孙可望自汉中还，时伪官连名状迓之于郊，可望不敢隐，陈之。献怒其沿故朝陋习，按名棒杀二百人。忽一日杀从官三百，或言其太甚，献曰："文官怕没人做耶？"因朝会拜伏，呼嶷数十下殿，葵嗅者，引出斩之，名曰天杀。又创为生剥人法：若皮未去而先绝者，刑者抵死。伪兵书龚完敬以道不治，用前法刲剔，实以藁，衣冠以徇于市。一祭酒某以生辰受诸生礼，仅值十钱，其诛法一如完敬，召诸生集而观之。伪礼书江鼎镇以郊天祝版不敬，杖之百，阖门自经死。右相严锡命家在绵州，献过其地，见宅第壮丽，即命斩之。）

贼大杀绅士。（贼各州邑安置伪官，查检乡绅学校，诡云选举，用军令严催上道，不至者孥戮，并坐比邻。既集，令之由东门入，西门出，尽斩之。）

贼集诸生，出新制黄旗，纵横各一丈，令书满幅大帅字，画欲如斗，又一笔挥成，能者免死。夹江生员王志道，缚草为笔，以大缸贮墨瀋，濡三日，提出直书，不爽毫发。献熟视曰："尔有才如此，他日图我者必尔也。"立用祭旗。（志道一字念泰，夹江学生，工书。死时年二十七，余外曾祖也。）

贼诡称试士，于贡院前左右设长绳，离地四尺，按名序立。凡身过绳者，悉驱至西门外青羊宫杀之。前后近万人，笔砚委积如山。时惟二士年幼，不及绳，留作书记。一忘其名，一嘉定欧阳直也。（后贼奔川北，挟之以行。凤凰山之败，脱身归，流寓丹棱，与余叔祖连姻。所作《纪乱》一书，载献事颇详，今无存矣。）

又诡试武生。时禁民间畜马，武生之至者，命集教场，出厩马最狞劣者千余，驱之使骑，甫乘，合营大噪，发巨炮，振金鼓，马奔人堕，践踏成泥，贼抚掌大笑。

一云贼称帝成都，以出兵数败，攘袂瞋目，思咀嚼蜀人。会朝天关获诸生颜天汉等通书自成，大怒，因杀士于青羊宫。

或云献儿时随父贩枣至内江，以驴系绅坊，粪溺污石柱。绅仆骂之，鞭献父，喝令以手掬付他所。时献在旁，怒目不敢争。临去，誓云："我复来时，尽杀尔等，方泄我恨。"

或云献忠败于郧阳，窜伏深山，饥窘。闻某僧饶钱谷，劫之。时有诸生数十，在寺肄业，皆避去。而寺僧擅拳勇者百余人，相与谋曰："我等出敌，彼败，终不忘情，不如嫁祸他人也。"遂著诸生巾御贼，贼大败，死者颇众，以是积怨士子，迁戮于蜀。

蜀民共起，杀伪守、牧、令、判等官。（贼所破郡邑，置守、牧、令、判等官，缉捕百姓。时四方兵大起，民之荼毒未尽者，斩木揭竿，纠集杀贼。一时伪官或刺于庭，或生界之火，或投之水，几于殆尽。）

秋七月，贼屠成、龙二属州邑。（初，贼自为圣谕，大言云:"天以万物与人,人无一物与天。鬼神明明,自思自量。"命右相严锡命作注解发明之,刻诸石。至是,与伪相汪兆麟谋,遣马元利、张能奇等分剿成、龙所属州邑,并长吏诛之。兵到处有烟火者,将吏必斩。其偏裨不忍行刑,多自经于道路。有一县人,先期闻之,向酒家索醉,听死。酒家一日累千金,初大喜,继又大恸。皆叉手委股,以就割剥,无一人得或免者。)

伪抚南刘文秀屠邛州。(文秀复至邛,取遗民万余家悉屠之。又杀僧道千人。于是行尽剿法,立搜山、望烟等头目,踪迹高山大谷,有匿崖洞者,举火薰之。邛、蒲二百里,荡为血肉之场矣。)

刘文秀入丹棱,屠之。(贼陷丹棱,踞其署,驱城中民于西门外济桥杀之。尸与桥平,水为之壅。又遣兵搜乡,以长绳联络男妇,每数十为一群。贼前后各一人,跨刀执杖,拥至江陵庙歼焉。遂划北门山为教场,操兵三月而去。)

先大父玉吾公讳万昆,时谋拒贼,伪持牛酒,侦贼营,门军止焉。缚见酋,以计免,且给贼旗持归,聚壮勇守险厄,贼入乡者辄杀之。一日,有打粮贼三百人突至,设伏擒获,诛之于三溪口,贼不敢近,一乡获全。

贼入洪雅。(邑人祝之茂妻杨氏、之至妻妾二陈氏、之恒妻宿氏、之郊妻王氏、少女祝氏,皆庠生祝钱之媳与女也。避乱山中,为贼所劫,六氏拜别父母,俱投水死。)

邑人余飞率众破贼于花溪。(花溪去县四十里,背枕飞仙关,前面青衣水,极为险要。贼至,飞誓众拒之。预伏壮勇数百人于山谷,而以羸弱者诱贼。贼逐入隘中,伏发,急不得出。飞奋勇截杀,斩获二千人,贼大沮丧,沿江遁。)

贼攻南安镇,千总周鼎昌大破之,奔还成都。(贼由青衣江下夹江,攻南安镇。邑人周鼎昌以千总奉阁部王应熊檄来保乡里,竖木为城,率众拒守。贼攻不下,因作浮楼为长围计。鼎昌令善泅者潜泳水中,而腰镰以断桥络。贼将卒沉水中,余贼反奔南岸,鼎昌蹙攻之。贼大败,其所携掠丧亡几尽,奔还成都,不复至。)

贼除成都居民。(初,贼陷成都,大杀三日,以孙可望谏少止。因列兵为甬道,简阅其民,壮男少妇选入营中,民间父子夫妇皆失散,无复聚者。已而遣兵四出,胁令归试。所在郡邑,建官分理,征输苛暴,残杀日滋,民心愤畏,合谋拒贼,逐杀伪官。献遂诈言于众曰:"有天书夜坠庭中,命我剿绝蜀人,违者罪不细。"因联百姓十人为一缚,驱至中园,尽杀之。〔中园,先主昔日练兵处也。〕)

冬十有二月,贼杀医、僧、匠役。(太医院有旧制铜人,贼以楮幕其关窍,召诸医至,考验针砭。内有一穴差者立死,一时业医者皆尽。)

太慈寺僧近千人,初因藏一宗室,阖寺俱斩。至是,并拘会城内外寺院僧道戮之。

初,蜀织工甲天下,特设织锦坊供御用。而蜀始封献王好学,招致天下名刻书佣集成都,故蜀多巧匠。至此尽于贼手,无一存者。或曰:孙可望独留织锦工十三家，后随奔云南，今通海缎，其遗制也。

丙　戌（顺治三年，是岁十二月，献忠伏诛。）

春正月初五日，贼将狄三品等屠眉州。（先是，乙酉十月，贼遣伪帅狄三品等驻眉。是年正月初五日，忽下令，驱城中人集道姑巷原田坝上。至，则以兵围之数重，凡五千余人，悉杀之。）

时贼入川南，先期传令云："除城尽剿。"民不悟，以为入城可免也，扶老挈幼，求避城中。故贼至得聚而杀之。而城中居人或知其故，预有免脱者。

眉民陈登皥倡义，破贼于醴泉河，又破之于东馆，贼遁。（登皥，眉州里民，混字"铁脚板"，愤贼残酷，裂衣为旗，招集四乡遗民，得数千，树栅醴泉河上。贼攻之，登皥率众，白梧锄櫌，一战杀贼三百。贼惧，从间道潜移东馆，登皥复遣壮士持酒米鸡豚迎于道，贼纳之营中。夜半袭贼营，壮士从中鼓噪杀出，贼大骇，竞奔，复斩首数百级，贼远遁。登皥自是以"铁胜"名营，倡义者悉归之，二年中无一骑敢犯境者。后为嘉定向成功所杀。成功，亦当时起兵拒贼人也。）

三月，参将杨展恢复川南。（初，贼取嘉定，置伪官守之。展起师，潜身入犍为，擒杀伪令。州人闻，争开门迎展，伪太守逃去，展遂取嘉定。献遣刘文秀、狄三品来攻，为展所败，退回成都。展遂合游击马应试，尽复嘉、眉、邛、雅诸州邑。于是故总兵贾联登及中军杨维栋取资、简，侯天锡、高明佐取泸州，李占春、于大海守涪陵。其他据城邑奉调者，洪雅则曹勋及监军范文光，松、茂则监军佥事詹天颜，夔、万则谭弘、谭诣。樊一蘅移驻纳溪，居中调度，与督师应熊会泸州，檄诸路刻期并进，献始畏惧。）

贼杀所获妇女小儿。（贼以妇女累人心，悉令杀之。有孕者剖腹以验男女。又取小儿每数百为一群，围以火城，贯以矛戟，视其奔走呼号以为乐。）

贼分道搜杀四路遗民。（贼以遗民逐杀伪官，而四方兵渐益日迫，忿然曰："川人尚未尽耶？自我得之，自我灭之，不留毫末贻他人也！"于是令伪帅孙可望等四将军分道出屠。穷乡僻壤，深崖峻谷，无不搜及。得男手足二百双者授把总，女倍之，官以次进阶。可望等或日杀四五县不等，童稚手足不计，止计壮男女手足。寅出酉还，比赏格有逾十倍者，奖以为能。有一卒日杀数百人，立擢至都督。嗣后贼营公、侯、伯甚多，皆屠川民积功所致也。正月出，五月回。上功疏：可望一路杀男女若干万，文秀一路杀男女若干万，定国一路杀男女若干万，能奇一路杀男女若干万。献忠自领者名为御营老府，其数自计之，人不得而知也。又有振武、南厂、七星、治平、虎贲、虎威、中厂、八卦、三奇、隆兴、釜戈、天讨、神策、三才、太平、志正、龙韬、虎略、决胜、宣威、果勇等营，分屠川南、川北。而王尚礼在成都，复收近城未尽之民，填之江中。蜀民于此，真无孑遗矣。）

贼检杀卫军及各营新兵。（献贼复检各卫军及各营新兵,年十五岁以上者杀之。各路会计,所杀卫军七十五万有奇,兵二十三万六千有奇,家口三十二万。自成都北威凤山起,至南门桐子园,绵亘七十余里,尸积若乔岳然。)

贼攻川南诸州县,俱大败而回,泄怒士卒。以妇女财物累众军心,不肯致死,移营之日,有金银必弃,有妇女必杀。其留屯久者,或已成夫妻,有子女,军行发令,辄大恸。毁中园一浮图,穴其下,置炮崩之,兵之压而死者万人。又伐木造船数千,由山路曳入水,或数十里,或百里,稍息而休者立死。若阖营犯法,装大舰沉之江中。于是左右亲信各生畏心矣。南门营、中大营兵惧诛,开门散走,差豹韬等四营追及于大仪,三千余人尽坑之。

献忠欲北行入陕,恶其党太多,曰:"吾初起草泽,从者五百人,所至无敌。今日益多,前年出汉中,为贺珍所败,非为将者习富贵,不用命,即为兵者有所贪恋,怀二心。吾欲止留发难时旧人,即家口多者亦汰之,则人人自轻,便所向无前。"汪兆麟怂恿之,曰:"恐兵知而先噪,奈何?不若先立法,责之各将军都督等,多置逻者以伺察营伍有偶语者及微过,俱置之法,并连坐,如此则杀之有名,无觉者矣。"密议已定,诸营尚未知,犹习故态,角射、酣酒、纵博,嬉笑怒骂如平时。逻者至,辄收治,自诬服,并及其家。是日所杀即十余万人。于是人人惴慓,无敢出一言者。逻者无所得，每于夜静，逾垣穴壁，入伏溜下及床笫帏幕间窃听，但有笑语，即跃出收系，并其家屠之。

贼大杀伪都督、总兵等官。伪总兵温自让，延川人，不忍无辜戮其下，弃妻子，夜率所部百余遁去。献自引骁骑追之，自让走脱，所部兵俱自杀。他如伪右军都督米脂张君用、八卦营汝州王明、振武营麻城洪正隆、隆兴营泾阳郭胤、三奇营凤阳宋官、永定营合肥郭尚义、三才营山东娄文、干城营六安汪万象、援剿营宝鸡彭心见、决胜营周尚贤、定远营张成、中厂营万县杜兴文、英勇营黄冈张其在、天威营开封王见明、龙韬营麻城商元，及志义、天讨、金戈、神策、虎威、虎贲、豹韬、虎略等营总兵，失其名，俱以搜括无功，坐徇庇诛杀，或剥皮死。并其家口部落，尽斩于河。

贼嗜杀出天性，偶夜静无事，忽云："此时无可杀者。"遂令杀其妻及爱妾数十人，惟一子亦杀之。令素严，无敢争者。晨兴，召诸妻妾，左右以告，则又怒其不言，举左右奴隶数百人，悉杀之。尝怒目视一童子，辟易，病二日死。其残虐如此。又禁不得私藏金银，有至一两者，家坐诛；十两者，生剥其皮。人或沉井中，或窖幽室，被获，亦按连坐法。告捕者，即以其家妻妾、马匹给之。于是豪奴悍婢争讼其主焉。

贼天性特与人殊，恒醉柔而醒暴。一日不流血满前，其心不乐。尝厌苦朝会，掷所御冠，举足蹈其中，索侍者帽著之，乃快。

杀人之令：有以语犯死者；有以事犯死者；有令健卒罗织而按户以死者；有言事小儿夜行街巷，听人阴谈，白垩识其门而收之以死者。一小儿闻人俚语曰："张家长，李家短。"具陈之献，献笑曰："此我家胜自成之兆也。"遽命释焉。

杀人之名：割手足，谓之"匏奴"；分夹脊，谓之"边地"；枪其背于空中，谓之"雪鳅"；以火城围炙小儿，谓之"贯戏"。抽善走之筋，斫妇人之足，碎人肝以饲马，张人皮于悬市。又剥皮者，从头至尻，一缕裂之，张于前，如鸟展翅，率逾日始绝。有即毙者，行刑之人坐死。

贼尽堕州邑城。（遣伪将分堕之。）

按碟牛犬。（时令取犬牛尽碟之，毋为后人遗种。）

参将杨展大破贼于江口，焚其舟，贼奔还。献闻展兵势甚盛，大惧。率兵十数万，装金宝数千艘，顺流东下，与展决战。且欲乘势走楚，变姓名作巨商也。展闻，逆于彭山之江口，纵火大战，烧沉其舟。贼奔北，士卒辎重，丧亡几尽，复走还成都。展取所遗金宝以益军储，自是富强甲诸将。（至今居民时于江底获大鞘，其金银镂有各州邑名号。）

王祥、曾英以兵趋成都。（王祥，綦江人，勇悍著闻，为九围子隘官，守遵义，贼不敢窥。至是，与曾英进兵讨贼，贼益畏蜀将，遂决意行矣。）

贼毁藩府，走川北。（献自江口败还，势不振，又闻王祥、曾英近资、简，决走川北。将所余蜀府金银铸饼及瑶宝等物，用法移锦江，锢其流，穿穴数仞，实之。因尽杀凿工，下土石掩盖，然后决堤流，使后来者不得发，名曰"锢金"。又尽毁宫殿，堕砌堙井，焚市肆而逃。）

时府殿下有盘龙石柱二，亦名擎天柱。贼行，取纱罗等物杂裹数十层，以油浸之，三日后举火，烈焰冲天，竟一昼夜而柱枯折。

杨展追贼于汉州，不及，封遗骨而还。（展闻贼遁，急引兵追之。至汉州，贼已去远，因尽收暴莽骸骨丛葬焉。识其碣曰："余奉命讨贼，提师过此，怜尔白骨之惨，用加黄壤之封。"）

冬十有二月，王师西征，追贼于凤凰山，击之，献忠伏诛。（贼保宁守将刘进忠部下多蜀人，献至恶之，谋坑其众，漏言于阍者，进忠大恐。献忠又下伪诏，用秦人鄙语骂进忠，进忠忿怒。时我朝肃王方奉命西征，至汉中，进忠赴师迎降。王问献所在，曰："在南充、西充交界金山铺，去此千余里，驰五昼夜可及。"王命导师疾行，至西充之凤凰山，会大雾，王潜勒军登山。贼谍者知之，以告。献素骄，又以进忠守朝天关，不虞大兵之至也，斩谍者以徇，曰："此群谣求食耳，清兵岂能越朝天关耶？"少顷，又告，又斩之；三报亦斩。王诇得之，挥铁骑促贼营。时方辰食，献衣飞蟒半臂，含饭，率牙将数十人，仓皇出视。进忠指善射者章京雅布兰射之，一矢中其喉。拔矢视之，曰："果然清兵也！"逃伏积薪下，我兵寻得，曳出缚之。王乃拔佩刀，仰而祝天曰："献忠罪恶滔天，毒流万姓，予受天子命，奉天行诛，谨敢为百姓复仇。"祝讫，亲加刃于献，磔杀之。尸之辕门，士女往斫之，骨肉糜烂殆尽。献临诛，犹怒目视其部下之降者。四养子兵溃东走。一说献忠被射时，拔箭在手，向阵大言曰："咱生在燕子岭，死在凤凰山。"伏殁而毙。献在成都，忽谓："今入厄运，三年中莫可支吾。独有遁世埋名，入深山苦修数载可免耳。过此仍横行天下。"欲入武当为道士，不果。伏诛时年四十一。）

初，成都东门外沿江十里有锁江桥，桥畔有回澜塔，万历中布政司余一龙所建。献登其上，见内城宫殿，语从官云："桥是弓，塔是箭，弯弓正射承天殿。"遽命毁之。就其地修筑将台，穿穴取砖，至四丈余，得一古碑，上有篆文云："修塔余一龙，拆塔张献忠。岁逢甲乙丙，此地血流红。妖运终川北，毒氛播川东。吹箫不用竹，一箭贯当胸。炎兴元年诸葛孔明记。"至肃王督师攻献于西充，射杀之，乃知"吹箫不用竹"，盖肃字也。

献初破武昌，有大志，不甚残杀。改府曰天授，江夏为上江县，铸西王之宝。尝题诗黄鹤楼，令其下和之。以周文江为兵部尚书，张其尊为前军都督，李时荣为巡抚，谢凤洲为守道，萧彦为巡道，陈六驭为学道，给伪敕印,各予赏赐有差。开科取七十八人,补二十一州县,诈收人心,未若入蜀之酷烈也。

甲申十一月初十,贼忽驱人至成都东门外洪顺桥杀之。举刃时,迅雷奋击者三。献怒,指天曰:"尔放我下界杀人,今乃以雷吓我耶?"用三炮还击之。是日,死骸激水,桥为之折。(或曰即今九眼桥,献所复修者。)

献败时,有侄某潜身削发,隐于灌县之三十六峰,号疤和尚。世定后,时时出游,余伯楚锡公(珩)遇之,问贼曩事,云献忠初起,原图脱祸,无意杀人。至湖广,率同辈五六,夜盗武当山大庙金顶。甫上,见王灵官持鞭喝云:"快去!若非上帝放汝收生,定打杀汝。"因此自负为奉天杀人云。献侄面有火药烧痕,故号疤和尚。问其名,终不答。康熙四十年,其人尚在。

或云杀诸生时,每人给一元宝,令顶于首。东入西出,斩一生,取一宝回,笑曰:"欲卖头乎?杀尔还是我的。"

贼每屠一方,标记所杀人数,贮竹围中,人头几大堆,人手足几大堆,人耳鼻几大堆,所过处皆有记。

贼遇病弱者,多割鼻斫手。斫手之令,男左女右,若误伸者,两手俱斫。至小儿幼女,弃道旁衬马足,或掷之空中,以刃迎之。

贼酷好朋友,遇相知,彻夜欢饮不懈。及去,厚赠之,而预遣人伏中途,斩其首,归纳椟中,戴之以随。

军中独饮不乐，令人启椟，曰："请好友来！"取头遍列席间，持盏酌劝，款洽若对生人者，名为聚首欢宴。

贼斫妇女小足，叠叠成峰，与爱妾酣饮其下。忽仰视云："更得一足合尖方好。"妾举足戏曰："此何如？"献云："使得！"立命斫之。

一云贼偶沾疟疾，对天曰："疾愈，当贡朝天蜡烛二盘。"众不解也。比疾起，令斫妇女小足，堆积两峰，将焚之，必欲以最窄者置于上，遍斩无当意者。忽见己之妾足最窄，遂斫之。灌以油，燃之，其臭达天，献以为乐。

贼杀人时，有峨眉张姓者，为贼杀于南关外，颈裂而喉未殊，伏积尸中。夜定后，见有呵道来者，威仪赫奕，俨如王公。既至，令吏持册，按名点尸。每一呼，死者提头起立，点毕去。张讶其无名，起询从者，云："府都城隍也。"张随苏，沿堰渠伏行数十里，天明逸去。至康熙六十年尚存，颈上刀痕宛然，人呼为张斫颈。子孙甚众，亦有登庠者，每向人言献时事。

或云贼欲屠保宁府属，禅僧破山为民请命。贼令持犬豕肉以进，曰："和尚啖此者，从汝。"破山曰："老僧为百万生灵，忍惜如来一戒乎？"遂尝数脔，贼因免之。

贼所过处，公廨民居，园林亭馆，寺观楼阁，悉为瓦砾，所存者惟文昌、关帝二祠。盖关帝秦人所尊，而文昌则彼推尊为太祖高皇帝者也。故重修七曲山大庙，又建关帝祠于东，皆极巨丽。

或云献过梓潼，梦文昌帝君傲之。欲致祭，令士人为文，献不解，辄杀之，蜀士被祸甚众。后屡易，皆不属意，献大声曰："咱自做，咱念，尔辈书之。"其文曰："咱老子姓张，尔也姓张，为甚吓咱老子？咱与尔联了宗罢。尚享！"至今川人常以为笑。

又云：献初过梓潼，夜梦人以宗弟红柬来谒，诫以勿杀邑民。晨起询人，曰："此文昌帝君也，神姓张。"献云："咱一家兄弟，何忍杀之。"梓潼得全。

罗江县南落凤坡有汉龙凤二公祠，祀武侯、庞士元。献将孙可望毁之，夜梦士元为厉，惧而新之，壮丽倍往日。

初，张献忠破荆州，召惠府乐户十数行酒。内琼枝者色艺出群，献命之歌。曰："我虽贱，岂肯以歌侑酒贼觞？"毅然弗从，以刃挟之，曰："汝技止此耳，我不畏死，奈我何哉？"献忠脔之喂犬。

同时有曼仙者，献忠亦召至，极逞技能，刻意逢迎，献忠大悦，宠幸无比。献忠每夜将寝，必豪饮，曼仙侍，置毒于酒，满斟酒以奉。献忠昵之，以手挽其颈曰："汝先饮此。"却之不得，立饮而毙。献忠始觉，碎裂其尸。

夹江有伪令王某者，进新荔枝于贼。剖其中，渍之以盐。献大怒,令近侍王珂就县署斩之。既遣,左右曰:"彼乡人也,不知好恶,罪不至死。"献遽云:"你说的是。"即传旨去,其旨为:"奉天承运皇帝诏曰:王珂你回来,饶了夹江那个龟知县罢!"(伪诏资阳有人藏之,今存。)

献忠有号曰敬轩,在房、谷受招时自取也,见于破郧阳日方岳宗之呼。

有云百姓剖献尸,见其心黑如墨。或传其心扁而无肝。

献埋尸处,丛草如棘,误触之,辄成大痏。又常有黑虎守坟,嗜人,人皆远之。

叙州有人避贼,逃入深山,草衣木食,既久,与麋鹿无异。后见官兵,以为贼复至也,惊走上山,行步如飞,追者莫及,其身皆有毛云。

邛、蒲、丹棱间,当贼过时,有数人逃入深箐中。夜出,见一黑大人,跨山而下,至死人丛,拾其头,两手抉裂,吸髓而去。明起视之,无遗脑矣,盖夜叉之属也!

《寄园寄所寄》云:献忠开科取士,会试进士,得一百二十人。状元张大受,华阳县人,年未三十,身长七尺,颇善弓马。群臣诣献忠,咸进表疏称贺。谓皇上龙飞,首科得天下奇才为鼎元,此实天降大贤助陛下,不日四海一统,即此可卜也。献忠大悦。召大受,其人果仪表丰伟,气象轩昂,兼之年齿少壮,服饰华美,献忠一见大悦。左右见献忠欣悦，又从旁交口称誉，以为奇士，古今所未有。献喜不胜，赏赐金币刀马至十余种。次日，大受入朝谢恩，面见献忠，左右文武复从旁誉其聪明学问及诗文画一切技艺。献忠愈喜，召入宫，赐宴，诸臣陪宴，欢乐竟日。临散，以席间金银器皿尽赐之。次早，大受复入朝谢恩，叩首毕，诸臣复再拜曰："陛下龙飞之始，天赐贤人，辅佐圣明，此国运昌明，万年丕休之象，陛下当图其像，传播远方，始知我国得人如此奇异，则敌可不战而服矣。"献忠大悦，遂召画工图其形像。又大宴，群臣尽欢。群臣席间又极口称誉，献忠复赏赐美女十人，甲第一区，家丁二十人。次日，献忠坐朝，文武两班方集，鸿胪寺上奏：新状元午门外谢圣恩毕，将入朝面谢圣恩。献忠忽颦蹙曰："这驴养的，咱老子爱得他紧，但一见他，心上就爱得过不的。咱老子有些怕看见他，你们快些与我收拾了，不可叫他再来见咱老子。"凡流贼以杀人为打发，如尽杀其众，则谓之收拾也。诸臣承命，即刻便将大受绑去杀之，并传令将大受全家及所赐美女、家丁尽数斩戮，不留一人。（此事蜀中少传。）

蜀中古迹，尽毁于贼，惟李卫公筹边楼在保县城中，贼未至，故至今犹存。

伪平东孙可望等东走，复陷重庆，守将曾英死之。初，英起兵合州，以泾阳李占春、项城于大海为左右。二人皆英腹心旧将,以勇闻,一鼓克复重庆。而邑绅刁化神集土人助英,共结阵涂山下,水陆联进四十里。献闻之,顾刘文秀曰:"杨展不足忌,重庆要害地,不可失。"因遣文秀往争之。英令占春、大海逆之多功城,文秀大败而还。至是,大兵诛献,伪平东可望四将之兵,溃而东下。时英守重庆,贼突至佛图关,出英不意,攻之,英中矢而颠于渝河以殁。李占春、于大海收残卒二千,退入涪州。英,福建人,以偏裨著功夔门,累绩至总兵。永明王假制封平蜀侯,威名为贼所惮。起兵时,欲屯田于重庆,督师王应熊不许,有识者惜之。

孙可望陷綦江。(有四姑,罗氏女,年十四,其父大道引匿老鹳沱边,被搜,投水死。邑人翁台妻康氏为贼所获,不辱,杀之。)

督师王应熊卒于毕节。(可望等兵至,应熊力不支,遁入永宁,旋卒于毕节卫。一子阳禧,死乱兵中,竟无后。应熊,巴县人,万历四十一年进士,其行述俱载《明史》。)

丁 亥(顺治四年,是岁,明孽各分据蜀。)

春正月,孙可望等陷遵义。(初,贼据全川,惟遵义未下,为王祥所守。及献诛,可望等四伪将东走,大兵追之,以粮尽引还,贼遂陷遵义。)

樊一蘅再驻江上。(我师既还,王祥等入保、顺二郡。

一蘷复驻兵江上为收蜀计，上书永明王，王以为户、兵二部尚书，加太子太傅，诸将祥等进爵有差。时于大海据云阳，李占春据涪州，袁韬据重庆，谭诣据巫山，谭文据万县，谭弘据天字城，侯天锡据永宁，马应试据泸州，王祥据遵义，杨展据嘉定，朱化龙、曹勋等各据地自擅。而宗室朱容藩、故偏沅巡抚李乾德以总制至，杨乔然、江尔文以巡抚至，各署置官，于是全川尽附永明王。）

孙可望攻永宁，知州曾异撰死之。（异撰，荣昌举人，知永宁州。贼至，州人望风欲遁。时江津进士程玉明，贡生龚懋勋在州署，谋于异撰曰："州据盘江天险，扼吭全滇，弃之不守，非人臣义也。"异撰因激兵士，竭力拒守。贼大至，城陷，合室自焚。玉明、懋勋俱投火死，自是，黔西诸郡望风瓦解。）

孙可望入云南。（可望既下贵州诸郡邑，遂直趋云南，取会城，据之。〔滇事别见。〕）

时蜀人死于滇者：巡按罗国瓛、夏衍虞、王运开及弟运闳。国瓛，嘉定人，崇祯癸未进士，巡按云南。衍虞，江津举人，曲靖司李，署道事，云南破，衍虞与国瓛书，约义举兵，事觉，二人俱尽室死。王运开，字亘篆，夹江人，崇祯庚午孝廉，为永昌推官。可望兵攻永昌，运开结同官协力御守，以图外应。城陷，整衣冠向北再拜，死之。运闳，字亨篆，壬午举人。蜀乱，往滇避祸，且以省兄。及至，永昌陷，运开死，乃口占曰:"行来渐近永昌府,吾兄英灵如欲语。弟兄不作两截人,魂魄同归见父母。"遂投江死,滇人至今以双忠称之。

卷 四

（起顺治戊子止康熙癸卯）

戊 子（顺治五年，明孽尚分据蜀。）

先是，崇祯中，川贼有姚天动、黄龙，聚党劫掠。巡抚陈士奇及道臣陈其赤、葛徵奇，郡守王行俭，巴令王锡，营将赵荣贵等设计夹击，斩贼一千七百有奇，生擒渠魁马超、一斗麻、代天王等二十余人，贼奔脱他徙。而沔县人袁韬因奸婶事发，逃投响马贼马潮、胡九思等，继踵姚黄，日事掠杀。及献入，遂乘势据蓬州、仪陇、南部各地方，杀老幼，掳精壮，掘墓开坟，生死无得免者。数年间，乌合愈众，分为十二大队。时岁饥，贼以人为食。顺治二年，我巡抚李国英大破诸贼于遂宁之旷虚坝，九思、潮等走死，韬以残卒数百奔川东，归樊一蘅。

诸贼或称四家，或称十三家。袁韬、武大定及夔州谭文、谭诣、谭弘，巫山刘体纯、鄜城胡明道、金城姚玉川、施州卫王光兴皆甚著。其王有进、景果勒、张显、刘惟灵、白蛟龙、杨炳英、李世杰等，莫可稽考，总所谓十三家贼也。

蜀 碧

又献忠未败，李自成之众先溃出关。袁宗第、贺珍之徒偕郝摇旗、李本荣、党守素、李永亨等，约结十三家，出入巴、渠、巫峡间，则所谓西山寇也。

又各州县乱民，号土暴子，以打衙蠹为名。凡胥吏之有声者，纠众擒之，或投之水，或畀诸火，甚则脔食其肉，官司束手，无可如何。而一时绅士家豪奴悍仆戕灭其主，起而相应。深山大谷中，竖寨栅，标旗帜，攻劫乡里，以人为粮，其恶殆与献等。其时川南、川北畏土暴子甚于流贼也。

时蜀大饥，人相为食。先是，丙戌、丁亥，连岁洊饥，至是弥甚。赤地千里，粝米一斗价二十金，荞麦一斗价七八金，久之亦无卖者。蒿芹木叶，取食殆尽。时有裹珍珠二升，易一面不得而殂，有持数百金买一饱不得而死。于是人皆相食，道路饥殍，剥取殆尽。无所得，父子、兄弟、夫妻，转相贼杀。其食人之法，亦有如下羹羊、饶把火、和骨烂等名目，《鸡肋篇》所载云云也。

外王父遁庵先生云：往时避寇山中，经过一茅屋，突烟腾起，疑为居人。直入，见釜中所煮，皆人手掌腿足等物，骇愕失声。时幸主者外出，不然难免。

家老仆云：宅外里许，有饿死于道者，某某谋夜定剥之。至则止存一头，先为人所攫矣。余儿时，见亲故中老叟数人，目黄如蜡，询之，皆啖人肝所致者。

眉州民陈大玉、刘尚等居城南外五里贺家桥。有李三树,熟而不取,计以诳行人,使之窃李,掩擒杀食,前后所食甚众。庚寅年,事定,被害民陈玉春首于官,捕大玉等斩之,民始安枕。

其时瘟疫流行,有大头瘟,头发肿赤,大几如斗;有马眼睛,双眸黄大,森然挺露;有马蹄瘟,自膝至胫,青肿如一,状似马蹄。三病中者不救。

又鬼魅白昼出见,与人争道,夜则聚于室中,噪聒不休。其名梦魂魔者,人方就枕,隐隐有物摄魂去,旁有觉者,疾呼可活,少顷难救;抹脸魔者,黄昏时,面皮自脱,若剥削然,不知所之。二物来时,形影模糊,死者甚众,盖杀劫之余也。(故老云:梦魂魔可以赶逐,而抹脸魔必明火震鼓以守之,最难防备。)

又遭乱既久,城中杂树蓊郁成林,人家遗犬,食贼所杀人肉,多锯牙若猛兽,群聚为寨,利刃不能攻,为害滋甚。又多虎豹,形如魑魅饕餮然,穿屋颠、窬城楼而下,攫其人,必重伤,毙即弃去,不尽食也。白昼入城市,遗民数十家,日报为虎所害。有经数日而一县之人俱尽残者。

诸将相攻。(时全川未附,诸将据地自擅。故巡抚李乾德者,少遇异人授天书,善占验,诸将中惟许袁韬、武大定。韬故姚黄余孽,大定则小红狼别部也。乾德欲与就功,结二人为心腹。先是,李占春部将董子金有万县湖滩之战,韬亦返斗入佛图关，规重庆为己功。长至大会，韬自以位高，踞李上，占春不平，心恶之。乾德又阴为构难，占春遂并恶乾德。乾德夜坐船屋，仰视星气咄咄，谓今夕主急兵，徒步走匿崖谷。顷之，占春袭袁不克，搜乾德船，无所得，取其孥以为质。韬闻乾德亡，大哭，既迎至，甚喜。占春是日亦归其孥。袁、武遂居重庆，占春驻涪州之西平坝，四面阻水，结万将营，宾客多归之。于大海壁忠州花陵河，与李唇齿。遵义守将王祥忌于、李之盛，而又欲为好于袁也，诈请占春议事，伏兵执之。军中守者懈，占春逾垣出，杀追者，一日夜，归其坝上营。祥寻与韬两相责望，而杨展亦与祥有隙，遣子璟新攻之。璟新先袭杀马应试，与祥战，败归，因是诸将相恶。）

袁韬、武大定归杨展。（袁、武久驻重庆，士卒饥，李乾德遣人说展与合兵，因其饷，展喜，纳之，誓为兄弟。徙韬屯犍为，大定屯青神，厚给其赀，共掎角以防贼。）

己　丑（顺治六年，是岁，明孽相图，贼复自滇入蜀。）

朱容藩自称楚世子，建行台于夔州，称制拜封。（时杨乔然已进总督，范文光巡抚川南，吕大器以大学士来督师，皆恶容藩，共谋诛之。）

李乾德使降贼袁韬、武大定刺杨展。（李占春素与展善，展以银万两、米万石馈之。袁、武不悦，乾德怨展遇己简略，阴劝袁、武图展。三人合谋，会展寿，诡称介置宴于犍为，请之。展坦然不疑，以一僮随往。既至，三人益为恭谨，叠相酬劝，展连飞数十觥，大醉，舁之密室，令力士刺之。展起家武科，以进士第三人及第，智勇冠诸将，献贼深畏之，川西东之起兵者倚为长城。既死，人心解体，士无固志矣。是时已进爵华阳伯。）

袁韬、武大定围嘉定三月，陷之。（袁、武赚杀展，以兵围嘉定，展子璟新力拒之。三月城陷，璟新以亲丁三百骑逃出。其妻陈氏指袁、武骂曰："尔等穷来依我，我先人处以县邑，资以多财，何负于尔？乃图我家，真丧心犬彘也！"袁、武杀之，悉并展之赀与众。乾德遂劝袁、武保据嘉定。〔璟新，崇祯壬午武举，展长子。〕）

时州生员帅正邦母冯氏守寡，有姿，袁、武强迫入赘，冯氏举簪自刺死。

李占春闻展被害，率兵为展报仇，不胜而归。曹勋与展刎颈交，时亦默然而阻。樊一蘅投书责乾德曰："嘉陵、峨眉间二三遗民，不与献忠之难者，杨将军力也。且背施忘好，而取人杯酒之间，天下其谓我何？"乾德笑，以为救时大计，讵竖儒所能知耶？然蜀绅士无不切齿乾德者。

初，王应熊既殁，兵部尚书吕大器奉永明王命来川。至涪州，与将军李占春深相结，杨展及于大海、胡云凤、袁韬、武大定、谭弘、谭诣、谭文以下，皆受约束。大器因遍历诸镇，谓监军道陈计长曰："杨展志大而疏，袁韬、武大定忍而好杀，王祥庸懦不足仗，事尚可为乎？"后忽于石砫司夜遁，走黔之独山州，郁郁，疽发背，卒。

庚　寅（顺治七年，贼与明孽各分据蜀。）

朱容藩败死荣阳。（容藩据夔府，自称天下兵马副元帅。吕大器檄李占春、于大海讨之，容藩窘，乃北依二谭兵以攻石砫。占春来援，容藩兵败，走死荣阳。）

秋九月，孙可望复遣兵图蜀。（可望在滇，闻袁韬、武大定贼害杨展，将图蜀。乃上书永明王，为展讼冤。使王自奇将兵向川南，而别遣刘文秀、白文选取遵义。）

刘文秀攻王祥于乌江，祥败，自刎死。（文秀、文选等以兵至乌江，王祥力战不胜，自刎死。文秀降其众二十万，尽收遵义地。初，献入蜀，畏祥，不敢窥遵义。前后拒守凡八年，至是败死，闻者惜之。时已晋爵綦江伯。）

刘文秀渡金沙江，攻建昌，原任长沙知县高明死之。（文秀遣别将卢名臣取重庆，而己引兵渡金沙江，攻建昌。高明集士民拒于焦家屯，贼兵势众，力不敌，叹曰："我受朝廷官，岂可从贼乎？"遂尽室自焚死。）

刘文秀攻陷越嶲。（寇攻城，指挥王自敏妻周氏知不免，谓所亲唐氏曰："前后等死耳，他日恐其迟也。"遂挽唐氏合室自焚。同时王氏、俞氏、宋氏、唐氏俱赴火死，皆受聘于人而未嫁者。）

刘文秀攻黎州，土千户马亭、李华宇等战死。

（初，亭、华宇及杨起泰等佐马京破贼于龙观川，贼败去，沈黎不被寇者数年。京卒，亭袭为千户。文秀至，竭力拒守，被执不屈死。华宇苦战，为贼擒，剐之，时年八十四。指挥丁应选，亦以年老亡于阵前。共起兵富庄姜、黄、李、奈、蔡、包、张七姓子弟头人俱战死，无一降者。）

刘文秀攻陷荥经，知县黄儒死之。（儒，福建举人，城陷，巷战被获，不屈，贼礤于县之开善寺。）

刘文秀袭曹勋于雅州，取之。（勋初败贼于雅州，保据其境，与杨展相声援。展死，勋势孤。而刘道贞先以病卒，范文光因恶李乾德杀展，入山不视事。勋左右无人，文秀突至，出勋不意，取之。）

刘文秀屯兵于天生城。（城在洪雅花溪口，贼至踞之。时余飞单骑出战，为贼所围，力杀十数人，死阵中。）

辛　卯（顺治八年，明孽与贼尚分据蜀。）

刘文秀大败袁韬、武大定于嘉定，降之。（初，王自奇兵至川南，袁、武拒之。及闻文秀至，撤兵还战，六战六胜，有轻贼心。俄而文秀以大兵压其前，自奇从后溯流尾击，一战，韬与大定大败，悉就擒，降于贼。贼遂取嘉定。）

李乾德被执，载舟中，不食者数日。届月波泽，语弟昇德曰："吾父死于献也，吾不可以再辱。"遂偕昇德并合家人俱赴水死。乾德杀杨展，蜀人恶之。其死也，无称之者。且曰："贼复入川，实彼召之，虽死，能蔽其辜乎？"

重庆复陷于贼。（文秀既取嘉定，举兵东下。而前破遵义时，所遣别将卢名臣者入涪州，李占春迎战于群猪寺口而败。于大海在忠州，力不支，遂共放舟出夔门，走荆楚，降于王师。诸将尽散，无一人敢应敌者。谭弘、谭诣、谭文皆降文秀。）

壬　辰（顺治九年，是岁，四王师征蜀，川南平。）

正月，刘文秀复还云南。（文秀还云南，令白文选守嘉定，刘镇国守雅州。）

三月，王师南征，下嘉定。（我师至，镇国、文选俱败，挟曹勋走。巡抚川南范文光赋诗一章，仰药死。时安绵道詹天颜兵败被执，亦死之。文光，内江举人，先官南京户部员外。天颜，龙岩人，起家选贡生。）

先是，师至眉州，向成功有众五千，据守石佛栈。大兵攻之，破其栅，成功中流矢死，眉州平。

秋九月，樊一蘅卒。（一蘅初以户、兵二部尚书加太子太傅，督诸文武，恢复全川。及诸将相攻，令多不行。而袁、武杀杨展，王祥败死乌江，列镇兵多散，所保惟叙州一郡，不得志，遂谢事居山中。再闻范文光、詹天颜、朱化龙相继死，忧郁遘疾卒。）

癸　巳（顺治十年，是岁，王师破贼，川北平。）

王师大破贼将刘文秀于保宁。（文秀及白文选率兵来攻，大兵奋击，破其象阵，文秀等大败，遁去。）

王师平蜀。（自甲午以后，蜀地渐归版图，而诸贼之负固者，犹出入重、夔、巴、峡间。及顺治十六年己亥，谭弘、谭诣共杀谭文，文安之率刘体仁、袁宗第、李来亨等十六营由水道袭重庆，闻之，欲讨弘、诣，二人惧，率所部来降。未几，大兵取重庆、叙州、马湖等属。时三郡为贼将卢名臣所据，我梅勒章京葛朝忠、总兵陈德、杨正泰水陆并进，攻破佛图关，直抵贼巢，擒斩无数。降牟胜，赦而用之，献逆孽之扰蜀者尽矣。）

初，闯贼余孽李赤心瘐死广西南宁间。其子来亨代领其众，赴川东，分据川、湖间，耕田自给。而先溃出关之郝摇旗（名永忠）、袁宗第及刘二虎等共依结之。时献党虽尽，永忠等尚据巴东。康熙元年壬寅冬十二月，我总督李国英奉旨统秦、豫、广三省兵将，会四川进剿，师驻万县。贼弃夔州，国英兵至夔，道路榛莽，伐山开径以入。二年癸卯元日，进夺羊耳山，宗第遁入深箐。我师屯七里坝，宗第屯茶园坪，山势陡绝，诸将攀藤而上，宗第败走巴东。大兵追及巫山，遂据其城。众议移守夔门，督师计巫山地势卑狭，虽驰骤不便，可利固守。于是深沟坚垒，具炮石，城下树梅花桩，桩外挑品字坑，贼至不得进。又于城外高处立敌楼，以防侦探。具甫备，郝永忠、刘体纯合数万众，攻巫山甚急。我兵出战，体纯等败走。适陕西会剿兵至陈家坡，夺老木空，体纯自缢。大兵乘胜追至黄草坪，永忠、宗第皆授首，惟李来亨居茅麓山，高险难攻。我兵四面围之，来亨出入地名通梁，路径悬绝，我师蒙雾直上，遂夺通梁。来亨力穷势迫，八月初六日，焚其妻子，自缢。茅麓山破，马腾云、拓天宝、王光兴俱纳款投诚。至是，闯孽之在蜀所谓西山寇者悉尽。全蜀收入版图，一统万世，蜀人始获享升平之福矣。

附 录

附 记

江津曹立卿,府学生也,赋性端方,为乡里所矜式。煤山之变,公闻之,北向泣血,悲愤成疾。及贼据川,悬伪职,逼勒士绅,公誓死不从。疾剧,戒子恢曰:"吾家世受国恩,汝又弱冠登贤书,兹大节攸关之日,失身取义,止争些子。吾一生自反无愧,可谓得全,尔勉为之!"间,曰:"我此时若存一贪生念,便如烈火烧身;想到守身全节,即入清凉境界。"嘱毕而逝。

夹江宿士敏,字元鲁,崇祯丙子孝廉,贼官至邑,迫之出,佯应之。治装赴省,至千佛崖,策马投江,贼信其已死,不复问。已而潜过江岸,乘夜走雅州山中,易姓名,以节终。

宋文翼,字怒飞,丹棱人,以应贡入国学,授蜀藩长史。甲申,巡抚陈士奇、巡按刘之渤重其才,授以监军事。及献破成都,归隐深山,不出。

郝孟旋,川西举人,尝起兵复雅州,复与邛州刘道贞合兵攻邛，不克，退守沈黎，后不知所终。

汪光翰，字文卿，婺源人。竟陵胡恒官川南道，光翰为幕客。献兵至临邛，恒命光翰出调兵，并檄宁越守备杨起泰将兵援邛。未至而城陷，与其子士骅战死，阖门百口遇害。惟士骅妻朱氏洎幼子峨生得脱，匿民间，随士骅母舅陈君美者，转徙荥经县。降贼武大定驻嘉定，闻朱氏有殊色，劫致之，朱污面毁容以免，坚操抚孤。光翰间关彝倮中，得朱氏母子所在，事之甚谨。值剑南大饥，斗米十金，光翰不避刀俎，多方保护之，母子乃得全。自是或服贾，或课蒙，或为僧，获稍赢余，以给饘粥，廿余年不倦。朱教子极严，峨生亦读书知自奋，能文章矣。蜀平，狭路通，光翰乃躬送朱氏母子归竟陵。于是楚蜀莫不高朱之节，诵光翰之义，以为忠臣孝子之报云。又有钟之绶者，字楷士，亦竟陵人。从胡公入蜀，游峨眉，遂不归。闻胡公父子殉义，乃自瓦屋山至荥经，与光翰同抚孤儿，历八年所，入滇，至昆阳死。

王承祖，剑州御史梁之栋仆也。献据蜀，之栋子田璧知不免，止一五岁儿，名绳武，召承祖夫妇属之曰："一线之脉，尽寄于汝，其善保之！"梁氏一家俱遇害，承祖负绳武及己子走，贼追及，弃己子而匿绳武岩穴中，得脱。后土贼起，知绳武所在，欲率其赀。承祖负之乞食山中，及贼息始出。承祖为之耕耘婚娶，延师教训，至本朝庚子，举于乡。

曹椿，明末名士也，献逆后，奉永明王命，来宰夹江。其时四野萧条，烟户鲜少。椿至，招流亡，抚余烬，又急收士人，以时训课。尝见《城外大明寺考录儒童》诗云："高楼野望影萧萧，尽日无僧伴寂寥。寺号大明知一统，梁题万历纪先朝。治军久已霜生鬓，说士犹然剑系腰。浊酒一杯聊自适，平原芳草倍魂销。"时县署毁于贼，故于此试士。公所作有《鹃血集》，皆亡国之音云。

李甲，湖广蒲圻人，由举人知双流县。崇祯甲申，委署建昌监理厅。至荥经，值贼犯雅安，义师战溃。甲随师奔走，力竭死。一仆守甲丧，数年，楚路通，始载以归。

富顺卢元卿，字调元，天启丁卯解元，累官陕西宁夏道。闯贼陷秦，托迹黄冠，潜遁秦、徽间。自题云："生平志气凌霄汉，自许惟凭忠孝心。家国陆沉身板荡，空抛血泪寄儿孙。"卒，葬于陇，徽人慕义祀之。

雷雨津字起剑，井研人，崇祯甲戌进士，官兵部。尝过楚，题洞庭庙云："我是人龙君亦龙，吾今胡为乎泥中？凭君借得青骢雨，手揽风云满太空。"甲申，从张公玉笥监军，死。（其子廷，后知吴江县。）

李俊英，南部人，府学生。姚黄贼掠南部，俊英泣涕誓众起兵，旬日得千人。御贼江岸，屡战俱捷，贼不敢南。日久粮匮，其弟泣告曰："我等冒矢石，城中人相继遁去，无援矣！曷暂退？"俊英叱之曰："宁为君父死，不为一身生。"自是无敢言退者。贼计窘，将引还。会同事有忌俊英者，噪而南奔，贼得从下游渡，围之数重。俊英奋勇突围，多杀伤，不得出，还至江岸，投水死。

刘养贞，大邑人，以进士任湖广汉阳府推官，升部郎。闯贼犯都，怀宗崩国，养贞为持服，蚤暮悲号不辍。食贫邸舍，以卖卜为生，人呼为刘孝子，病终于燕京。

万历末年，民间好叶子戏，图宋时山东群盗宋江姓名于牌而斗之，至崇祯时大盛。法以百贯活灭为胜负，曰闯，曰献，曰大顺，其后皆验云。

崇祯十七年正月，铜仁连界掘出古碑，有字三行云："东也流，西也流，流到天南有尽头。张也败，李也败，败出一个好世界。"或以为武侯所遗云。

彭琯字子白，永川人，崇祯时以进士为给事中。闯入京，胁降不从，自刎死。

顾鋐号青城，成都人，崇祯时进士，为给事中。闯入，自刎未绝，复被执毒拷，骂贼死。

哀蜀藩

天社星隳古社坛，杜鹃声尽石苔瘢。井花清冷无人

汲，留得丹心万古寒。（张象华）

边徼锡封怜少子，蜀王台殿独崔嵬。谁从辇路鸣鞭过，犹记宣门拜刺来。瞽井寒泉沉凤羽，天街白日走龙媒。短墙桃李家家发，画角声中杜宇哀。

陆海尘飞井络昏，锦城茅屋半江村。遗宫日落牛羊过，野市人稀虎豹蹲。桤树冥冥香径远，海棠馥馥翠云繁。摩诃但有支机石，尚共铜驼卧草根。（吕潜）

余飞传

彭遵泗

洪雅西四十里，有乡曰花溪。背枕飞仙阁，其前大小关山，屏峙溪口，其外限以青衣江，江涛汹涌，急不能渡。其地土泉肥衍，其人饶财谷，重去其乡，殆天所设以卫养居民者也。甲申，献贼至，土人余飞聚众询之曰："贼来，生乎？死乎？"曰："死。""顺贼荣乎？辱乎？"曰："辱。""逃可免乎？"曰："不敢知。"曰："如是，飞策决矣。飞观吾乡，地险而谷足，无匪人窜伏其间，计惟以死抗贼耳。"众曰："惟命。"盖飞勇健，以侠义称，言出，人莫敢违也。

飞刑牲沥酒，誓众于神，曰："我等与贼，义不两全。有一人从贼者，杀其人；一家顺贼者，诛其家。"

誓毕，户抽壮勇年二十及四十者，得数千人。塞扼保险，造刀仗鸟铳，叠石数大丛，备飞击之用。贼至，飞选勇士伏左右山谷中，山冈遍树旗帜，又决大堰之水灌田，而自以羸弱迎敌溪口。其时贼气甚锐，目无飞。战方合，飞即阳北，贼追逐入溪，左右伏发，翼而击之。飞反戈冲突，贼大败，顾望山间旗，疑不敢上，沿田溪走，径狭，骑步蜂拥，陷田中不能出，擒斩二千人。其遁者，为鸟铳飞石所毙又过半。贼气沮丧，远徙去。飞退贼后，益修险厄，寇来则战，去则耕，如是者二年。

其后，伪抚南刘文秀驻兵天生城，飞单骑出觇，被围，不能脱，力斩数十人，死阵中。飞死，众遵其法，团营自保，时越险扰贼，得贼谍辄杀之，贼终不能加。至今居民犹胜国时土著云。

飞誓言凛凛，有烈士风，而设奇杀敌，动合机宜。吴公差强人意，隐隐一敌国也。（蔡修莱）

铁脚板传（附向成功）

彭遵泗

铁脚板者，眉之鄙民也。姓陈，名登皥，生有胆识，膂力过人。家贫，猎兽自给。常赤足逐鹿豕，奔新斩竹中里许，而足不伤。人目之曰"铁脚板"也。登皞曰："呼我甚当。"以是足不着履，行滕止及胫，率以为常。

献贼据成都，遣伪将狄三品略眉，先期传示云："除城尽剿。"民不悟，携老幼入城。乙酉正月五日，贼驱城中人至田原上，尽杀之，又搜戮四乡居民。登皞突起，忿言曰："洗颈待死，与抗贼杀死，等死。奈何袖手待尽耶？"遂裂白衣为旗，招各山亡命少壮，大书于上曰："敢与残忍流贼张献忠敌者，从我！"数日内不期而集者千人。登皞执猎械，负柴弓竹矢，赤足先驱，千人者各执白棓相随。据城西醴泉河，斩木列栅，标所书白旗于前，名曰"铁胜"。铁胜者，取己胜贼之义也。与贼持，前后杀获甚众。贼大惧，取道潜移东馆。登皞又令民兵数百具羊酒，伪为投顺者迎贼。帅纳之营中，夜半，登皞率众大至，鸣金鼓，火攻贼营。数百人从中噪而应之，内外夹攻，贼众大乱，死者不可计数，乃遁去。于是眉之多月镇、斑竹、王二郎坝诸村，各聚众自守，皆名其营为铁胜。贼闻之不敢逼，而铁脚板之名，大播南川。

嘉定向成功，亦起师拒贼者，有众五千。欲节辖登皞，不从，率兵围之甘溪口。登皞势弱不敌，力战死之。眉之人赖登皞之庇，思其功，咸称铁脚板云。

成功既杀登皞，驻兵石佛站，修木城，凿壕堑，招集三万余人，分五营四哨，抗拒官兵。丁亥三月二十八日，我朝肃王以大兵至，攻破木城，成功中流矢以死，其党乃平。

史氏丹溪生曰：陈登皞不忍桑梓之难，冒万死，抒公忿，迹其所为，一方之广、涉也。向成功可谓顽民矣！其杀登皞，意何为乎？毋亦好上人，忘利害，乃其乡之风气然与？

白衣一奋，足褫贼魄，而布置杀贼，何智与胆俱也？古云："乱世多才。"信然！［蔡修莱］

刘道贞传

彭遵泗

刘道贞字墨仙，天启辛酉孝廉也。其族世袭黎州指挥，独道贞家临邛，为邛人，以文学显。初时，州有登科者，建旌坊，虐使其乡。简富民入户，岁收牌烟杂课，名曰免差，官不能难，沿为绅例，里中苦之。至道贞尽谢去，曰："吾忍以一科累桑梓哉？"州人高其德。

道贞敦行古直，其学六经百氏无所不窥，尤刻意兵家言。崇祯甲申，献逆踞成都，遣兵四出，道贞语子瞬度曰："邛州控制黎、雅、建昌，为川南门户，沿边土司，可联以守，惜猝不及备耳。"未几，伪参将张某略地至邛，道贞策杀之，弃家走沈黎，激励土、汉李卫等共抗贼，而身自资军于曹勋。曹勋者，亦黎州世袭指挥也。先奉调守成都，军于门，贼入，获焉。同辈皆斩，次及勋，勋遽呼奋起，绝其缚，还夺行刑刀，杀数人，泗江中脱亡。至是，起师洪雅。

道贞之去邛也，贼帅狄三品、王复臣等再至，巡道胡恒檄宁越都司杨起泰入援，未及而城破，恒率州牧徐孔徒巷战，死之。贼遂趋陷雅州，分其军为二，一走荥经，一循江下攻洪雅。勋率众保拒小关山，山去邑西南四十里，连岗嶙囷，中一径，丛石错杂，贼至不得过，尽驱骑兵薄隘口。道贞时以李卫军来，谋遣瞵度由山右伏行渡青衣江，转袭贼后。贼阵动，曹勋自上望之，挺刃趣贼，贞援枹鼓以从，斩前锋十数骑。贼返走，骑阏塞不可退。瞵度等自下挥短刀，仰面疾攻，力蹙贼，绝其径，贼众数千，悉堕縻埵中。复臣等践死人、窜匿深箐以免，丧失衣甲器械亡算。贼入蜀后，所至摧朽，无敢撄者，至是，始畏蜀人。又以勋前绝缚杀行刑者亡也，益惮之，号曰曹军，而目道贞"伯温先生"云。

是时，宁越都司杨起泰奉檄援邛，至荥经遇贼，合所官丁应选、千户马京逆战于龙观川，大破之。斩伪总兵，贼两路俱败。于是道贞曰："寇胆丧矣，乘此追亡，临邛可复也。"令睽度引军疾驰逐贼。

川西举人郝孟旋者，新起师复雅，斩伪牧，会而之东，围邛城数日，几克。会贼大帅刘文秀以重兵来争，势不敌，退归。天全六番招讨使高克礼、杨之铭者，两相构怨。高款于贼，铭弟侨欲乘乱弑兄，与高合；而明方连成都进士朱倬伊、川北举人郑延爵兵共讨贼。侨先导贼至，败明等于飞仙关，虏杀之，雅州复陷。道贞时驻黎城，料土兵，募壮勇，谋进取策。遽闻之，愤悫呕血，卧疾不起，语勋曰："吾以一书生破家讨贼，意借公忠勇之气，报朝廷三百年养士之恩。今病至此，死有余恨矣，愿公勉力，无隳前功！"丙戌春正月，道贞卒于黎城。

公为人廉干缜密，时四方师起，羽檄交驰，外应内谋，事无留滞。又番汉把目等战归，自出金帛酒醴曲劳之，人争为用。严道以南，二年不罹寇害者，公佐勋之力也。初走沈黎时，夫人王氏率家属百口避西山，贼搜执之。及睽度围邛，环刀械颈，置城上，令招其子，夫人骂贼不从。贼怒，断其舌，磔尸置之城外，举家殉焉。后一年，睽度单军遇贼，同孟旋力战以死。其妻冯氏有诗名，载《邛乘》。

史氏丹溪生曰：儒者习称道德，耻谈兵，临难缩缩无所施之，以其术为世诟病。先生以一旅师扼险出奇，摧破巨寇，智勇之略，岂不以学与？或谓先生喜逃禅，芥视生死祸福，范仲闇之诔曰："讨仇终有恨，学佛竟无成。"呜呼！此其所以为先生乎！余至临邛，访其轶行，窃叹忠臣、孝子、义夫、烈妇，刘氏之门备矣！皎皎乎潇水崍山，永终古也。

　　头绪纷繁，却序得简净不冗，史才也！（乐斋）

　　墨仙大节，吾蜀士夫有不能尽知者，曲为传出。一门忠烈，炳炳烺烺，百世下令人感慨呜咽。昌黎所云"发潜德之幽光"者，此也！（又评）

杨展传

彭遵泗

前明总兵晋华阳伯杨展者，字玉梁，嘉定人也。长七尺有咫，性倜傥，负文武姿，尤工骑射。少应童子试，参政廖大亨一见器之，曰："此将才也！"亟奖拔之。举崇祯己卯武科，北上，挟强弓大矢，驱一卫独行。遇贼劫其橐，展笑曰："尔辈利吾有耶？吾与尔斗射，约退百步外，执号箭为的。吾射不中，听汝取之。"贼如言。一发破其干，贼惊拜去。临试，阉贵人有马，凶悍难制，挽以铁缰，号于庭曰："能骑者予第。"众愕踖鲜应。展持弓矢,排众突前,夺马腾跃而上,纵送回旋,九发矢九中。走马扬声曰:"四川杨展也!"阉贵骇服,展名遂震京师。于是成进士第三人,授游击将军。

时秦寇方炽,朝廷深重武臣,寻升展参将。以忧家居,值蜀乱,乡盗纵横,尝与族子踏月江边,隔岸影见人行,谛视曰:"此贼也。"射之,应弦而毙,觇其人,果素掠乡里者,人以是畏服之。

甲申,献逆据成都,僭号改元,遣伪将四略。展起兵犍为,会阁部王应熊檄至,即从总督樊一蘅及游击马应试、余朝宗等,攻叙州。力战,复其城,走伪都督张化龙,又击败冯双礼,遂次第收嘉眉诸邑。于是黎州指挥曹勋、副使范文光起洪雅,土司马京起荥经,为展声援。遗民溃卒多归之,众至数万。

时献贼遣刘文秀、狄三品等来侵,大败还。授总兵。岁饥,人相食,展遣使告籴黔楚,自缙绅以下,至弟子员,皆给资。农民予牛种,使择地而耕,愿从戎者补伍。百工杂流,各以艺就养。孤贫无告者廪之。又置竹筏数千于同河,济荣威、富顺之避难者,俾居思经、瓦屋诸山。而令其子璟新屯田于峨眉,岁获粟数千,蜀南赖之。

献忠忿展尽取故地,又怒川人之不附己也,大杀成都居民,率众百万,蔽江而下。展起兵逆之,战于彭山。分左右翼冲拒,而别遣小舸载火器以攻贼舟。兵交,风大作,贼舟火,展身先士卒,殪前锋数人,贼崩败反走江口。江两岸逼仄,前后数千艘,首尾相衔,骤不能退。风烈火猛,势若燎原,展急登岸促攻,枪铳弩矢,百道俱发,贼舟尽焚,士卒糜烂几尽。所掠金玉珠宝,及银鞘数千百,悉沉水底。献从别道逃免,旋奔川北。展追至汉州,封其尸而还。

是时,展威名大震,巴蜀之起兵拒贼者皆倚为长城。袁韬、武大定者,穷困来奔,韬故姚黄十三家贼,而大定则小红狼别部也。展爱其勇,推心任之。命大定守青神,韬守犍为,鼎足备贼。

偏沅巡抚李乾德初以总制来蜀,独许袁、武,深相结。至是,韬与总兵李占春相恶,展素厚占春,时通馈遗。韬不悦,乾德因说韬杀展,大定亦忌展富,三人合谋,请展诣犍为,介展寿。展欲往,其子璟新谏曰:"近观二人意殊怨望,须察之。"不听。及出,乘所爱白马,回啮其衣者三。展厉声曰:"吾不惧献忠,岂惧他人耶?"盖展破贼后多自矜,又过任人,而乾德以展遇己简略,日夜怂韬除展。展不悟,佩剑携一僮,扁舟南下。袁、武迎之,伪为恭谨者。展坦然入帐,浮大卮痛饮。日暮沉醉,袁、武解展剑,舁入别室,使勇士往刺之。展寐后,目不交睫,睛光炯炯射人,操刀者三至不敢动。展僮云:"无畏也。"遂缚展。展觉,知有变,佯呼曰:"酒渴甚,予我水饮。"僮止之,展遂遇害。展素精五行遁术,得水可免。其死也,实僮促之云。时年四十有五,顺治己丑岁。华阳伯,则破献时永明王所晋爵敕也。

袁、武既杀展,引兵围嘉定,三月,破其城,璟新逃去,妻陈氏骂贼死,家残焉。时伪帅孙可望者,方据滇,闻展死,使王自奇将兵向川南,而别遣刘文秀等渡金沙江取曹勋,而袭其后。袁、武方拒自奇,闻之,还与文秀战,大败,俱降贼,乾德赴水死,贼再据蜀。

初,督师应熊以贼袭杀平蜀侯曾英,走毕节死。兵部尚书吕大器自柳州至,永明王即命代之。大器遍历诸镇,太息谓参军陈计长曰:"杨展志大而疏,袁韬、武大定忍而好杀,王祥庸懦不足仗,蜀事尚可为乎?"然自展死后,诸将解体,贼复入,无敢抗者。于是烽火蹂躏,又十余年而后定。至今谈展事者,犹追念喟息,称杨侯不衰云。

史氏丹溪生曰:泗王父玉吾公,少适嘉定,与杨侯公子璟新交,公子兄事王父。及难作,孤身来归,袁、武踪迹亦至。王父耳授公子策,贻骏马遣之。而身诣贼酋,告以故,复令人导道,固迂其途,追公子至新津。公子已渡江,斩舟人,沉船于水,贼遥望不得渡,以故公子免,而余家亦无所害。余因识杨侯事甚详。观其经理流亡,与其所以杀敌致果,洵乎文武兼才也。而取人杯酒，自坏长城，西充之罪，庸可逭乎？公子之去也，投诚我师，授参将，后复父仇，擅杀落职。家居十余年，以寿终。

  杨侯存亡，实关西蜀，此传不徒作也。其排场比次，直追班、马；陈、范诸公，不免以词气累其体矣。固是史才！（蔡修莱跋）

先拨志始

[明] 文 秉

目 录

原叙 …………………………………………（095）

夏序 …………………………………………（097）

卷上（万历起天启四年止）…………………（099）

卷下（天启五年起崇祯二年止）……………（167）

跋 ……………………………………………（259）

原　叙

忆童时侍先君子，言及世务，未尝不致叹于门户也。盖门户之局，胎兆于娄东，派岐于四明，衅开于淮抚，而究以国本为归宿。其为东林者，则羽翼国本者也；其为四明者，则操戈东林者也。外此，则秦、晋、齐、楚、西江称强，然声应气求，要不出此二者。左右分袒，玄黄互战，具曰予圣，谁知乌之雌雄？迨逆贤用事，而君子小人判矣。凡逆贤所摧折者，必东林人也，否则必不求异于东林者也；凡逆贤所尊显者，必四明人也，否则必不敢与四明忤者也。呜呼！四维不张，国乃灭亡！而廉耻道丧，谄附成风，孰甚于逆贤之时！教猱升木，翼虎而食，孰甚于赞导逆贤诸人！驯至于烈皇之世，所谓虽有善者，亦无如之何矣！是以鉴微察影之论，谓天不祚明，不在于震惊九庙、闯逆犯顺之秋，而萌于惨戮多贤、珰党煽虐之际；又不在于稽首投诚、摇尾乞怜之辈，而酿于同心拥戴、建祠颂德之徒。《诗》曰："枝叶未有害，本实先拨。"是贵辨之于早也。

余年来屏居深山，先世遗书，一散不可复返。日长如年，追忆家庭见闻，辄录片纸，投入麓中，至今春而毚且满矣。因出己见,稍为次第:首纪国本,著门户之所由始也;终以逆案,著贞佞之所由判也。名曰《先拨志始》,所谓辨之于早也。后之君子,流览于此,其于邪正之辨,得失之故,亦洞若观火矣乎!

文秉荪符甫题于南溪石室

夏　序

右竹坞遗民文荪符所撰《先拨志始》原叙。荪符为文文肃之子，具见《明史》文肃本传，其书分上下两卷，《钦定四库全书提要》入之《杂史》存目中，云："是书《江南通志》作六卷，此本乃仅二卷，然首尾无阙，或卷数有分合耶？所记皆明末遗事。上卷起万历，讫天启四年；下卷起天启五年，讫崇祯二年。如妖书，梃击、红丸、移宫三案，以及魏忠贤乱政，崇祯钦定逆案之类，靡不详载。自序谓：'首纪国本，著门户之所由始也；终以逆案，著贞佞之所由判也。名曰《先拨志始》，所谓辨之于早也。'"

按内珰之攻外廷，由外廷之自分门户，而后操戈者乘之。大凡倾危之士，处人骨肉之间，离间不行而后耸之以危言，危言不动而后怵之以祸机。故妖书者，梃击之伏戎于莽；而梃击者，妖书之摩厉以须者也。有梃击而后红丸之进不能无疑，有梃击、红丸而后移宫之计不得不决。诸君子以安社稷为悦，曷尝有祸福利害之见于其中？而以为持之过激、疾之已甚者，岂非所谓借逆词而助之攻哉？文肃最晚达，考其进退，固与阉祸逆案相终始者。而朱紫既分,玄黄不息,方大任之放归,犹理尘案,吕纯如之辩疏,恃有奥援,宜竹坞山人之致慨于门户也。

燮年来校证《两朝剥复录》,最后始得是书,首著《忧危竑议》《续忧危竑议》,与刘若愚《酌中志》、毛大可《彤史拾遗记》一一吻合,盖当日妖书之原谳也。所载《东林点将录》,则一百八人之姓名全具;崇祯钦定逆案,则二百余人之看议悉详。且其所记轶事,足资《剥复录》之考证者尤多。二书并行,而后详略可互见也。明沈国元撰《两朝从信录》,传者谓为涿州改《熹宗实录》而作,然所谓两朝者,系光、熹二朝,故崇祯逆案不具也。明臣自尊正朔,仍袭岛夷索虏之称,亦不足深论。惟所载逆党参疏,诬蔑无稽,但须将其见于票旨者摘录梗概,已见一斑;连篇累牍,毋乃贻讥秽史,见訾安民?是编但致慨于明之亡,无一指斥兴朝语,盖深信真人之出,自有天授,不可以毁誉凭者,宜其见采于《四库》。而次尾先生徒以抗命之诛,遂奉挟书之禁。然今所校证,悉依原本,试取而观之,有歌《采薇》而怨狡童,如侯公子所云者耶?爰将二书次第刊行,以昭明季信史之存,补《明史》纪传之阙云。

同治二年秋七月,当涂夏燮谦甫重刊并记

卷　上

（万历起天启四年止）

神庙嫡母为仁圣陈太后，生母为慈圣李太后，中宫为孝端皇后，而生光庙者，孝靖皇后也。二祖家法：圣躬每有私幸，必有赐赉；随侍文书房内阉即注明某年月日，并记所赏以为验。孝靖，故宫人也。神庙一日索水盥手，孝靖奉匜以进，悦而幸焉，赏头面一副。孝靖有娠，神庙偶侍慈圣宴，言其事，神庙讳曰："无之。"慈圣命取内起居注相示，神庙面赤，不能复隐。慈圣慰之曰："吾年老矣，犹未及弄孙。倘生男，宗社福也，何必相讳。"时郑贵妃有宠，每与神庙戏，辄呼为老嬷嬷，暗行讥刺，圣衷默然不自得也。

光庙诞生，一应恩礼俱从薄，盖由非神庙心喜也。册封孝靖为恭妃。越三年，福王生，则进封其母郑贵妃为皇贵妃。给事中姜应麟上疏，言："恭妃诞元子，反令居下，非所以重储贰、定众志也。乞降旨首册恭妃，次册贵妃，又须明诏册立元嗣为东宫。"奉旨："姜应麟疑君卖直，好生无礼！降边方杂职。"给事中杨廷相、御史陈登云等具疏申救，不听。应麟既奉旨降谪，慈圣闻之弗善也。神庙入侍，慈圣故问曰："外廷诸臣多说该早定长哥，如何打发他？"神庙对曰："道他是都人的儿子。"慈圣正色曰："母以子贵，宁分差等，你也是都人的儿子！"盖慈圣亦由宫人进御也。神庙惶恐伏地，无以自容。自是立长之议始定，实凛慈圣谕耳。（宫中呼太子为长哥，宫人为都人。）

郑贵妃身负盛宠，福王生，即乞怜神庙，欲立为太子。北上西门之西，有大高玄殿，供有真武香火，颇著灵异，神庙偕贵妃特诣殿行香，要设密誓，因御书一纸，封缄玉盒中，贮贵妃处为信。后廷臣敦请建储，慈圣又坚持立长，神庙始割爱定立光庙。既立，遣使往贵妃处取玉盒来，封识宛然，启盒而所书已蚀尽，止存四腔素纸而已。神庙悚然，怀负誓之歉，从此二十年中不复诣大高玄殿。（北上西门，紫禁城西北门也。）

祖制：既立太子，凡朔望大节，东西两宫同诸贵妃俱诣太子圣母宫行庆贺礼。郑贵妃方盛宠，神庙意颇难之，因托言欲候中宫生子以为太子。外廷不察，建储之疏朝夕继续，而上圣怒所由起也。大理评事雒于仁进《四箴疏》，神庙大怒，特御平台召辅臣面谕，欲加重处。遂宣光庙、福王来见，时首辅申时行见，曰："皇长子龙姿凤表，敢贺有道之祥；皇次子兰芽玉质，足征螽斯之庆。"神庙笑而颔之。

十九年辛卯，已传旨册立东宫于明春举行，工部郎

先拨志始

张有德欲掠之为功,因以大礼届期、仪物未备为请。神庙复大怒,将有德罚处,并停明春册立之典。歙县许国进公揭,谓:"有德诚所应罪,但册立之旨既已颁行,皇言如纶,不可逾改,乞照前旨施行。"圣怒方盛,并有旨切责阁臣。时首辅在告,公揭虽列名,实不知也。首辅素得君心,见谕旨严切,虑有意外,特上揭调停,谓:"前揭进时,臣方在告,实不与闻。册立大典,圣衷既有主裁,即徐亦自无妨。"旧例:阁揭竟留御前,无发出之理。神庙怒前揭之拂其意也,特将此揭发抄,以塞歙县之口。时接本者,于孔兼也。孔兼见有阁揭,即对众验明,然后发科抄传。于是辇下喧传其事,谓首辅实有二心,密效拥戴于福藩。此密揭所由来也。歙县因席藁待罪,而于首辅不无心嗛焉。首辅执阁揭无发抄例,遣人至科中索取原揭归。众论沸然,争罪直日科臣罗大纮。大纮疏辨,并参首辅。中书黄正宾特疏参首辅,谓:"国家事无大小,悉咨政府。事孰有大于建储?此而不知,焉用彼相?"于是弹章蜂起。而正宾廷杖,大纮削职,余处分有差,歙县予告,则首辅亦不能安其位矣。

娄东王锡爵之赴召也,有门下某进三王并封之议,既可以结主心,仍无碍于大典。娄东善其说,还朝之日,遂发其端。先一日,圣札下询内阁,娄东邀大宗伯罗万化,语之故,罗亦唯唯,绝无不可意。次日,而并封之旨下矣。旨云："朕生三子，长幼自有定序。今皇长子、皇三子俱已长成，皇五子虽在弱质，欲暂一并封王，以待将来有嫡立嫡，无嫡立长。尔部择日具仪来行。"旨既下，举朝大哗。光禄少卿涂杰，寺丞朱维京、王学曾，给事中王如坚先后疏争。维京疏尤切，略曰："前者于二十年奉册立之旨，今忽改为并封之诏。历观列圣，皆在幼龄册立：宣宗以洪熙元年立，英宗以宣德三年立，宪宗以正统十四年立，孝宗以成化十四年立，维时中宫正位，嫡嗣皆虚，曾不少稽以迟盛典。今独自皇上发之，何以解臣民之惑哉？若以中宫有待，俟前星一耀，将所册立者即时退归藩服，有何疑阻？"并责元辅王锡爵，谓："纵不能如李沆之引烛焚诏，宁不能如李泌之委曲叩请乎？"有旨："朱维京出位要名，的系祖训所言奸臣，即当依祖训处斩，姑从轻，同王如坚俱发边远充军。涂杰、王学曾俱革职为民。"王娄东有门生钱允元、王就学，过娄东寓规之曰："外廷皆欲甘心于老师，恐有不测之祸。"娄东犹执辨无过虑。就学曰："老师心虽如此，外廷谁能谅者？迨其发而图之，蔑有济矣！"娄东怃然良久曰："即当有处。"明日，力请于上，得寝前诏云。

　　光庙于万历十年壬午诞生，年十三矣，犹与孝靖居景阳宫，同起卧。郑贵妃于神庙前言皇长子好与宫人嬉，已非复童体矣。神庙遣使验之。孝靖大恸曰："我

先拨志始

十三年与同起卧，不敢顷刻离者，正为今日，今果然矣。"使还，以实告。神庙自此有疑于贵妃，已后所言皆不入。是年，皇长子出阁讲书，后四年，行冠礼，又三年，乃册立为皇太子，次年，成婚。册妃郭氏，即孝元皇后也。

光庙未出阁前，有旨云："明年皇长子出阁讲学，一切仪从俱从简略。"礼科都给事张贞观疏言："皇长子出阁届期，讲读官已有成命，乃兵部以护卫请，不报；工部以仪仗请，不报；礼部以仪制请，不报；又止允其预告奉先殿与朝谒两宫之仪，余俱停免。伏乞急下该部之请。"有旨："张贞观邀功阻挠，著罚俸一年。"

工科黎道昭疏言："皇长子出阁，有旨下户部买办金珠宝玉等项。夫皇储出阁，所亲者师儒，所重者道德，而珠玉玩好，递进错陈，岂作法于初之意哉！张贞观事关职掌，义难隐默，乃蒙罚俸。"有旨："黎道昭明白党救同类，好生可恶！著罚俸一年。张贞观降杂职，调外任用。"

吏科许弘纲疏言："自皇上以渎扰见责，而臣等之言日轻；自皇上以党救为疑，而臣等之罪日重；自皇上因言而愈重言者之罪，而臣等效忠之路日塞。他日国家有大奸邪、大政事，谁复敢为皇上争是非？恐非社稷之福也！"有旨："弘纲罚俸一年，贞观革职为民。"

万历二十二年甲午,皇长子出阁讲学。旧例:巳刻进讲,寒暑传免。至是,定以寅刻,寒暑亦不传免。二十八年十一月,大风,寒甚,时尚未赐谕戴暖耳,诸讲官立殿门外,光庙方出,江夏郭正域充讲官,即宣言:"天寒如此,皇长子系宗庙神人之主,玉体固当万分珍重;即讲官参列禁近,若中寒得病,岂成体统!宜速取火御寒。"时内阁辈俱各围炉密室,闻郭言,尽行抬出,始克竣讲。神庙闻之,亦不罪也。正域以此受眷于东朝,后妖书事起,传语东厂:"饶得我,即饶郭先生罢!"其真切如此。时诸讲官进讲,窃视光庙袍内止一寻常狐裘。讲案高仅二尺余,自幼稚时所御,历七八年,不敢奏易。

光庙出讲,年仅十三,岐嶷不凡。每讲,阁臣一人入直看讲。御案前有铜鹤一双,旧例,叩头毕,从铜鹤下转而东西面立。一阁臣误出其上,光庙属内阁:"将铜鹤可移近些。"虽不明言,意已默寓。众皆叹服。一日讲"巧言乱德"章,解曰:"以是为非,以非为是。"讲官刘曰宁讲毕,从容进曰:"请问殿下,何以谓之乱德?"遂朗然答曰:"颠倒是非。"众官退,相语曰:"此真天纵,不可及也。"

万历二十六年有妖书,题曰《闺鉴图说跋》,标其名为《忧危竑议》(《闺鉴图说》,刑部侍郎吕坤作,妖书遂借此以发议,盖欲淆惑两宫也)。妖书云:

先拨志始

东吉得《闺鉴图说》,读之叹曰:"吕先生为此书也,虽无易储之谋,不幸有其迹矣。一念之差,情或可原。"

或曰:"吕素讲正学,称曲谨,胡忍辄与逆谋?"

曰:"君知其一,未知其二。昔吕欲得铨部以行其道,试恐秀水捷足,势迫无奈,遂诺鳅生之计,邀内禁之援,出门有功,诗书发冢,未尝不出于正也。"

或曰:"吕意欲广风化,胡不将此书明进朝廷,颁行内外,乃奴颜戚睕,岂不失体?"

曰:"孔子圣人,佛肸应召,南子请见,志在行道,岂得为屈!"

或曰:"吕《叙》中直拟继述先朝圣母,置太后中宫于何地?且称脱簪劝讲,毋乃巧为媚乎?"

曰:"公言误矣!曾见古来有以官帑与现任大臣刻书者乎?破格之恩厚矣。恩厚则报隆。身为大臣,胡忍自处以薄!"

或曰:"叙中又引先朝女训、女诫,彼乃母后临朝,儒臣纂编,兹相比拟,得毋不伦?"

曰:"尊称不极,则取信不笃,但求内教弘宣,又何计较及此!"

或曰:"古今贤后妃多矣,胡《图说》独取汉明德一后;明德贤行多矣,胡《图说》首载其由贵人正位中官?"

曰:"吕先生自辨精矣。明德无子,故以取之。若进位中宫,偶然相类,彼诚何心哉!且彼时大内被灾,中宫减膳,以妃进后,事机将成,吕乘时进此,亦值其会耳。"

或曰:"五十宝镪,四匹彩币,十目所视,胡为而来?"

曰:"此贤妃敬贤之礼,却之不恭,是当谅其心矣。"

或曰:"人谓吕因败露难容,乃上忧危一疏,号泣朝门,无乃欲盖弥彰?"

曰:"忧危一疏,人称忠肝义胆,况此一副急泪,何可遽得?是安得而少诸!"

或曰:"国本安危,宁逾太子?窃见忧危疏中,列天下事备矣,胡独缺此?"

曰:"嗟乎!公何见之晚邪!夫人意有所专,则语有所忌。倘明举册立将属之谁,若归此则前功尽弃,归彼则后患自招,何若不言之为愈也。"

或曰:"固矣。闻吕所进金龙命书称:在长之命,不过清淡藩王;在三之命,异日太平天子。令内廷咸睹缩舌。是亦不可以已乎?"

先拨志始

曰："管仲、魏徵，天下才也；子纠、建成，均号国裔。人各有见，何责备太苛！"

或曰："吕之为此，本谋铨部行道。今铨部不可得，司寇不能安，不终付浩叹乎？"

曰："有是哉，子之迂也！夫有非常人，斯有非常事。自古成则王、败则盗者何限！岂宜以成败论英雄哉！流芳遗臭，断非凡庸卑鄙者所能为。况事尚未定，策立元勋，终有召起之日矣。"

或曰："吕之为此，人皆薄之。子独与之，何也？"

曰："子真井蛙见矣！当世名人，若张公养蒙、程公绍、刘公道亨、魏公允贞、邓公光祚、洪公其道、白公所知、薛公亨、郑公承恩，皆称吕所见极高，所举极当，咸举《春秋》大义子以母贵之说，共建社稷奇勋。夫唐阉执命，天子门生；宋奸弄权，神器宵易。今盟约既定，羽翼已成，子韦布之士，岂知国家大计！宜从此三缄，无自取祸可也。余故曰：吕先生为此书，特其一念之差，情固可原也。"

或人不能难，唯唯而退。因援笔记之。

燕山朱东吉谨跋

先是，刑部侍郎吕坤按察山西时，著有《闺范》一书，神庙以赐郑贵妃，贵妃捐赀重刻。时光庙年十七矣，册立久稽，外廷请建储者无不斥逐。人皆疑吕潜通宫禁，拥戴福藩，致有书内云云。前此，给事中戴士衡疏参吕坤，谓"假托《闺范图说》，包藏祸心"，全椒知县樊玉衡疏中直指神庙为不慈、光庙为不孝、贵妃为不智，俱膺严谴。至是，戚畹郑承恩疏辨，谓："此书定出二衡手，乞行逮问。"神庙知捏名，遂止不究。

庚子冬，给事王德完疏请笃厚中宫，意在保护皇长子也，内有"抱病独居，视药无人"等语，下镇抚司打问审究。招上，有旨："王德完故听流言，扯遮离间，好生可恶！著锦衣卫拿在午门前，著实打一百棍，革职为民当差。"又司礼监成敬口传圣旨："大小臣工，为皇长子重，为王德完重？如为皇长子重，不必又来渎激；为王德完重，再来上本！"已而吏部尚书李戴等，科道杨应文、周磐等各公疏救，俱严旨切责，应文与磐各罚俸一年。

王德完之被杖也，神庙欲毙之杖下，太监陈矩监视，杖毕复命。神庙问："已死未？"矩对曰："将死矣。"神庙遂不复问。人谓德完之余生，矩实保全之。

神庙始专宠郑贵妃而疏孝端。辛丑年，圣躬抱病甚笃，瞑眩逾时而醒，则所枕者孝端手肱也，且面有戚容，泪痕犹湿。及侦郑贵妃，则窃密有所指挥。然宫中事秘，外廷勿详也。神庙由此蕴怒贵妃。

神庙曾与诸王子宴，各有小赐。光庙赐一玉碗，命贵妃代为收藏。至是，突索所赐玉碗，年月已久，司帑者遗忘，屡索不应。既而索福王所赐，随手而进。神庙震怒，遂升殿，命抓宫人首来。祖制，升殿则宫眷俱不敢进参，神庙盖以此难贵妃也。贵妃毁冠服，脱簪珥，蓬首跣足，率诸宫人匍匐殿门外待罪，良久始解。明日，遂传旨礼部："速议册立仪制来看。"光庙遂于是冬正东宫之位，移居迎禧宫。福、瑞、桂、惠四王同日受封，居储秀、咸福二宫。

万历三十一年，又有妖书，题曰《续忧危竑议》，标其名为《国本攸关》。其书云：

> 或有问于郑福成曰："今天下太平，国本已固，无复可忧，无复可虞矣。而先生尝不豫，何也？"
>
> 郑福成曰："是何言哉！是何言哉！今之事势，正所谓厝火积薪之下也！"
>
> 或曰："亦太甚矣，先生之言也，得毋谓储位有未安乎？"
>
> 曰："然。夫东宫有东宫之官。一官未备，何以称安乎？皇上迫于沈相公之请，不得已立之，而从官不备，正所以寓他日改立之意也。"

曰："改立，其谁当之？"

曰："福王矣。大率母爱者子贵，以郑贵妃之专擅，回天转日何难哉！"

曰："何以知之？"

曰："以用朱相公知之。夫在朝在野，固不乏人，而必相朱者，盖朱名赓。赓者，更也，所以寓他日更立之意也。"

曰："是固然矣。朱公一人，安能尽得众心而必无变乱乎？"

曰："陋哉，子之言矣！夫蚁附膻，蝇逐臭，今之仕宦者皆是，岂有相公倡之，而众不附者乎？且均是子也，长可立，而次未必不可立也。侯之门，仁义存。谁肯舍富贵而趋死亡乎？"

或曰："众附姓名，可得数否？"

曰："数之熟矣。文则有王公世扬、孙公玮、李公汶、张公养志；武则有王公之桢、陈公汝忠、王公名世、王公承恩、郑公国泰；而又有郑贵妃主之于内。此之谓'十乱'，《鲁论》所谓'有妇人焉，九人而已'。正合文王舍伯邑考而立武王之义也。"

曰："然则何以知此数人之所为乎？"

曰："数人皆人杰，无不望分茅胙土如姚广孝，岂止富贵终其身而已乎？故有王世扬、陈汝忠,则靖难之兵取诸京营而自足矣。有李汶,则三边险要有人控之矣。有孙玮于保定,则扼天下之咽喉,四方勤王之兵无由入矣。有王之桢,则宿卫禁城有人,谁能斩关而入乎?"

曰:"是固然矣。若张养志、王承恩、王名世者,何欤?"

曰:"养志,朱公私人也;二王者,朱公乡人也。私人、乡人,无不愿借相公之余光者,况有以招徕之乎?"

曰:"然则事可济乎?"

曰:"必济。庸人倡议,人尚景从,而此数公皆人杰也,且复有郑贵妃与太监陈矩朝夕比周于帝前,以为之主,同举大事,何谓无成?"

或曰:"沈蛟门(一贯)公独无言乎?"

曰:"蛟门为人阴贼,尝用人而不用于人,故有福己自承之,有祸则规避而不染。何以见其然也?夫锦衣卫西司房类奏有名,自祖宗来无有不升者,而皇亲王道化本内有名,竟不升,岂其才力出诸菜佣下哉?盖蛟门公欲右郑而左王,故核实之时,令亲家史起钦抑其功而不录,亦王之桢有以默授之也。"

"然则子何以处此?"

曰:"天之所兴,不可废也;天之所废,不

可兴也。予止听天耳,安能反天乎!"

或人唯唯而退。

万历三十一年,吏科都给事中项应祥撰掌河南道事四川道监察御史乔应甲书

东厂太监陈矩将妖书据实奏闻。前妖书起,虽未严究,神庙已蓄恨在心,兹妖书复出,遂勃然震怒,着东厂多布旗校,用心密访,并著在京各缉事衙门、在外各抚按,通行严捕,务在必获。内所指朱赓,山阴相公也;蛟门,四明相公也,两辅俱注籍具疏待罪。惟归德相公(沈公鲤)入直。时讹言沸兴,上下猜疑。归德于阁中供一天启圣聪牌,朝夕致礼。神庙觇知之,以为暗刺,甚怒。时有蜚语,圣心颇为所惑。四明欲借此以倾江夏郭正域等,并及归德。御史康丕扬疏参僧人达观、医生沈令誉,俱捕逮下狱。达观在江南以棒喝立教,所至崇奉,与金沙于玉立诸公善,令誉等咸归座下,称方内弟子。江夏为南少宗伯,榜示驱逐,达观乃往京师,由内阉以闻于慈圣,于是大珰戚畹、宰官居士共相崇奉,一如江南。丕扬等拟借此以兴大狱,波累诸公,且以江夏榜逐故,意达观必藉此纾恨也。达观始终不旁及一语,提牢主事徐祯稷与杖三十,遂说偈而化。慈圣闻其被逮也,令内阉传谕法司云:"达观,高僧也,偶被诬累，毋等他囚。"然已无及矣。给事中钱梦皋密受四明意旨，疏参江夏及归德，疏内言："中城兵马司刘文藻捕获游医沈令誉书札本稿，大有踪迹，因辅臣沈鲤转求属托，遂寝其事。"又言："郭正域系鲤衣钵门生，同谋倾陷楚王，正域出京之后，曾坐小轿私至鲤寓三次。"云云。归德疏辨求罢，不允。

四明沈公一贯又令缇帅王之桢擒锦衣卫周家庆家人袁鲲，供称家庆为妖书主谋；又令巡捕陈汝忠擒江夏书办毛尚文，供称探听妖书，单词锻炼，几成狱矣。因东厂陈矩坚拒不从，乃得中止。江夏时寓杨村，而踪迹之者趾相错也。又以疑似，波及琴士钟澄，山人俞儒，武弁杨于世、刘柏等，皆诖误下狱。又以令誉供出于玉立起官一事，时玉立新补刑部郎中，娄东王士骐在吏部，实道地之，往来寄信者，令誉也，有旨责其营私，下部院究处。已而士骐、玉立各疏辨，俱革职为民。

锦衣直房一日忽得匿名帖云："妖书已有人，协理掾张魁，受银三百两，求他主之文。告人郑福成。"厂卫诸人见之，咸惭且怒。后不数日，遂缉获皦生光。盖番役于生光斋中搜出罗文笺写《十大说》，又获刊字匠为证，遂据此立案，始断葛藤云。

万历三十一年十一月，锦衣卫掌卫事左都督王之桢题："缉获男子二名：皦生光、皦其篇；妇人二名：赵氏、陈氏。生光供称：'原系顺天府学生员，先年专以刊刻打诈为事，二十八年被生员田大有等具告，提学周御史批顺天府问革，发解大同当差，不合逃走来京，潜住双塔寺后。'等语。臣因委理刑百户崔德，多方研审，将先年所撰妖书粘布各巷口者亲笔供出。臣简得彼之册文内有'侯之门，仁义存'，而妖书内亦有'侯之门，仁义存'，且其笔迹相类，又有'大仇大恨'等语。"有旨："尔厂卫会同九卿科道究问了来说。"

锦衣卫具题："缉获得刊字匠徐承惠，招称：'万历二十八年八月，在皦生光家刻过诈骗包继志家揭帖木板一块，本年十月内，又刻过妖诗小木板一块。又本年六月内，与生光刻过《岸游稿》十二张。至本年十月半间，在刑部街撞遇生光，说："我有书几张，你与我作速刊刻。"惠即跟到生光家，生光将书三张半，钱五十文，木板二块，递与惠手。又说："此书不要在你铺内刊刻，藏掩着些，勿教人见。"惠因拿到演象所庙内檐下静处刊刻。次日，伊子皦其篇来催两次。又次日日落时刻完，送到光家。光令伊女拿出钱四五十文，与惠收讫。'等语。随将妖诗出示承惠，承惠伏认无辞。又将皦其篇提出面质，言语相同。后将皦生光面质，只叫徐承惠数声。然奸逆不止刊字者之质证也。诗内'庶欲惑国本'，是即妖书内'国本攸关'也；诗内'戴首皆吾君'，是即妖书内'长可立而次未必不可立'也。其他'侯之门，仁义存'种种相类。"奉旨："这刊字匠

先拨志始

徐承惠既已招承,还会同厂卫府部九卿科道严鞫皦生光等,追究他造谋本意。同党之人并研审,明白具奏。"

卫厂等衙门具题:"妖书一事,皇上必欲得主使奸党,以正国法。臣等研审皦生光,招称:'秀才问徒逃回京师,受尽苦楚,皆由皇亲郑家。无计可以报冤,只有国本二字事关大逆,故初刊妖诗,再刻《岸游稿》。犹以为动不得他,续改《国本攸关》一书,密雇徐承惠刊刻,令子皦其篇黑夜掷皇亲郑家及各部诸大臣门首。盖谓此书流传下去,皇亲郑家定有不测之祸,可报大冤也。至于文武官僚,万万无此。'等情。"奉旨:"这事情既会官研审,面对明白,逆犯皦生光着锦衣卫拿送法司,其余各犯通行解发问,拟应得罪名来奏。"

万历三十二年四月,刑部等衙门、少保兼太子太保尚书等官臣萧大亨等谨题:"为钦奉圣旨事。臣等会看得皦生光巧图诈陷之私,敢为诬讪之语,罔上惑众,逆理悖常,因而震激宸衷,混淆国是,此神人之所共愤,法纪之所不容者。臣等切齿此囚,恨不穷治以谢天下,忍言轻纵?但本犯之狱,止拟妖书,而妖书之律,止应论斩。今奉明旨'从重另拟',臣等窃议:斩与律合,原非轻典;此外若求加等,详查律条,惟有谋叛一条较重。参酌本犯情罪,似未相当。臣等为皇上守成宪,欲求于法外议入,既所不敢;而为皇上伸天讨,不能于法中加重,尤所不安。总之本犯险恶,原出律文之外。臣等愚昧，拘于三尺，反复思维，参详数四，未敢擅拟等因。本月十八日题。"二十日奉圣旨："这逆犯险恶异常，原出律文之外，以谋危社稷律处他。卿等即便复来。钦此。"

二十一日，具官萧大亨等为奉旨复奏事："臣等复看得皦生光妖书之情甚逆，即重拟原不为过。但律文止于论斩，臣等未敢别拟。今奉明旨处以谋危社稷之律，查得谋危社稷系谋反律内原注，若依此律，合凌迟处死。参详本犯，情似有间。盖臣等所据者法也，明允执于官法，国有成宪，未敢擅为重轻；而威灵出于皇上，君有严命，难复容其拟议等因。"二十七日，奉圣旨："皦生光捏造妖书，离间天性，谋危社稷，无上无君，反形显然。妖书律未尽其辜，着加等凌迟处死。便著会官处决，仍枭首于人烟辏集之所。有奏扰的，即以主使奸论。其缉捕有功人役，著该卫即查写来。该衙门知道。"

附妖诗

五色龙文照碧天，谶书特地涌祥烟。
定知郑主乘黄屋，愿献金钱寿御前。

松风狂客题

注：臣偶从郊外贵家庄拾得前诗，读毕忽痛哭出声。左右警觉夺去。臣归叹曰："渠家羽翼成矣！"独访所谓松风狂客为谁，则豪商包继志也。包氏握锱赀金宝，明以金钱行间，语曰："巨防容蚁，而漂邑杀人；突泄一烟，而焚庐烧积。"则皇长子危乎哉！凡吾臣子，谁不疾首痛心！故直书之，或散其党云。

附妖言十大说

曒扬，尔忘之邪？尔有大志不获，而乃规规于小愿乎？尔有大名见污，而乃规规于小闻乎？尔有大冤不白，而乃规规于小诬乎？尔有大仇不报，而乃规规于小忿乎？尔有大恩未偿，而乃规规于小惠乎？尔有大宝受诳，而乃规规于小失乎？尔有大游不畅，而乃规规于小方乎？尔有大忠可伤，而乃规规于小谨乎？尔有大贫能甘，而乃规规于小乏乎？尔有大才未试，而乃规规于小遇乎？此十大者信大，而小者信小矣！曒扬，尔忘之耶？（曒扬，系生光改名。）

癸卯八月二十六日有感，援笔漫书，浼蒋无功录一通，张之轩侧，早暮起卧观之，以自警云。

生光会审时，御史余懋衡特向众官云："昨梦观音大士说，妖书系生光造的。"闻者莫不匿笑。传入禁中，神庙亦为绝倒焉。御史沈裕会审时，厉声向生光云："妖书确是你作，如何不招？"生光已不能言，但张目切齿。后沈裕奉差出都，屡见生光为祟，遂卒于途中。又文华殿中书赵士祯，山东人，素慷慨有胆略，妖书事起，遂杜门不出，后屡见生光索命，竟致不起。人谓妖书出赵手，非关生光造。

妖书初起，神庙即召皇太子至，大声谕曰："哥儿，你莫恐，不干你事！但去读书写字，早些关门，晏些开门！"又遣司礼太监田义口传圣谕到内阁云："我今日朝圣母回宫，就宣皇太子到启祥宫，面谕慰言：我的慈爱教训，你也知道；你之纯善孝友，我也尽知。近有逆恶捏造奸书，离间我父子，动摇天下，已有严旨缉拿正法。我念你必有惊惧之心，我著阁臣写旨安慰教训你。今日宣你来，面赐与你。还有许多言语，因忿怒动火，不能尽言。我亲笔写的面谕一本，赐你细加看诵，则知我之心也。到宫安心调养。"云云。时神庙泪下，皇太子亦含泪叩首请去。送至殿檐，随赐膳品四盒，手盒四副，酒四瓶，命："传与先生们知道。"夫禁中严密，一启闭间，天语丁宁如此，则张差之梃，神庙已灼见于十二年前矣。

光庙元妃孝元郭后无子，妖书定，神庙特令多选淑媛以侍太子左右，而孝和皇后与焉。逾年，遂生熹庙。

万历三十三年，熹庙诞生。时已更深矣，特差年老宫人赴仁德门外报喜。光庙独步殿陛间，彷徨俟命。司礼太监陈矩得报，立奏神庙，即转奏慈圣，合宫欢忭。宫人还报，光庙乃喜。是时，孝和未有名封，礼部拟封夫人，神庙令考《皇明典礼》，更之曰才人。

三十八年，圣躬不豫，召阁臣，及宫门而返。时福王尚未之国，中外汹汹惧变。刑部员外沈应奎，节侠士也，福清与之谋，令戎政出京营卒列守皇城，令锦衣严督缇骑，巡缉惟谨，又禁王邸诸人不得出入。应奎裹甲同福清宿直房，誓以死卫太子。直至圣躬万安，乃出。人谓福清此举不减潞公，而应奎之功尤伟云。

三十九年九月十三日，孝靖崩。先是光庙移居迎禧宫，母子睽隔。及病笃，光庙进候，郑贵妃令人尾其后。孝靖张目欲有所言，见之，曰："郑家有人在此。"遂无语，至是崩。贵妃候气绝，始开门引光庙视敛。戚畹王昇述其事甚详。有旨令行事宜照世庙皇贵妃沈氏例行。署礼部主事翁正春、御史穆天颜，各有疏请，谓礼宜加隆、常格难拘等事。俱不报。

万历四十一年九月，有武弁王曰乾告变，说有女大姐嫁与皇贵妃宫中内相姜丽山，时在阜成门外庄上歃血为盟，必报郑贵妃厚恩，要结心腹好汉，共图大事，将皇上并皇太子弑毒，得立福王，必大升赏，富贵非小。立有妖书一册，会填姓名，令宗舜男赵思圣收掌。二月初，宗舜、孔学等设席请妖人王三诏等至家，书写圣母同皇上圣号、皇太子生辰。在学后花园内摆设香纸数分，又用黑瓷射魂瓶一个，披发仗剑，念咒烧符。又剪纸人三个，将新铁针四十九只钉在纸人目上，七日方焚化。收坛，相聚约定，只在圣节前后下手等云。疏进，神庙愤怒不堪，绕案而行者半日。左右俱辟易，莫敢近。辅臣叶向高揭奏："往年妖书出于匿名，无可究治，故难于处置。今告者与被告者，人皆现在，一下法司鞫审，其情立见。皇上但静以处之，不必张皇。一或张皇，则中外纷扰，其祸有不可言者矣。"又揭奏："此疏若下，上必惊动圣母，下必惶怖东宫，而皇贵妃与福王皆不自安。不如姑且留中，勿行宣布。所有奸徒，当于别疏批出，或另传圣谕，中有干碍事情，不必尽露。要以正国法、尊国体，两尽而无伤。且速定福王明春之国吉期，以息群喙，则天下恬然无事矣。"揭入，漏已下四鼓，神庙尚未就寝，览揭，怒始霁，既而怡然曰："我父子兄弟得安矣。"明日，下曰乾于法司，毙之狱，而谕礼部择福王之国吉期以闻。

万历四十一年十二月，孝元崩。停宫中者两年，尚不发引。礼科亓诗教疏言:"皇太子母葬已有年,而膳田未给,香火无供,忍令坟园之荒废。皇太子妃逝几二载,而葬地不择,灵輀未发,宁无暴露之感伤。"大理寺丞王士昌亦疏言:"皇贵妃,育东宫者也,膳田不给;郭妃,配东宫者也,葬地不择。"俱不报。四十三年五月,始有旨下礼部,相择皇太子妃郭氏坟地。六月有旨:"给皇太子母坟户三十名,园地二十五顷,以供香火。"

礼部既上福王之国吉期,时慈圣年六十八矣。郑贵妃欲止福王之行,乃以慈圣寿为辞,请留至四十三年贺太后稀龄寿诞,然后之国,且持金钱为寿。慈圣却之曰:"我潞王可宣来寿否?"十二月,署礼部右侍郎孙慎行集举朝公疏请之,乃下。福王临行前十日,郑贵妃又请更期,神庙怒叱曰:"如此,予复何颜对外廷!"贵妃始嚏不敢复言。

光庙虽正位东宫,内阁往往托病求去,侍卫不过数人,故有张差之事。张差者,供称蓟州人,手持枣木棍,闯入东宫,第一门寂然无人,第二门止两阉守之,一年七十余,一年六十余。差掊一人,至殿檐超级而上。韩本用大呼,群集不过七八人而已。差既擒,光庙奏闻,有"皇爷可怜"语。奉旨法司提问。时慈圣已上升,次日,神庙率皇太子、皇长孙、皇孙女诣慈圣几筵前行慰奠礼讫,即宣阁部诸臣见于慈宁殿。时临御久旷，仓促出于不意，未暇肃朝仪也。神庙凭石栏命光庙宣谕："张差身无寸铁，的系风癫，不许妄扳，诬陷无辜。"传语谆谆，寂无对奏者。御史刘光复摺笏出奏："臣等仰见皇上极慈爱，皇太子极孝敬。"敷奏方始，神庙不省所谓，传旨诘问所语云何，有阉误对："渠言愿皇上慈爱皇太子。"神庙大怒，谓内廷慈孝，外廷妄肆猜疑，迹涉离间，遂以光复为震惊几筵，命执送刑部。刑部拟擅入仪仗律，应罚杖赎锾。神庙怒其轻比，侍郎以下降罚有差，遂宣旨云："去岁慈圣灵舆在途，内臣执绋者以震惊几筵，谓当大不敬。今光复罪宜比附论死，第念时方亢旱，姑著监候处决。"群情惶骇，随颁圣谕下部院。盖神庙特恶琐聒，借一警百，而实无深怒也。

张差变起，人情汹汹，咸归指宫闱。巡视皇城御史刘廷元疏云："按其迹，若涉风魔；稽其貌，的是黠猾。"给事中姚永济、韩光佑、刘文炳、何士晋、亓诗教，御史过庭训、牟志夔，户部主事张廷等相继请严鞫。后提牢主事王之寀疏言："张差招称有马三舅、李外父、不知姓名公公等语。"大理寺王士昌疏言："逆徒执梃入宫，伤及内侍，直逼檐下，何等危疑，何等急迫！乃奉旨仅曰'法司提问'，似路人赴诉于不相知者。然比王之寀疏入，亦竟高阁，天下事尚忍言哉！"行人司正陆大受疏言："逆徒张差业招有内官，何不言其名？既说有街道大宅，何以不知其处？霸州武举高顺亭，今竟匿于何所？"又云："臣前年为福藩逾式，直陈大难，身犯奸畹凶锋。"云云。盖大受前年为藩封逾额，曾疏参郑国泰也。国泰因出揭辨，内有："倾储何谋？主使何事？阴养死士何为？"又云："灭门绝户，万世骂名。"等语。工科何士晋遂疏参国泰，谓："大受不过引前疏发端，以明杞忧果验，并未尝指实国泰也。谁谓其'倾储'？谁谓其'指使'？谁谓其'阴养死士'？谁谓其'灭门绝户'？此揭出，而人反不能不致疑于国泰矣。且国泰既汲汲于自明，即当请皇上将张差所供内官庞保、刘成立刻发下，与马三道等俱听三法司公同拷讯，一一审确，具招正法，国泰心迹，岂不洞然？胡为到今寂无一语？掩耳盗铃，肺肝如见矣。"礼部右侍郎何宗彦疏："张差一事，真亘古奇变，皇上初下法司，竟无严旨。王之寀一疏，皆有根据，法当严究，今已旬日，尚未报闻。"刑部左侍郎张问达题："逆犯张差，窝主内官宅居豢养，主使引导，种种奸谋，具悉供案。臣于二十一日具疏题请，今已三日，尚未见敕行会勘。"大学士方从哲、吴道南复具揭上请，始得奉旨。时众论沸腾，郑国泰计无复之，连夜辇金二十六万，潜致刘廷元邸中，分饷诸权要。于是合喙共持风魔之议，而黠猾二字为世大禁矣。时郑贵妃耸惧无措，神庙谕曰："外边口语藉藉，不易解，若须自求长哥。"即为宣光庙至，贵妃号诉哀祷，光庙乃上疏恳求宽结。复降谕法司，力禁扳招，止据张差等定狱焉。

万历四十三年五月，刑部等衙门署部事左侍郎等官臣张问达等为钦奉圣谕事：臣等审得张差供："年三十五岁，名唤张五儿，系蓟州井儿峪居住。于本年三月内收割柴草，堆聚货卖，被内差官李自强、李万仓欺差硬买，不从，将前柴草尽行烧毁，致差气忿，要赴朝内声冤。遂于五月初四日，手拿枣木棍一根，从东华门进，一路无人阻挡，直至慈庆宫门首，要行闯进，遇守门内官李鉴吆喝拦住，差即向鉴一棍，打伤在地，竟跑入前殿檐下，被拿住。"等情。又该提牢主事王之寀题为鞫问狱情系于根本等事，内称："十月十一日，散饭狱中，见差年壮力强，非风魔之人。问差何由执棍至宫，初招'我迷了'，只说告状苦死撞进。臣问：'汝若不招，再加刑法。实招，与饭吃。不招，饿死。'差见饭，低头招：'不敢说。'臣麾去官吏，止留二吏扶住，问他实招。据供：'有马三舅、李外父，叫我跟不知姓名老公公，说："事成与几亩田地种，够你受用。"说罢，老公公骑马到不知街道大宅子，一老公公与我饭吃，说："不要饿了他，也休要多了。"又说："你先撞一遭去。撞着一个，打杀一个。打杀了，我有力量救得你。"老公公与我枣木棍，领我从后宰门进到宫门口。守门的手打一巴掌，被我一棍打倒。里边老公公们多了，就被拿住。'等情。"本部批："按所供口词，似风魔而又非风魔者。该司官会同原问，提牢官再行细审。"据供："马三舅的名马三道，李外父的名李守才，骑马老公公庞保，住蓟州黄花山修铁瓦殿，马三舅、李外父常往送炭。刘公，我说了刘成罢。庞保约刘成在玉皇殿商量，说：'打上宫去，撞一个打杀一个，打杀了小爷，吃也有你的，穿也有你的。'又说：'小爷洪福大了。'等语。"看得张差闯入禁廷，狂逞之形显著，公持凶器，跋扈之势昭彰。非宗社有灵，呵护左右，极力擒拿，则事且有不可知，而变且有不可言者矣！乞敕三法司将前后所供情节并提内官庞保、刘成对明等因。本月二十日具题。二十六日，蓟州道呈解马三道、李守才、李自强、李万仓、孔道五名到司，当同对审再三。马三道初不承认，但称："实名马宗礼，是差妻母舅，黄花山修铁瓦殿送炭。庞公、刘成、张差五月出来，不知做什么。"李守才招称："有高真人补玉皇殿，庞公修铁瓦殿，是我送炭。"又称："商量打伙朝审来，我们不来，张差一个来，想他走里面去再干什么事。"等语。及审李自强、李万仓放火烧柴情由，俱称："两年前我众人柴禾都被烧了。张差上年腊月疯起时，尝在外边住几日。今年三月内，差在家里骂天骂地，口说'我是玉皇的儿子，玉皇差我下来。'等语。"因就叫张差，张差称："马三舅、李外父在三舅家商量就了，说：'你该去撞一遭，不去你也活不成。'如今论事，我们三个差了。要砍，三个就砍了。"又称："红封票不知几时在家里，是差妻李氏样册子收着。票上说封我神仙。你们里边干的事，我也说了罢：你们打伙商量，叫拿枣木棍进去。却好就有一根在家里。拿进去，没人拦我。不然，插翅飞不进去。"等语。各口词在卷。二十七日，奉圣旨："风癫奸徒张差持梃闯入青宫，震惊皇太子。朕思太子乃国家根本，已传谕本宫添人守门，关防护卫。既有主使之人，即著三法司会同拟罪具奏。"二十八日，奉宣召阁臣、五府六部、九卿科道于慈宁宫，钦承面谕众官："风癫奸徒张差闯入东宫，庞保、刘成俱系主使。将三犯即时处决。余犯分别拟罪具奏。"续奉圣谕："张差即便会官决了，内官庞保、刘成审明另处。马三道等的系诓扳，斟酌拟罪来说。此外不许株连无辜，致伤天和。"遵旨将张差于二十九日押赴市曹处决讫，随具揭帖，请发庞保、刘成。三十日，复奉圣谕云："昨皇太子亲来乾清宫问安，又奏庞保、刘成的系诓扳，若一概治罪，恐伤天和。方今亢旱不雨，拿到内官名又不同，可著司礼监同九卿三法司于文华殿门前鞫问具奏。"臣等遵召齐集。又奉东宫传谕："张差持棍闯入，当时就擒，遍搜，除棍外并无他物，其情实系风癫，误入宫闱。后复招出庞保、刘成，本宫反复参详，料庞保、刘成素必凌虐于差，故肆行报复，诬以主使。本宫体念人命至重，造逆何等事情，岂可轻信？连日求父皇速决张差，以安人心。况今拿到内官，名姓不同，当从轻拟罪，请父皇定夺，则刑狱平而于本宫阴德亦全。先生等体悉遵行，不可因事积疑，惊骇中外。"臣等随公审庞保，供称原名郑进，五月初三日在黄花山修工，初四日蒸点心，初五日犒给。刘成供称原名刘登云，有门面房七间半，在西城麻线胡同。与饭吃、与棍等情，展转不招。六月初一日，又该司礼太监李思传奉圣谕："郑进、刘登云原与张差所供不对，今司礼监回奏二犯招词，明系妄供。且皇太子屡奏，的系诬扳，著与马三道等一并斟酌拟罪来奏，以显皇太子睿明仁孝。"初三日，奉钦依仍于文华殿门会官审问。郑进、刘登云坚执本不识认张差。五次严刑，该二犯已故。臣等看得先后招词，已处死张差及庞保、刘成等。治世乱民，异谋同党，窥窃青殿，假术红封。指修造以生奸，商量有口；饵张差以田地，意欲何为？马三道等法应重科，罪难轻减，但三凶已身故，覆讯无人。各犯俱拟配杖，俱从宽典，用开法网之一面，实遵谕旨之屡颁。既以广皇上垂恤好生之心，又以昭储位恳请祗承之孝等因。初四日具题。

初七日，奉圣旨："是。马三道等，俱照原议发落。其高真人及香头人等，着该地方官禁谕解散，不许潜住近京，惑众生事。"

> 按：此即《要典》中梃击一案也。谳此狱者，刑部司官胡士相、陆梦龙、邹绍光、曾曰唯、赵会祯、劳永嘉、王之寀、吴养源、曾之可、柯文、罗光鼎、曾道唯、刘继礼、吴孟登、岳骏声、唐嗣美、马德澧、朱瑞凤也。当王之寀揭奏张差口供，奉旨三司会审，张差招有三十六都头儿，则胡士相阁笔不下；招有东边一起干事，则岳骏声叱言不许波及无辜；招有红封票高真人，则劳永嘉力持不便究竟。大理寺丞王士昌疏虽激烈，而会审之时则颇事调停。于是改"党内"为"教内"，改"都头儿"为"香头儿"，"与地三十六亩"已载入招，又复割去，致张差以头抢地，谓："同谋做事，事败独推我死。"而多官竟付之不问。嗟乎！借风癫为调护两宫之计，自是臣子至情至理；第刘廷元等反以此为王之寀罪案，是诚何心哉！

万历四十八年七月二十一日，上崩于乾清宫。光庙临丧，哀毁殊至，惨动百官。次日即传令旨，命矿税尽行停止，税监张煜、马堂、胡宾、潘相、丘乘云等尽行撤回。是时，税监遍天下，小民涂炭已极，廷臣请撤者无论百疏，概行留中。辛丑冬十月，神庙抱病笃，甚追悔矿税事，夜半御笔亲书片纸传免。四明沈公既奉旨，尚未即发，忽有内阉二十余辈跟跄来追。四明犹豫未定，阉辄自相扑，流血被面，四明惶惧，随以封进。自是海内重受荼毒者又二十年。光庙首诏传免，民间欢声雷动，若更生云。

光庙又念辽东阙饷，军士劳苦可怜，遵照遗旨，特发内帑银一百万两，解赴经略熊廷弼，犒赏军士，务沾实惠。又令旨发内帑银一百万两，解赴九边抚按官，酌量犒赏。并谕两项共给解银五千两，沿途支费，不得骚扰驿递。其银毋入太仓，即时散发。

万历四十八年八月初一日，光庙即皇帝位，大赦天下，改元泰昌，以明年为泰昌元年。大行皇帝谥曰显皇帝，庙号神宗。

初二日，命考选馆选诸官，悉遵遗诏补用。即日下巡按、巡盐诸差，并南京巡视各差，共五十余员。大学士方从哲等以疏救御史刘光复："奉旨革职为民，乞复原爵。"允之。旨谕礼部："遵遗旨封皇贵妃郑氏为皇后。"尚书孙如游执称"本朝无此例"，复谕内阁以皇考遗命为言，大学士方从哲等揭奏："先朝有贵妃进封，如慈圣太后，因诞育皇考，母以子贵，若但以侍奉勤劳，遽加尊号，本朝实无此例。"遂止不封，而移居贵妃于慈宁宫，凡朝谒尊礼，一如神庙之于慈圣故事。时西李康妃有专宠，郑贵妃投诚于李，故所求立应。封后者，太后之渐也。窃谓光庙此举，以消谗间，以释疑城，厚则厚矣，而不可训也。独不思孝靖病笃及既崩，而贵妃挟制事乎！

祖制：宫中服饰器皿，惟后用黄，余俱用红。郑贵妃有宠，神庙代请赐黄，慈圣不许。请之再四，乃曰："皇帝讲分上，安得不听！"因传懿旨，东西两宫皆赐黄。神庙遂止，不敢复用。后孝端上仙，一切宫中印务，慈圣俱付西宫范德妃权署。家范严整如此。是时，穆庙东宫刘昭妃尚在，后熹庙登极，移贵妃于仁寿宫，而迎刘太妃于慈宁宫，礼也。

上亲点吏部右侍郎史继偕、南京礼部右侍郎沈㴶俱升礼部尚书，兼东阁大学士，入阁办事，从辅臣方从哲请也。又点何宗彦、朱国祚、刘一燝、韩爌各升礼部尚书，兼东阁大学士，入阁办事。又召辅臣叶向高于田间。又谕礼部，封皇弟瑞王于汉中府、惠王于平阳府、桂王于东昌府。惠王请改荆州，桂王请改衡州，从之。

上御文华殿，传谕内阁："朕今早于御门见各官随从多执洒金大扇，及回至省愆宫，即闻散班官于会极门高声喝道。朝仪本当严肃，岂容慢亵至此！卿等传示大小九卿科道等官，以后凡遇临朝，务要十分敬慎。如有仍前肆行违禁，紊乱朝仪者，纠仪官指名参来重治。"

上谕："天气炎热，边臣暴露疆场，忠劳可念。赐经略熊廷弼、总督文球、巡抚周永春及总兵等官银币，各赏赉有差。"

给事中周朝瑞疏奏："慎初三要：一曰信任仁贤，二曰推广恩泽，三曰斥逐嬖幸。"又请停止金花银两。内阁激上怒，谓此项银两原系祖制，进内以备万寿诸费，今朝瑞擅请停止，为大不敬，几于廷杖，既念即位之初，姑从轻处，降一级调外。阁部连揭求赐宽释，不听。

上谕吏部："向东宫讲读官，著查现任者即予优擢，其在籍者速与起用，已故者题与赠恤，以示讲幄旧恩。"又谕："用人毋拘资格，凡有才能卓异者，即便破格擢用，以示激励。其养病致仕各官，内有年力未衰、素行表著者，著量才起用。"左都御史王纪奏请释宗藩充讶，亦以疏救刘光复，锢系五载矣。允之。

起升邹元标为大理寺卿，王德完为太仆少卿。元标邹公天性刚劲，丁丑甫释褐时，张江陵闻父讣不奔丧，上疏争者辄予杖，公赍奏疏入朝。适赵、艾诸公方受杖，公视杖毕，而后诣会极门投疏。直日内阁曰："若非上夺情疏乎？盍以赵某等为鉴！"公曰："吾告病耳。"疏入，而明日果杖。嗣是屡起屡踬，迄不少挫，伏林下二十年，世以出处卜消长，命下起升，士论称快。德完王公即疏请笃厚中宫被杖者，于国本称为第一人。原任户科孟养浩、杨东明、程绍，吏部白所知，俱起升太常少卿。姜应麟、钟羽正、李本固、丁懋逊、史弱，俱起升太仆少卿。程绍以矿阉参逮夏县知县，疏救革职；应麟以争封贵妃郑氏谪降者；所知以吏部守制，为戴士英诬其匿丧营升革职者，至是俱起升矣。原任吏部郎中张凤翔、耿廷柏，俱起升南京太常少卿。汪应蛟，起升南京户部尚书。饶伸、冯若愚，俱升南京光禄少卿。刘元珍、胡克俭、王惟俭、白瑜、原任知府钱策，俱升光禄少卿。饶位、何昶、冯从吾、黄龙光、邹德泳、何士晋、邵辅忠，俱升尚宝卿。区大伦、秦聚奎、涂乔迁、柳佐，俱升光禄丞。王佐、林材、刘文炳、刘时俊、袁可立，俱升尚宝丞。吕图南，升南京通政司右参议。万连昆，升南京礼部郎中。翟凤翀，升南京户部郎中。原任知县满朝荐，升南京刑部郎中。原任通判夏熏，升工部郎中。原任同知王邦才，升南京户部员外。郭尚宾，升南京兵部主事。史孟麟，南京礼部主事。郝名宦，南京刑部主事。原任知县韦国贤，南京工部主事。一时共起升大小官四十八员。

上特谕内阁："文华殿窄小，百官排班喧挤，朝仪不肃。今发内帑银一百万两，启建皇极门殿。著钦天监择日兴工。"

兵部尚书黄嘉善奏："请将万历四十八年九月以前拖欠未征钱粮，悉行蠲除。并通湾店房遗息，请查豁免。"从之。

光庙御体羸弱，虽正位东宫，未尝得志。登极后，

先拨志始

日亲万几,精神劳瘁。郑贵妃欲邀欢心,复饰美女以进。一日,退朝内宴,以女乐承应,是夜,一生二旦俱御幸焉,病体由是大剧。八月晦日甲戌,上病渐深,召见阁臣方从哲等,顾皇子谕曰:"卿等辅他为尧舜之君。"语及寿宫,谕"要紧"者再。时有鸿胪寺丞李可灼,自云有仙丹,介内阉奏闻,上以问从哲,从哲对曰:"臣等亦知之,然未敢轻信。"上即命中使宣传。诸臣既退,可灼至,又同进诊视。具言病原及治法,甚合圣意,上喜,命进药。诸臣复出,可灼与御医各官商确未决。须臾乳妪至,候问皇躬,上趣和药。诸臣复入,可灼调药以进。前是,上饮汤辄喘,及服可灼药,乃受。上大喜,称"忠臣"者再。诸臣出宫门外,候少顷,中阉传:"圣躬用药后暖润舒畅,思进饮膳。"诸臣欢跃而退。可灼与御医各官留有顷,可灼乃出,阁臣邀询之。上恐药力歇,欲再进一丸,诸医言不宜骤进。传促益急,遂再进。讫,阁臣即问服药后何如,可灼云:"圣躬安适如前。"次日五鼓,内宣召甚急,诸臣趣进,龙驭上宾矣。盖九月乙亥朔也。时外廷盛传宫中蛊进美女,上体由是虚损,御医房内阉崔文昇复投相反相伐之剂,给事中杨涟已具疏论其合谋弑逆。至是,以服可灼药,遂至大故,藉藉之口遂渐不可解。光庙初服药时,传旨赐可灼银币,已宾天矣,从哲犹奉前旨票赐银币如故。御史王安舜首疏劾之,略曰:"当圣躬疾笃，正中外危疑之日，李可灼敢以无方无制之药，驾言金丹，夕进御而朝宾天。既不能深文以伸公讨，亦当治以庸医杀人之罪。"疏入，乃改票可灼罚俸一年。既而可灼席藁待罪，又票著驰驿回籍。御史郑宗周疏请寸斩崔文昇以谢九庙之灵，从哲票著司礼监议处。众心益愤不平，于是论者蜂起。嗟乎！可灼、文昇，罪实难逃，而从哲回护如此，则红丸之进，亦难免党同合谋之疑矣！

  此即《要典》中红丸一案也。谨案：孝宗有疾，太医进药，鼻衄骤崩，盖误用热剂也。御药局太监张瑜，医官施钦、刘文泰等四人皆下狱。据正律：误用御药，大不敬，当斩。是时，刑部尚书闵珪、左都御史张敷华、尚书掌大理寺事杨守随仅引交结近侍官员律论绞，议者犹以未尽法为恨。斯时为政府者，宜援故事。文昇不问，可灼之赏，是非倒置乃尔！遂致一激而为孙宗伯之"弑逆"，再激而为魏忠贤之爱书，党祸不已，国运随之。德清之肉，其足食乎！

西李康妃为光庙所专宠，郑贵妃阴结欢于康妃，水乳契合，屡以进封贵妃为请，群臣坚持不可。及光庙崩，贵妃与康妃密谋拥留皇子于慈宁宫，欲邀封太后及

先拨志始

太皇太后,同处分政事。太监王安者,保定人,初为光庙东宫伴读,以从龙恩升司礼监太监,光庙颇严惮之。登极一月,一切圣政,王安左右之力为多。至是,知康妃等谋,深以为不然,遂具揭遍投外廷,称选侍欲拥立东朝,仿前朝垂帘故事。群情汹汹,受遗命诸臣大惧。阁臣方从哲等率群臣哭临,门闭不得入。给事杨涟排闼直入,守门内阉持梃乱下,涟厉声曰:"皇上崩,正臣子入临之会,谁敢辱天子从官者!"内阉止不敢动,群臣乃得入。至乾清宫,哭临毕,群臣问皇子所在,诸阉张口不对。群臣相率立殿内,力请皇子出。从哲议皇子暂返东宫,俟选侍移居,乃正位乾清。涟面斥之,谓:"天子无返居东宫之理,选侍无僭居乾清之理。"呼内阉李进忠等,责以严词,谕以祸福。良久,皇子始出,仓卒升辇。阁臣刘一燝、尚书周嘉谟、英国公张维贤、给事中杨涟等,共登肩舁之,行数步,舆夫始至。是日,居文华殿,群臣先行叩慰礼,即请进位,行五拜三叩头礼。于是周嘉谟、杨涟与给事中惠世扬、御史左光斗等,具疏力请选侍移宫。(时未封康妃,故称选侍。)次日,群臣立候上批,有旨:"选侍著即移仁寿宫。"王安等从中恐喝,选侍遂不及待侍从,手抱八公主,徒步以行,凡簪珥衾裯之属,俱为群阉所掠夺。选侍位下内阉李进忠、刘朝、田诏等,乘机窃盗内帑。王安发其事,追究牵及选侍之父。御史贾继春上书政府,谓:

"先帝宾天，骨肉未寒，宜调护挽回，使选侍待终天年，皇女无虞意外。"给事中周朝瑞驳之，谓："喜树旌旗，妄生题目。"继春辩谓："保全选侍，盖亦人情至理，非诧眼旌旗、惊心题目。且皇上父子相继，宗社何尝不安，必待倾选侍以安之乎？即移宫原是正理，何必立时驱逐乎？革其已进仪注之贵妃，困其无端罗织之老父。伶仃之皇八妹，入井谁怜？孀寡之未亡人，雉经莫诉！"云云。有旨："雉经入井等语，有何凭据？"著令回话。继春回奏，以风闻对。有旨："贾继春削职为民。"

御史左光斗疏奏，略曰："选侍移宫之后，当存其大体，捐其小过。伏乞皇上宣召九卿科道面谕，以当日避宫何故，今日调御何方。李进忠、刘朝既经正法，其余概从宽宥，庶几烧梁狱之词者，正以寝淮南之谋。"疏入，上传谕内阁："朕幼冲时，选侍气凌圣母，成疾崩逝，使朕抱终天之恨。皇考病笃，选侍威挟朕躬，欲封皇后。朕心不安，暂居慈庆宫，选侍复差李进忠、刘朝等，每日章奏文书，先奏选侍，方与朕览。朕思祖宗家法甚严，从来有此规制否？朕今奉养选侍于哕鸾宫，仰遵皇考遗爱，无不体悉。其李进忠等，盗库首犯，事干宪典，原非株连。卿等可传示遵行。"

给事中杨涟疏叙移宫事情，末云："臣当日即语诸大臣，移宫自移宫，隆礼自隆礼，必两者相济，而后二

先拨志始

祖列宗之大宝始安，先帝在天之灵始安。即本日缉获罪珰，只宜歼厥渠魁，无滋蔓引。大抵宸居未定，先帝之社稷付托为重，平日之宠爱为轻；及其宸居既定，既尽臣子防微之忠，即当体皇上如天之度。今诸大臣犹在耳也，臣之所以议移宫始终如此。乃移宫之后，忽来蜚语，有传选侍徒跣踉跄，欲自裁处，皇妹失所，至于投井者；或传治罪珰过甚者；或称内外交通者。使闻风叹息之言，作此日不白之案。九庙神灵，鉴此热血。伏乞皇上于皇弟皇妹时勤召见，谕安不妨曲及李选侍，酌加恩数，仰体先帝遗言。"云云。疏入，次日特谕群臣曰："朕幼冲登极，开诚布公，不意外廷乃有谤语，轻听盗犯之讹传，酿成他日之实录，诚有如杨涟所奏者，朕不得不申谕以释群疑：九月初一日，皇考宾天，诸臣入临毕，请朝见朕，李选侍阻于暖阁，不许朕出。司礼官固请，选侍许而复悔，又使李进忠请回者，至再至三。朕至乾清宫丹殿上，大臣扈从前导，选侍又使李进忠牵朕衣。卿等亲见当日景象，安乎？危乎？当避宫乎？不当避宫乎？是日朕自慈庆宫即乾清宫，躬视皇考入敛，选侍又阻朕于暖阁，司礼官王体乾固请得出。初二日，朕至乾清宫朝见选侍毕，恭送梓宫于仁智殿。选侍差人传朕，必欲再朝见方回。各官皆所亲见，明是威挟朕躬、垂帘听政之意。朕奉皇考命依选侍，朕不往彼宫，饮食衣服皆皇考所赐，每日仅往彼一见，因之怀恨，凌虐不堪。若避宫不早，则彼爪牙成列，盈虚在手，朕今不知如何矣。既殴崩圣母，每使宫眷王寿花等时来探听，不许朕与圣母旧人通一语。朕之苦衷，外廷不能尽知。今停封以慰圣母之灵，奉养以追皇考之意，该部亦可仰体朕心矣。臣工私于李党，不顾大义。谕卿等知之，今后毋得植党背公，自生枝节。钦此。"

按：此即《要典》中移宫一案也。当时杨、左二公，何尝不请调护选侍？而"殴崩圣母""威挟朕躬"等语，皆熹庙谕中之言，乃尽举以为杨、左等罪案，逆贤辈不足责，熹庙中夜扪心，何以自解？嗟乎！奸臣惑主，颠倒是非，可胜悼哉！

给事中惠世扬疏论御史刘廷元："往日用事，群小附和，开款造单，日谋驱逐，今忽有巡按顺天之命，臣工无不错愕。"并纠徐兆魁："抚楚不职，当赐罢斥。"有旨："兆魁以新简留用，廷元下部院看议。"已而部院覆："廷元候论定处分。"世扬首攻二奸，彼党恨之入骨，遂诬捏世扬青衣小帽，夜入王安直房，潜谋定策。呜呼！鼎湖未泣，谋定何策！龙驭既升，普天缟素矣，而青衣宫禁，有是理否？

泰昌元年九月，熹庙即皇帝位，大赦天下，改元天启，以明年为天启元年。自九月至十二月，仍称泰昌元年。大行皇帝谥曰贞皇帝,庙号光宗。

天启元年,给事中张鹏云、御史马逢皋等,追论御史刘廷元,下廷臣看议。吏部尚书张问达等覆奏,略曰:"御史刘廷元,当先帝青宫危疑,岂不熟闻?突有张差之变,廷元职司巡视,宜何如其愤激,乃云'迹若风癫,貌同黠猾',若休戚不相关者然。幸仗皇祖神明,立斩以决。此案设真信为风癫,俾元凶漏网,不知廷元何词以谢天下!提牢主事王之寀明其不风不癫,有心有胆,此语可以动皇祖之慈念,可以坚先帝之孝思,可以遏宫禁之邪说,可以明臣子之忠爱,功在国本,义在人心。廷元不闻一语自咎,反哓哓于忠义乱贼之辨,将指卫前星者为乱贼乎?阿后宫者为忠义乎?抗正直者为乱贼乎?工邪媚者为忠义乎?科臣张鹏云、道臣马逢皋怀恨不平,连章渎奏,皆为宗庙灵长计,至深远也。"有旨:"刘廷元著降三级,调外任用。"

礼部尚书孙慎行,追论阁臣方从哲"轻信李可灼以进红丸药,致皇考速逝,纵无弑之心,却有弑之事,欲辞弑之名,益难掩弑之实",且引"许世子止不尝药"以责从哲。给事中魏大中亦疏参从哲,并及张差、崔文昇、李可灼,内云:"可灼之药,不合之文昇不备。文昇之逆,不溯之张差不明。郑国泰、郑养性、方从哲之罪,不参之三案不悉、不定。"时先后纠弹者,刑部侍郎邹元标,光禄少卿高攀龙,给事中惠世扬、周希令、彭汝楠、沈维炳、薛文周，御史张慎言，礼部主事刘宗周等。奉旨："廷臣会议。"吏部尚书张问达等覆奏，略曰："进药始末，臣等所共见闻。弑逆二字，何忍轻言！但进药之时不能力止，进药之后龙驭即升，票处可灼，又不重究。今辅臣自请削夺，为法受过。臣等会议，应如所请。崔文昇、李可灼，应下法司从重究拟。"云云。有旨："李可灼著法司究问。崔文昇仍发遣南京去。"时文昇已充南京净军也。后法司拟可灼遣戍，有旨依议。

孝和素与李康妃有隙。康妃有宠于光庙，孝和由是郁郁成疾，临崩有遗言云："与西李有仇，负恨难伸。"等语。时熹庙年幼，不甚省。

熹庙既即位，封乳媪客氏为奉圣夫人，移居咸安宫，衣食几与三宫等。时魏忠贤已入宫中，客氏初与内阉王国臣有私，既又私于忠贤，王安方掌司礼监印，客与贤协力拥戴安。内阉李进忠、刘朝、田诏等以盗内帑下狱，（忠贤初入宫，亦名进忠，后改今名。）杨公涟疏参忠贤，忠贤乞怜于安，安尽委罪于李进忠，以饰外廷，忠贤遂得无恙。既而国臣与忠贤争客氏而哄，熹庙询客意所向，因逐国臣而留忠贤。王安不平其事，深加诮责，客与贤反大恨安。安循例告病，拟邀温旨即出。有阉陆荩臣者，霍维华戚也，通信维华，谓安与贤适当水火，有隙可乘。华遂出疏参安，贤犹怀前恩，思为援手。王体乾心图掌印,怂恿客氏激贤怒,遂矫旨允告,随降谪南海子,缢杀之。名下曹化淳、王裕民、马应辰等,各降责有差。

王安既死,忠贤用事。乌程沈㴶首通其名下刘荣,以转通于贤。由是附贤者渐众。贤以霍维华之攻王安也,深德维华,维华因引孙杰,与贤通线索渐密。冢宰周嘉谟恶之,以年例黜维华于外。孙杰遂疏攻嘉谟,嘉谟引疾,贤矫旨准回籍调理。次年,孙杰亦以例外转。

神庙时,熊廷弼以兵部侍郎经略辽东,嗜杀过当,然守御甚严,赖以安堵。然性刚愎自用,岁时绝无一介赆遗当路,以此失权贵心。给事中姚宗文自辽归,讼言其短,众遂论列廷弼。廷弼请告回籍,以辽抚袁应泰代之。廷弼在辽,凡流民来归,聚集堡城中,给其衣食,有逸出者,辄杀之。号令严密,有犯不赦,以故奸细不得行。应泰至,尽反熊所为。敌骑至辽城下,奸细开门内应,或云袁应泰所纳。遂至辽民失所,男女群拥辕门控诉,概置不理。以故辽民愤恨,招敌攻城,遂开门拥入。辽阳陷,应泰自刎。报至,举朝震恐。熹庙即家拜廷弼兵部尚书,复视师于辽,赐尚方剑,得便宜行事。又令大小九卿科道祖饯都门外,以宠其行。时王化贞以巡抚驻广宁,上令廷弼守关。先是,王化贞主战,欲用西师制敌,而密招叛将李永芳为内应。廷弼欲阻险修备,画关而守。议既相左,台省又各以意见佐之,遂成水火焉。

天启二年正月，大清兵至辽阳，广宁居民讹言且欲渡河，纷纷南奔。左营参将孙得功、旗鼓游击某遂拟缚化贞以献敌，化贞大惧，踉跄逃归。廷弼在前屯，遇之，快化贞之主战而逃也，幸画关之说为有当也，遵奉守关之旨，亦改旆而南。言者并以私逃论列。化贞逮，廷弼自诣法司，俱议斩。杨公涟等议廷弼奉守关之旨，不可谓逃，又不当与化贞同列。是时持公平之论者，咸以此为允当云。

辽事一案立谳者，刑部主事顾公大章也。先是，丙辰、丁巳之际，正人日受摧残，大章慨然以贾彪自居，及补官国子博士，颇为世道效力，后为同事诩其功，遂犯时奸忌。御史杨维垣疏参鹭狱，大章疏辨："熊、王之案，诛心则廷弼难末减，论事则化贞乃罪魁，颇自谓持平。今诸臣并论辟矣，业已辟矣，又何鹭焉？"维垣又参大章受熊廷弼贿四万，代为营脱，并及花献宸、佟养冲等。大章又辩："尔时会审者二十八人，人各有单，始而各出所见，终而画一成招。盖三法司共议而定此辟，臣曷尝释廷弼哉？廷弼行贿应行于议释之人，不应行于定辟之人。至花献宸，系御史李时荣所定；佟养冲，系御史吴应琦所批释，与臣风马牛不相及。维垣但欲甚臣之罪，不知已蹈说谎欺君之条矣。"有旨："奏剖既明，著照旧供职。"后逆贤借熊案杀杨、左，实本

先拨志始

维垣之疏云。

汪文言者，歙人也，因黄正宾以交于诸君子，后游长安，与东宫伴读王安善，因为安指说当世人品，某某为正，某某为邪，安听之亹亹不倦。丙丁之际，正人尽退，而局中诸有力者亦渐相携贰。文言策之曰："浙人，主兵也。齐、楚，客兵也。成功之后，主欲逐客矣。然柄素在客，未易逐，此可构也。"遂多方用间，齐、浙果大构，卒以两败，而楚乃归正。虽杨、左主其谋，而先后奔走以玉成之者，文言也。庚申之岁，鼎湖再泣，拥护冲主，鼎新朝政，则南昌刘一燝与王安共济，文言实绸缪之。时诸君子争嘉文言之功，而忌者日益众。壬戌，被逮下法司，仅末减。人谓文言宜少休矣，文言不听，益游公卿间。遂入蒲州韩爌、高邑赵南星之幕，夤缘题入内阁中书，颇肆招摇。甲子岁，阮大铖因争吏都垣缺，欲释憾杨、左等，嗾刑科傅櫆疏参文言。下诏狱，卒无可坐，特出中旨廷杖一百。后逆贤欲借文言口杀杨、左等，御史梁梦环复疏参，逮下诏狱。

天启三年癸亥，京察。先是，邹公元标为左都御史，群小惮其丰采，必逐去之而后快。于是给事中朱童蒙、郭允厚、郭兴治相继攻之。福清叶公揭谓："童蒙止论其讲学，允厚并訾其人品，兴治遂拟为贼。三臣之意同似不在于讲学，而在明岁之考察也。"元标连疏乞归，升赵公南星为左都御史，与吏部尚书张问达同主察典。故给事亓诗教、赵兴邦、官应震、吴亮嗣,即向齐楚中之持局者也,时目为四凶。考功郎程正己素恶其招权乱政,复廉得贿状,俱当之以不谨。吏科都给事中魏应嘉争之甚力,正己不听。诸有议者亦俱从褫斥,不稍假借。

给事中阮大铖者,桐城人,与左公为同里。甲子,吏科都缺,序应属刘弘化,其次大铖,又次魏大中。大铖素与东厂理刑傅继教善,继教及刑科傅櫆与逆贤之甥傅应星通谱,称兄弟。大铖计邀中旨,借上供事,刘弘化不得升转,朝论沸然,知大铖自为地也。高邑赵公拟如例转,大铖惧,又疑左公发其谋,适有熊、徐之隙,参左公及张鹏云、魏大中,大铖请告以归。

兵部员外郎邹维琏,廉而才,高邑器之,调为吏部。时江西现任有司官吴羽文,而邹以员外调,皆属破格。给事中傅櫆遂参高邑紊乱旧规,援引私人,高邑伸辨,有旨督趣维琏到任。櫆再疏,并参左光斗、魏大中,目为邪党,御史张讷疏内有"跃冶之铨郎,屡烦巽命之招呼"等语,御史袁化中出疏辨明。福清叶公票旨:"各心供职,不得争辩求胜。"

光庙有选侍赵氏者,尚未有封号,素与客、魏忤。熹庙时,客、魏乘机矫旨,勒令自尽。赵将光庙所赐金珠等项罗列桌上,沐浴礼佛,西向再拜,然后投缳。仅以宫人礼敛之。崇祯时,无有声其冤者。

先拨志始

熹庙张裕妃有娠，铺宫、册礼已毕，忽得罪客、魏，矫旨将宫人尽行屏逐，绝食而死，革其封号，如宫人例焚化。崇祯时，复其封号。

范慧妃偶失宠，李成妃侍熹庙寝，代范乞怜。客、魏侦知之，亦矫旨革封绝食，一如裕妃。先是，李妃有鉴于张，预为之备，幸得苟延，又值客、魏怒少解，遂出为宫人。至崇祯时，始复其封号，给禄如旧。

内阁刘良相者，曾为熹庙伴读。孝和遗言云"与西李有仇"者，良相执笔也。后逆贤矫旨，谪住凤阳，杀之。

天启四年，泾阳张问达去位，高邑赵南星秉铨，锐意澄清，然径情直行，视政府蔑如也，福清以下多不悦。福清故坚卧以持之，致有傅櫆之事。先是，应山杨公由金院升副院，金院虚席，熊明遇、徐良彦皆欲得之。应山与高邑诸公坚执不可，共推毂桐城左公。熊、徐大怒，遂嗾傅櫆参论高邑，再及桐城，并连魏大中、张鹏云等。

熹庙偶以小恚怒魏忠贤，忠贤待罪私邸。外廷有传其事者，应山遂草二十四大罪之疏，桐城左公赞之甚力，而微商之澄江缪昌期，澄江谓："此事非可轻言。夫击内者，只争呼吸间耳，一不中则国家随之。况今且内无张永，外无文襄，可几幸乎？"桐城默然。不三日，而应山之疏竟上。疏入，而忠贤已侍内久矣。

时天启四年甲子六月，都察院左副都御史杨涟题参逆珰怙势作威，专权乱政，欺君蔑法，无日无天，大负圣恩，大干祖制，乞奋乾断，早救宗社。疏略曰："高皇帝所定律令，中官止供扫除，不许干预政事。东厂魏忠贤者，本一市井无赖，至中年净身，窜入内地，初犹谬为小信小忠以幸恩，既乃敢为大奸大恶以乱政。祖宗之制，以票拟专责阁臣，其余不得假借。自忠贤擅权之后，旨意多出传奉，真伪莫辨。近且三五成群，逼勒票拟，甚有径自内批者，坏祖宗二百年之政体，大罪一也。旧阁臣刘一燝、冢臣周嘉谟，同受先帝顾命，亲捧御手，首定大计者也。乃忠贤急于剪己之所忌，不容皇上不改父之臣，示意孙杰论逐，大罪二也。先帝宾天，进御进药之间，普天实有隐恨。执《春秋》讨贼之义者，孙慎行也；明万古纲常之重者，邹元标也。忠贤一则逼之告病去，一则嗾言官论劾去。顾于护党气殴圣母之人，曲意绸缪，终加蟒玉，亲乱贼而雠忠义，大罪三也。王纪、钟羽正，先年功在国本。及纪为司寇，执法如山；羽正为司空，清修如鹤。忠贤一则使人淬辱于部堂，迫之使去；一则与沈漼交构，陷之削籍。其不容盛时有正色立朝之臣，大罪四也。国家所最重者，无如枚卜。忠贤一手握定，力阻首推之孙慎行、盛以宏，更为它辞以锢其出。是真欲门生宰相乎？大罪五也。爵人于朝，莫重廷推，去岁南太宰、北少宰所推皆用陪贰，

先拨志始

致一时名贤不安其位。颠倒有常之铨政，掉弄不测之机权，大罪六也。圣政初新，正资忠直，乃满朝荐、文震孟、徐大相等九人，抗论触忤忠贤，传奉尽令降斥，屡经恩典，竟阻赐环。长安中谓皇上之怒易解，忠贤之怒难调，大罪七也。然犹曰外廷之臣子也。传闻宫中有一贵人，以德性贞静，荷上宠注。忠贤恐其露己骄横，上年因皇上南郊，谋之私比，托言急病，立刻掩杀。是皇上不能保其贵幸矣，大罪八也。此犹曰未有名封也。裕妃以有喜得封，中外欣欣相庆。忠贤以抗不附己，属其私比，矫旨勒令自尽。是皇上不能保其妃嫔矣，大罪九也。且犹曰在妃嫔也。乃中宫有庆，已经成男，不意绕电流虹之祥，忽化而为飞星坠月之惨。闻忠贤与奉圣夫人实有谋焉。是皇上并不能保其子矣，大罪十也。先帝在青宫四十年，操心虑患，所护持孤危者，仅王安一人耳。即皇上仓卒受命时，拥卫防护之中，王安亦不无微忠焉。而忠贤以其私忿，矫杀于南海子，身首异处，肉饱狗彘，惨毒难言。其大小内臣无辜而擅杀者，不知几何。是不但仇王安，而实敢于仇先帝之旧侍与皇上之老仆，骄肆横逆，略无顾忌，大罪十一也。至于今日讨奖赏，明日讨祠额，毁人居室，建立牌坊，镂凤雕龙，干云插汉，岂特茔地之擅用朝宫，僭拟陵寝而已哉！大罪十二也。且今日荫锦衣，明日荫中书，金吾之堂口皆乳臭，诰敕之馆目不识丁。如魏良卿、魏良弼、魏良材、魏希孔及傅应星等，五侯七贵，何以加兹！不知忠贤有何军功，有何相业？亦甚亵朝廷之名器矣！大罪十三也。因而手滑胆粗，用立枷枷死皇亲家人数命，意欲扳害皇亲，摇动中宫。当时若非阁臣立持，则椒房之戚又兴大狱矣，大罪十四也。良乡生员章士魁以争煤窑伤其坟脉，忠贤乃诬以开矿，立致之死。假令盗长陵一抔土，何以处之？赵高鹿可为马，忠贤以煤为矿，大罪十五也。王思敬、胡遵道，侵占牧地果真，自有抚按、学道治理，乃竟拿入黑狱，拷掠致毙，使青磷赤壁之气，结于璧宫泮水之间，大罪十六也。科臣周士朴执纠织监一事，原是在工言工，忠贤竟停其升迁，俾困顿以去，使吏部不得专其铨除，言官不敢司其封驳，大罪十七也。北镇抚臣刘侨不肯杀人媚人，忠贤以其不善锻炼，竟令削籍。此明示以大明之律令可不必守，而忠贤之律令不可不遵，大罪十八也。科臣魏大中已奉到任明旨矣，而鸿胪传单，忽蒙诘责，及科臣覆奏，台省交章，又再亵王言。使煌煌天语朝夕纷更，令天下后世视皇上为何如主耶！大罪十九也。东厂原以察奸宄，非以扰平民也。自忠贤受事而鸡犬不宁，傅应星为之招摇引纳，陈居恭为之鼓舌摇唇，傅继教为之投罟设网，片语违忤，驾帖立下。如近日逮汪文言，不从阁票，不令阁知。造谋告密，日夜未已，势不至兴同文之狱、刊党人之碑不止，大罪二十也。前韩宗功潜入长安，侦探虚

先拨志始

实,往来忠贤私房之家,事露始令避去。倘天不悔祸,宗功事成,九庙生灵,安顿何地?大罪二十一也。祖制不蓄内兵,原有深意。忠贤与沈漼创立内操,使羽党盘踞其中,安知无大盗、刺客、深谋不轨之人,寄迹于内相之家?昔刘瑾招纳亡命,曹吉祥倾结达官,忠贤盖已兼之,故识者每为寒心,大罪二十二也。忠贤进香涿州,铁骑之簇拥如云,蟒玉之趋随耀目,警跸传呼,清尘洒道。及其归也,以舆夫为迟,而驾驷马,羽幢青盖,夹护环遮,则已俨然乘舆矣,大罪二十三也。今春闻忠贤走马御前,大无人臣礼,皇上曾射杀其马,而忠贤不自畏罪,且进有傲色,退多怨言,朝夕提防,介介不释。盖由宠极则骄,恩多成怨。从来乱臣贼子,只争一念,而一念放肆,遂收拾不住。奈何养虎兕于肘腋间乎!虽寸脔忠贤,不足尽其辜矣!大罪二十四也。忠贤负此大罪,恐内廷之窃发,杀者杀,换者换,左右既畏而不敢言;恐外廷之窃发,逐者逐,锢者锢,外廷又皆观望而不敢言。更有一种无识无骨、苟图富贵之徒,扳枝附叶,倚托门墙,或认作居停,或投充门客,内有授而外发之,外有呼而内应之。即或奸状败露,奉圣夫人复为之弥缝其罪戾,遮护其回邪。故掖廷之内,知有忠贤而不知有皇上;都城之内,知有忠贤而不知有皇上。即大小臣工,积重之所移,积势之所趋,亦似不知有皇上,止知有忠贤者。每见中外有紧切当做之事,当用之人，必曰：'要与内边说。'或人不得用，事不得行，亦必曰：'内边不肯。'凡宫中府中，事无大小，无一不是忠贤专擅，反觉皇上为名，忠贤为实。即如迩日，忠贤已往涿州矣，一切事情，必星夜驰请，始敢批发。嗟嗟！天颜咫尺，票拟不请裁决，而驰候忠贤意旨于百里之外。事势至此，羽翼将成，骑虎难下，太阿倒持，主势益孤，不知皇上之宗社何所托，三宫九嫔之安危何所托，贵妃皇子之安危何所托！万一少有差误，臣即欲死报皇上，亦何能及？乞集大小文武勋戚，敕令法司，逐款严讯，立刻正法，以快神人。其奉圣夫人，亦并敕令居外，以全恩施。如此则天意回，人心悦，海内不立奏治安者，请斩臣以谢忠贤，臣死不恨。"

疏入，忠贤亦惴惴惧祸，欲结辅臣韩爌为之地，爌严拒，不得已，泣诉御前，客氏又从中委曲调护，遂令魏广微条旨。广微固素结忠贤，附为同姓，涟疏中有"门生宰相"之语，广微恨之，因拟严旨切责："朕自嗣位以来，日夕乾乾，谨守祖宗成法，惟恐失坠，凡事申明旧典，未敢过行。从前一切政事，皆朕亲裁，奚从旁落？至于中宫皇贵妃并裕妃事情，宫壸严密，况无指实，外廷何由透知？内言毒害中宫暨贵妃、皇子等语，凭臆结祸，是欲屏逐左右，使朕孤立于上，岂是忠爱之心！杨涟被论回籍，超擢今日，自当尽职酬恩，何乃寻端沽直。本欲逐款严究，念时方多事，朝端不宜纷扰,姑置不论。以后大小各官,务要尽职,不得随声附和。有不遵的,国法具在,决不姑息。"时忠贤亦有抗辨疏,反优诏答之。于是太仆卿朱钦相等,给事中魏大中、许誉卿等,御史袁化中、李应昇等,南京兵部尚书陈道亨等,科臣杨朝栋、赵应期等,各上疏请立斥忠贤,以清肘腋。俱不报。

应山疏上后,应者响合。福清叶向高亦密具一揭讽上:"准魏监忠贤退归私寓,待之以优渥,比于勋戚大臣,庶上不失恩意,下明其退让,此两得之道也。"揭入,大拂内意。福清惧,思有以自解,乃扬言:"此揭非出吾意,乃门人逼我为之。"门人,指澄江缪昌期也。当应山疏初上,福清大不以为然,谓:"忠贤于上前亦时有匡正。一日有飞鸟入宫,上乘梯手攫之,忠贤挽上衣阻之,不得升。有小珰,偶赐绯,忠贤叱之曰:'此非汝分。虽赐,不许穿。'其认真如此。若大洪疏行,今后恐难再得此小心谨慎者侍上左右矣。"澄江在座,正色曰:"谁为此言以欺老师,可斩也!"福清色变,不乐而出。应山闻之愤甚。福清乃贻书致解,虽本前语而已圆融其辞。应山欲将此书发抄,有止之者,乃已。自"门人逼我"之言出,忌者遂附会其说,谓应山之疏由于澄江而代草之。毒蕴于此矣。

应山疏既不行,意欲俟朝时面奏,外廷遂喧传其说。一日早朝,鸿胪卿展自重请于应山曰:"面奏当于何时？以便唱引。"时有武内阉数百人因闻面奏之言，皆持斧瓜等器眈眈注视应山，且谕左班诸臣不许擅出奏事。而应山目慑气夺，曰："姑徐之。"于是忠贤之党知外廷不足畏，遂肆毒焉。

福清叶向高时为首辅，才能笼罩，忠贤颇敬礼之。应山率众人诣福清处，曰："今魏忠贤怙恶擅权，国势将去。公为心膂重臣，同国休戚，小者不必问，宜请上御门，将忠贤杀皇子、贵人、妃嫔诸大逆状明白奏请处分，以清君侧。失此不图，流祸将大，焉用彼相为！"向高曰："仆老矣，不惜以身报国，倘主上不果听，公等置身何地乎！"忠贤闻之恚曰："何待诸臣！我即请上御门召问诸臣，如上以为有迹，寸磔何辞！不然，可自为计！"众益愤，向高为两解之。事稍息。八月，向高请告归，而党祸乃起。

高邑赵南星与少司徒魏允贞最相契厚，称同调焉。大学士魏广微，其子也。广微执子侄礼甚恭，高邑以其不肖也，弗为之礼，每向人曰："魏见泉可谓无子。"见泉，允贞字也。广微闻之，深以为恨。后广微大拜，复往谒高邑，三及门而阍人弗为通，曰："有事讲请坐，无事请回。"广微靦然曰："人可以不见，官不可以不见。"遂索取原刺以归，而决意逞宿愤矣。

四年冬十月颁朔，魏广微不至，及享太庙礼将竣，始踉跄趋入。吏科给事魏大中纠广微以执政重臣，遇庙

先拨志始

朔大典，偃卧私家，大无人臣礼。因而攻者甚众。御史李应昇疏更切直，略曰："阁臣魏广微，方其偃仰高卧，不拜正朔，迨至日中祭毕，然后闯入庙门。科臣纠之，乃疏辨自谓罪止失仪。夫行礼差错，始谓失仪。谨案《大明律》：'失仪朝贺者，笞四十。祭享失误者，杖一百。'广微宜何居焉？可靦然复入中书之堂乎？国家设立言官，称耳目近臣。言及乘舆，则天下改容；事关廊庙，则宰相待罪。广微之父允贞尝为言官，公正发愤，得罪阁臣以去，声施至今，广微独不念乎？奈何比之路马，斥之此辈。夫不以此辈为伍者，此另有一辈为缘。方今圣天子在上，贤公卿在下，广微有何疢心之事清夜抱惭，每见指摘，辄自张皇，不啻十目十手之暴其隐也？广微当退读父书，保其家声，毋倚三窟与言官为难，异日亦可以见乃父于地下也。"疏入，奉严旨，责其恣肆，借端轻侮，不谙大体。

魏广微深恨众人之纠劾也，揣忠贤以应山衔大中等，因欲借刀剪除，遂与比周密谋。以党者，人主之所恶也，乃潜于上曰："杨、左、袁、魏与在朝诸臣，蔑主冲幼，结党擅权，不尽窜杀，无以明主威而服天下轻蔑之心。"上意遂移。忠贤得以肆行排陷，初犹挑激上怒，传奉票拟，继则从中发票语，付阁誊进。广微在其门下，初称宗弟，后称宗侄，内外交通，而缙绅之祸始烈。

崔呈秀者，蓟州人，以御史巡按淮扬，贪墨甚著。锡山高攀龙为总宪，力任澄清，举江西巡按谢文锦为廉，纠崔呈秀为贪。呈秀百计求援，而高公执法不少徇，遂拟遣戍。呈秀乃微服持赂忠贤，愿为之子，呼之以父。忠贤悦，遂出中旨，免其勘，复起用。呈秀素与内阁许秉彝善，魏广微与内阁王朝用善，许为石元雅掌家，石与王皆在逆贤名下。于是崔、魏两人互相谋画，咸借内力以图报复矣。

翰林冯铨者，涿州人，年少而美，同馆颇狎之，左谕德缪昌期狎之尤甚。铨之父冯盛明为辽阳兵备，因边患，望风南奔。铨求援于诸君子甚哀，而曲事昌期更至。昌期每侮之众人中，铨大不堪，以此怀恨欲报。铨素与魏忠贤侄魏良卿善，至是，致书良卿，极言外廷不足虑，因导之行廷杖以兴大狱，排陷众人，且又时时暗将外廷事情密报忠贤，使为之备。于是王体乾力主廷杖之说，忠贤犹踌躇未敢即行，体乾怂恿成之。先杖御史林汝翥，林潜逃未获；遂杖工部郎中万燝，锦衣大帅田尔耕、体乾承望风旨，遂毙万燝于杖下。又疑林汝翥藏匿福清寓邸，缇骑围绕，遍行搜索。故福清待罪疏中有云"阁臣之体荡然"者，指此也。

上性好走马，又好作水戏，种种机械，出人意表。又好盖房屋，凡斧斤之类，皆躬自操之，虽巧匠不能过也。忠贤每欲有所处分，即令王体乾等伺其经营鄙事时，即从旁奏请。听毕，便曰："你们用心行去，我知道了。"所以太阿下移，而忠贤辈得以操纵如意也。

嘉善知县谢应祥，素有廉名，后会推为山西巡抚。御史陈九畴以应祥曾筮仕大中之邑，与大中有师生谊，特疏纠之。大中诮九畴为焚琴煮鹤，九畴参大中为徇私把持，应祥图谋升迁。文选郎中夏嘉遇疏辨会推始末，九畴复争执不已。奉旨："魏大中欺朕幼冲，把持会推，以朝廷封疆为师生报德。夏嘉遇、陈九畴奏揭纷纭，成何政体！各著降三级，调外任用。"

大臣会看谢应祥等，吏部尚书赵南星亟称谢应祥之贤而明魏大中、夏嘉遇之无私，且云："九畴所欲推者，郭尚友也。臣以尚友前厚贿科臣，辞而又至，故鄙之不与推。"有旨责其"朋谋结党，淆乱国是"。南星遂以耄请归。奉旨："御史初上疏，当即出一言，何至于纷嚣？及有旨会看，卿自不公忠，为人调弄。况向日经筵，朕亲睹失力，岂望澄清吏治？既年老引咎，著回籍调理。"大学士韩爌具疏申救，不听。

左都御史高攀龙，以上切责大臣会看不公，自劾失职。奉旨："总宪为风纪重臣，自当秉公执法，卿既无私，何乃师友偏比，不肯从公会看？"又旨："幼冲字样，任情那改，非欺而何？既求罢，著回籍调理。"

冢宰、总宪员缺，会推乔允升、冯从吾、汪应蛟。奉旨："吏部、都察院混淆已久，何乃此次会推，仍是赵南星拟用私人？显是陈于廷、杨涟、左光斗钳制众人，抗旨徇私。又会推职名止有吏部，都察院不全列。杨涟既亲奉谕旨，佯为不知，注籍躲闪，又前与高攀龙等会看陈九畴事，党比不公，了不引咎，公然欺朕幼冲，真老奸巨猾、顽钝无耻。袁化中亦不无扶同情弊。陈于廷、杨涟、左光斗俱恣肆欺瞒，大不敬，无人臣礼。都著革了职为民，仍追夺杨涟、左光斗诰命。尚书、都御史员缺，不拘现任在籍，著再会推六七员来看。"遂起升崔景荣为吏部尚书，改李宗延为左都御史。

杨、左既逐，奸党益无忌惮，遂肆行诬陷。于是魏广微手写所欲起用之人，黄克缵、王绍徽、王永光、徐大化、霍维华等五六十人，目为正人，各加两圈或三圈；又将《缙绅便览》中如韩爌、缪昌期、曹于汴、李邦华、郑三俊等约百余人目为邪党，重者三点，次者二点，托内阉王朝用转送逆贤处以行黜陟。而绍徽复造《东林同志录》，罗列诸贤姓名，又韩敬造《东林点将录》计一百八人，邮致都门，按籍搜索，于是诸贤受祸，无一人遗漏矣。

《点将录》旧传王绍徽所作，而《同志录》未见抄传，或是韩敬因绍徽原本而增改之者耶？

先拨志始

东林点将录

开山元帅
　　托塔天王南京户部尚书李三才

总兵都头领二员：
　　天魁星及时雨大学士叶向高
　　天罡星玉麒麟吏部尚书赵南星

掌管机密军师二员：
　　天机星智多星左谕德缪昌期
　　天闲星入云龙左都御史高攀龙

协同参赞军务头领一员：
　　地魁星神机军师礼部员外郎顾大章

正先锋一员：
　　天杀星黑旋风吏科都给事中魏大中

左右先锋二员：
　　天暗星青面兽浙江道御史房可壮

地周星跳涧虎福建道御史周宗建

马军五虎将五员：

天勇星大刀手左副都御史杨涟
天雄星豹子头左佥都御史左光斗
天猛星霹雳火大理寺少卿惠世扬
天威星双鞭将太仆寺少卿周朝瑞
天立星双枪将河南道御史袁化中

马军八骠骑八员：

天英星小李广福建道御史李应昇
天捷星没羽箭陕西道御史蒋允仪
天空星急先锋山东道御史黄尊素
天退星插翅虎浙江道御史夏之令
天究星没遮拦吏科给事中刘弘化
天满星美髯公刑科给事中解学龙
地猖星毛头星刑科给事中毛士龙
地镇星小遮拦工科给事中刘懋

总探声息走报机密头领二员：

天速星神行太保尚宝司丞吴尔成
地速星中箭虎光禄寺少卿丁元荐

先拨志始

行文走檄调兵遣将头领一员：
地囚星旱地忽律广西道御史游士任

掌管钱粮头领二员：
天富星扑天雕礼部主事贺烺
地狗星锦毛犬尚宝司卿黄正宾

定功赏罚军政司头领二员：
地正星铁面孔目左佥都御史程正己
地奴星催命判官左通政涂一榛

掌管行刑刽子手头领二员：
地损星一枝花礼部尚书孙慎行
地平星铁臂膊刑部侍郎王之寀

捧把帅字旗将校一员：
地贼星鼓上蚤内阁中书汪文言

守护中军大将十二员：
天寿星混江龙大学士刘一燝
天微星九纹龙大学士韩爌
地短星出林龙大学士孙承宗
天剑星立地太岁吏部尚书周嘉谟

地角星独角龙吏部尚书张问达
天伤星武行者左都御史邹元标
天贵星小旋风右都御史曹于汴
地轴星轰天雷礼部尚书王图
天牢星病关索刑部尚书乔允升
地强星锦毛虎工部尚书冯从吾
地藏星笑面虎吏部左侍郎陈于廷
天巧星浪子左春坊左谕德钱谦益

四方打听邀接来宾头领十二员：
地明星铁笛仙户部左侍郎郑三俊
地壮星母夜叉礼部右侍郎张鼐
地妖星摸着天光禄寺少卿史记事
地全星鬼脸儿光禄寺寺丞李炳恭
地文星圣手书生翰林院修撰文震孟
地阔星摩云金翅翰林院检讨姚希孟
地阴星母大虫翰林院检讨顾锡畴
地异星白面郎君翰林院庶吉士郑鄤
地满星玉幡竿吏部员外郎周顺昌
地兽星紫髯伯吏部员外郎张光前
地急星一丈青吏部员外郎孙必显
地暗星锦豹子礼部主事荆养乔

先拨志始

马步三军头领四十六员：

天慧星拚命三郎刑部尚书王纪
天孤星花和尚兵部左侍郎李瑾
天暴星两头蛇兵部右侍郎孙居相
地勇星病尉迟兵部右侍郎李邦华
地恶星没面目兵部右侍郎刘策
地佐星小温侯兵部右侍郎何士晋
地奇星圣水将户部右侍郎陈所学
天哭星双尾蝎左副都御史孙鼎相
天佑星金枪手右佥都御史徐良彦
地刑星菜园子右佥都御史周起元
地丑星石将军右佥都御史张凤翔
地狂星独火星右佥都御史朱世守
地巧星玉臂匠右佥都御史程绍
地暴星丧门神右佥都御史王洽
地健星险道神右佥都御史李若星
天异星赤发鬼左通政使刘宗周
地俊星铁扇子大理寺少卿韦藩
地空星小霸王太常寺少卿韩继思
地会星神算子太常寺少卿赵时用
地佑星赛仁贵太常寺少卿李应魁
地阖星火眼狻猊太常寺少卿程注
地稽星操刀鬼光禄寺少卿沈应奎

地飞星八臂哪吒吏部郎中夏嘉遇
地走星飞天大圣吏部郎中邹维琏
地察星青眼虎吏科给事中陈良训
地煞星镇三山兵科给事中甄淑
地雄星井木犴户科给事中郝土膏
地杰星丑郡马兵科给事中沈惟炳
地幽星病大虫户科给事中薛文周
地孤星金钱豹子兵科给事中萧基
天罪星短命二郎湖广道御史刘芳
天败星活阎罗江西道御史方震孺
地僻星打虎将山东道御史李玄
地微星矮脚虎福建道御史魏光绪
地捷星花项虎四川道御史练国事
地威星百胜将河南道御史谢文锦
地数星小尉迟云南道御史李日宣
地猛星神火将贵州道御史张慎言
地乐星铁叫子山东道御史刘思诲
地伏星金眼彪湖南道御史刘其忠
地隐星白花蛇河南道御史杨新期
地耗星白日鼠湖广道御史刘大受
地遂星通臂猿山西道御史侯恂
地灵星神医手云南道御史胡良机
地魔星云里金刚四川道御史宋师襄

先拨志始

地理星九尾龟河南道御史熊则祯

镇守南京正将一员：

地然星混世魔王操江右佥都御史熊明遇

分守南京汛地头领六员：

天平星船火儿南京广东道御史王允成

天损星浪里白跳南京吏部郎中王象春

地英星天目将南京江西道御史陈必谦

地进星出洞蛟南京山西道御史黄公辅

地退星翻江蜃南京四川道御史万言扬

地劣星活闪婆南京工科给事中徐宪卿

天启四年甲子冬归安韩敬造

十月，苏松兵备道朱童蒙前任省中，以疏攻理学大臣邹元标等，癸亥京察，例出此任，在任多为不法，心不自安，引病求退。有旨："朱童蒙不准养病，并前例推郭允厚、李春煜与朱童蒙俱升京堂用。"巡抚周起元具疏劾奏童蒙。时织监李实以杨姜事疏劾起元，给事中李鲁生复攻之急，而巡漕御史喻思恂又飞书长安，言其可杀。奉旨："周起元护庇杨姜，今又诬朱童蒙，排陷正人。姑著削籍为民，追夺诰命。"

南京御史吕鹏云以例推佥事请告。奉旨："吕鹏云不准告病。并谕例推考察各官，徐大化、孙杰与吕鹏云俱升京堂用。霍维华、王志道、郭兴治、徐景濂、贾继春、杨维垣俱起复原官，催来到任。"

给事中李恒茂具疏申理崔呈秀等。奉旨："御史崔呈秀事情，显系诬蔑，不必行勘。著回道管事。知县石三畏既经多荐，暂拟部衔，仍候考选。其荐主陈九畴，即升京堂用。"

十一月，上谕内阁："朕览李鲁生本内会推武臣一节，因思文臣票拟，不知只应元辅注思耶？抑次辅等与闻一二也？前时鸿胪寺数起批行，外廷啧啧，近日巡视科道本止乞严行相视，遽拟领埋，且乞讨肩舆者，乞进侯爵者，卿概应之如响，平章之谓何？今后元辅还当同寅协恭、集思广益，次辅等亦勿袖手坐视、伴食依回。大家殚力抒忠，共期于平，以副眷注。"时魏广微欲专政，遂于告病之际，求逆贤传特谕分票商量。广微与逆贤通谱，凡递消息，亲手书就，外题曰"内阁家报"，钉封钤送至王朝用，朝用复加封记，送至逆贤直房。黄汝良、史记事皆以书劝广微停止中旨，大拂其意。随有李鲁生"帝曰执中，王曰建中，旨不自中出，而谁出之"疏，天下哗然笑之。嗟乎！鲁生之逢迎求媚若此，尚足齿于人耶！

大学士韩爌因有"票拟不当"之谕，遂引罪求斥，略曰："臣以谫劣,备员中书。诘戎宜先营卫,而观兵肘腋,无能纾宵旰之忧;忠直尚稽召还,而榜掠朝堂,无能回雷霆之怒。以至后先多官之黜,谕旨中出之变。在圣明祗肃纪纲,乃中外惧兴党祸。而臣既不能先时深念,有调剂之方,又不能临事执持,为封还之懋。此皆罪状之大且著者。请亟褫臣官,仍治臣罪,为辅弼溺职之戒。"奉旨:"卿亲承顾命,当矢公尽职,乃归罪于上,退有后言。今既悻悻求去,著驰驿回籍。"阁中揭请如故事,稍加礼貌,无失待大臣礼。不报。

督师大学士孙承宗揭称:"臣奉违天颜三年,当此普天嵩呼之日,不胜瞻恋。今阅历蓟边,去京数十里,拟于十二日入都门,十三日早朝,十四日与同贺万寿,另日面奏机宜,与文武各官商榷可否,事毕回任。"上谕兵部:"督师辅臣,既膺重任,未奉明旨,亲历蓟边,以朕万寿为名,欲入京随班申贺。擅离汛地,非祖宗法度所容。倘中途有意外之变,关门有仓卒之虞,相机调度,将谁属乎?兵部即速马上差人传谕枢辅,马首即东。真有秘计,何妨便宜封进?朕志以绥靖为期,必不从中牵制也。钦此。"盖高阳德望素为内廷所严惮,而熹庙于高阳献替每多嘉纳。时朝政一变,贤奸倒置,高阳拟陛见痛陈利害,冀悟君心,甚非晋阳比也。嫉者谓高阳带甲五千,欲清君侧,左枢李邦华实召之,内外合谋定矣。逆贤急奏熹庙,而顾秉谦欲乘间以图首揆,遂拟谕以进。高阳得谕，即日东行，邦华引疾回籍。次年逆贤即分遣内阉镇守各边，以夺诸大吏之权云。

十二月，大学士朱国祯为李蕃、刘徽等参劾，遂连奏三疏引病。有旨："著驰驿回籍。"加少傅，荫子一人，赐银币颇厚，差官护送，岁给廪米、舆夫如例。逆贤语人曰："此老头儿也是邪人，然却不作恶事。"故独优礼之。

御史崔呈秀疏荐孙杰、吴淳夫等十四人才品宜擢用，并谀逆贤修城之功。颂珰始此。自是而后，朝政混淆，谄谀成风，日以谋害诸贤为计，而国事有不可言者矣。

卷　下

（天启五年起崇祯二年止）

正月，改书院祀辽东死难御史张铨及文武诸臣。科臣李鲁生以为假道学不如真节义，上嘉纳之，故有此举。而东林之祸从此炽矣。

南乐魏广微所荐正人内有王之臣者，独加四圈。乙丑大计，南京吏科给事中杨朝栋循例纠拾。逆贤力为挽奏，遂传旨："王之臣颇娴将略，方需显擢，且台疏不列，岂为公论？仍候边抚员缺补用。"

御史刘弘光疏称："赐环诸臣，遭门户毒手。如科臣陈胤丛、霍维华，道臣潘汝祯、王雅量，皆饱历风霜，才堪大任。孙杰升而维华独后，何以称持平也？"有旨嘉纳。维华出，即参亓诗教。持轴者为诗教推毂，以维华居言路为碍，急除维华为常、仆。后颇觉之，遂成仇隙，互相倾陷。

御史刘弘光又疏参谈自省等，荐邵辅忠、姚宗文、刘廷元、施梁。有旨："谈自省等俱削夺，邵辅忠等速催上任。"

给事中霍维华疏论梃击、红丸、移宫三案，娓娓数千言。奉旨："这本条议一字不差。韩炉等俱削夺。范济世、王志道、汪庆伯、刘廷元、徐景濂、郭如楚、张捷，分别用。唐嗣美、岳骏声、曾道唯，即与推用。李可灼免戍，著回籍闲住。"

涿州冯铨始入南乐魏广微幕下，广微极相推引。铨复结欢魏良卿、傅应星等，为之延誉。又逆贤未阉时有妻冯氏，亦涿州人，疑与铨同宗，颇有故剑之思，甚注意焉，因令王体乾侍上时为举甘罗故事。铨又令御史张枢疏催请枚卜，内有"司马耆英，潞公矍铄，寿考可无遗也"，亦有"少年学士，黑头相公，则英妙未可少也"等语。广微闻其事，忌之，具揭逆贤，阻其枚卜。冯铨入相后，颇闻其潜，遂与崔呈秀等暗毁广微。适广微有救杨、左之揭，逆贤大怒，几蹈不测云。

御史梁梦环疏论计典，遂参汪文言。有旨："汪文言著锦衣卫差的当官旗，扭解来京究问。"初，傅櫆参汪文言，已逮问受杖矣。至是，逆贤恨杨、左甚，冯铨与霍维华、杨维垣、李鲁生等密谋，说逆贤兴大狱，借汪文言口以杀杨、左，特令梦环出此疏。从此缇骑遍地矣。

汪文言逮到，奉旨："拿送镇抚司，好生打着问。"时北镇抚司许显纯打问过，汪文言招出甘肃巡抚李若星用银五千两，谋得此缺。奉旨："李若星削夺，一切赃私，著严行究问，务要指出何人收受，确招具奏。"该司究问汪文言供招具题,奉旨:"杨镐、熊廷弼既失封疆,又用贿买杨涟等,希图幸脱。杨涟、左光斗、周朝瑞、魏大中、袁化中、顾大章俱著锦衣卫差的当官旗扭解来京究问。赵南星等俱削夺为民,仍令该抚按提问追赃具奏。"

杨、左之逮也,初借移宫为案,而苦于无赃,徐大化倡为封疆之说。盖移宫属杨、左,与顾大章等无与,封疆止周朝瑞保荐熊廷弼,而顾大章与杨维垣屡疏争辨耳,与杨、左、袁、魏又无涉。惟合移宫、封疆为一局,以杀六君子,报忠贤二十四罪之恨,修广微纠论失仪之怨者,徐大化也。而贾继春又献串通王安之说,俾杀杨、左有名。诸人所以为忠贤计者,诚不遗余力矣。

杨、左等既先后逮到,下北司拷问。六公各辩论不屈。魏公曰:"若如此,不是明心堂,是昧心堂矣。"盖北司堂名明心也。许显纯奉忠贤意旨,锻炼愈酷。左公谓:"北司所能难我者,供招不具也。供招具,自应下法司拟罪,庶有见天之日。而徒骈死狱底无益。"乃具承招。招上,该司请送刑部拟罪追赃。不允,仍著北司严限五日一比,诸君子应亦自悔焉。周公谓:"忠贤所恨,惟杨、左耳。杨、左死,四人犹或可生。"反速祈二公之死,而究竟俱不能免。各坐赃数万,俱拷掠无完肤。每一公死,显纯即剔喉骨,用小盒封固送逆贤示信。五公既死,将顾大章送刑部拟罪。罪定,仍还镇抚追比。顾公语家人曰："此福堂也，不死何待？"遂自尽刑部狱中。

　　大狱既兴，凡杀人媚人者无所不至。漳浦知县楚烟追比肆毒于周起元子彦升。江夏知县王尔玉索贿逼死熊廷弼子兆珪。黄州推官王万金于梅公之焕之狱，锻炼周密，不遗余地。万金本房师王公洽驰书属其护持，且曰："我辈识力，正于此认取。梅公正直，愿恢千古只眼，为万代瞻仰。"万金几欲发王书以求媚。噫，以师生而忍为此，则小人奸险，良心一失，何所不至哉！至若应山知县夏之彦立簿募金，以助杨公；桐城知县陈赞化竭力护持左公家，屡为上官呵谴，挺立不顾；武昌推官邓来鸾委曲周旋熊廷弼家；常州知府曾樱力庇高公家，免其子提问，于江阴李应昇年谊尤笃，代出橐金以馈缇骑，抚视患难，不遗余力，皆一时之卓然者。是可颂也，是可法也！

　　大学士魏广微揭奏："今日文书房传旨：'镇抚司打问过杨涟等赃，著臣等票拟，逐日严行追比，五日一回奏，完日送法司拟罪。'不胜惊愕。臣自办事阁中，并未见有此旨。念杨涟等在今日虽为有罪之人，在前日实为圣明之佐，即赃私事真，转发刑部，臣犹议减免之条。若逐日严刑，就死直须臾耳。"揭入，降谕切责，略曰："朕自去岁屏逐凶邪，廓清朝宁，励精图治，雅意中兴，秉轴大臣莫有为朕分忧共念者。杨涟、左光斗移宫一案,背先帝之深恩,陷朕躬于不孝;熊廷弼丧辽辱国,寸斩尚有余辜,而杨涟、左光斗等受其重贿,巧为出脱,此皆天地不容,人神共愤。而在朝文武,持禄养交,徇私避祸,但顾子孙之计,不图社稷之安。朕方率循旧章,而曰'朝政日乱';朕方祖述尧舜,而曰'大不相侔'。以致言官承望风旨,缄口结舌,无敢直明其罪者。今宜改过自新,共维国是。敢有阴怀观望,暗弄机关,或巧借题目,代人报复,或捏写飞言,希图翻案者,朕按祖宗红牌之律,治之说谎欺君之罪,必不食言。其杨涟等生为贪婪之贼臣,死为不忠之逆鬼,今虽在狱身故,而残害忠良,恶类尚存。俟追赃完日,明具爰书,暴其罪状,布告远迩,昭著史册,垂示将来,以为万世人臣不忠之戒。"

  杨涟等下狱,广微心不自安,而力不能得之于逆贤。冢臣崔景荣有书劝其申救,广微因此出揭,随有此谕,盖忠贤恶之也。内"朝政日乱""大不相侔",引广微揭中语也。而拟此谕者,冯铨也。冯铨又令御史门克新疏参广微"误听崔景荣,识见潜移,脚跟不稳",并参崔景荣"倡调停之说,以媚逆邪"。广微大惧,出崔书为征,挟顾秉谦以求援。逆贤怒稍解。广微引疾回籍,景荣削夺。
御史卓迈疏参熊廷弼急宜斩,因荐苏琰、佘合中、林一桂三人。有旨："苏琰等俱著原官起用。"八月，上谕内阁："我皇祖特起熊廷弼于田间，授以经略，赐之上方，锡以蟒玉，宠极人臣，义当尽瘁。乃廷弼欺朕即位，托病卸担，荐袁应泰而辽东亡；既则刚愎不仁、望风先逃而河西失。当是之时，不知费国家几百万金钱，丧军民几百万性命。征兵西蜀则西蜀变，风闻山东则山东乱，至今黔中尚岌岌未宁。斯其罪难以擢发数。迨三尺莫逃，百计钻求。其最甚者，则有周朝瑞十日四疏申救，有顾大章妄论罪属可矜，而又托奸徒汪文言内探消息，外入杨涟、左光斗之幕，属令遗书求解。诸奸受贿，动以万千，安问祖宗疆土法度哉？朕深痛恨，已将杨涟等置之于法。项于二十一日文华殿日讲毕，卿等五员面献刊行有像《辽东传》一册，出诸袖中，合词奏曰：'此熊廷弼所以掩饰夸功，希图脱罪。'朕亲览之，竖发切齿。况屡经言官郭兴治、门克新、石三畏、周洪谟等形于章奏，宜亟加两观之诛，庶大快万民之愤。卿等可即传示刑部等衙门，著便会官决了，以为人臣辱国偷生、罔上不忠之戒。"

辽难之发，冯铨父子鼠窜南奔。书坊中有刊卖《辽东传》者，内列"冯布政父子奔逃"一回。铨以为大辱，先令卓迈上廷弼急宜斩之疏，遂于讲筵袖出此传，面奏请旨正法。阁中拟谕以进，王

先拨志始

体乾等曰:"此明系小冯欲杀熊家耳,与皇爷何与?"乃奏请御笔增入"卿等面奏"云云。先是,忠贤语阁臣曰:"廷弼即议处决。"阁臣商度,日中不决,黄立极曰:"此不过夜半片纸,即可了当矣。"从之。廷弼奉旨,从容更衣以出,胸前盛一小袋,内具辨冤疏。提牢主事张时雍问曰:"袋中何物?"熊曰:"辨冤疏也。"张曰:"君未读《李斯传》乎?囚安得上书?"熊曰:"君未读《李斯传》耳。此赵高语也。"以疏稿授张。受刑后,传首九边,疏卒不果上。嗟乎!抚当敌而经守关,此熹庙旨也。广宁之弃,非熊也;辽阳之陷,非熊也。杨镐、王化贞安坐福堂,而独杀一弼。则弼之死,非死于法,而死于局。局之为言,何以瞑藁街之目哉!

御史贾继春疏称:"王安以修隙之故,倡为移宫之说。杨涟、左光斗希宠助虐,昧心说谎,逼辱康妃,亏损圣德。傅櫆参汪文言、左光斗、魏大中,涟在其中矣,于是先发遮饰之计,而参内之疏出。参内者,其所借之题目也,总不过为自掩计耳。在今日则不可不明其所以当死之罪,以破其借题之奸。闻若辈从前倡惑之说久播中外,而且撰为传记,淆乱听闻,不可不禁也。将圣孝明而国是定,刑章立而借题破,庶是非真伪之根朗然，而主圣臣忠之实炯若。臣血悃无恨矣。"奉旨："杨涟、左光斗妄希定策，串同王安，倡为移宫之事，又与魏大中、周朝瑞、袁化中深盟同结，招权纳贿，党护熊廷弼，夥坏封疆。铁案既定，犹贪其重贿，托汪文言内探消息，暗弄机关。及文言事发，乃巧借题目，以掩其罪，信口装诬，毫无影响。朕深切痛恨，已将熊廷弼处决，传首九边。其杨涟等虽追赃身故，顾大章限十日同结。爰书既成，就依这本上说，将诸奸罪状及守正诸臣向日疏揭，并近日谕旨，著史臣纂集成书，颁行天下，以正纪纲。"

继春之救选侍，是也，然却是第一截。后卸过范济世，疏未上而揭发抄矣，众正收之，及至张慎言荐剡，是第二截。此疏以杨涟参内为借题，几刊党碑，是第三截。末疏又以杨涟参内为正题，是第四截。此旨所云"毫无影响"者，正从"借题"二字起也。裕妃首奉宸恤，成妃邀恩复封，赵选侍沉冤莫愬，是有影响否？他可知矣。刑章明而借题破，杀涟者谁乎？继春击忠直可谓选锋，开奸逆允称护法，前美不足称，后美不足赎矣！

御史佘合中疏荐周汝玑等，内云："臣入都门，伏读圣谕之所褒嘉，宸衷之所眷注，有洁己急公者以保护于内，有矢心端慎者以辅弼于外。"奉旨："厂臣魏忠贤，洁己奉公，忠心调护，朕所素鉴。周汝玑等著优擢。"此为颂珰之始。嗣后群相附和，谄谀之态，廉耻荡然矣。

吏部题陈子壮诰敕撰文，奉旨："陈子壮并父陈熙昌依傍门户，岂可并列要津？且试录内有'庸主失权，英主揽权'等语，显属谤讪。都著削籍为民当差，仍追夺诰敕撰文。"时逆贤欲以都垣与亓诗教，故逐其父，及其子云。

工部主事曹钦程疏参周宗建、张慎言、黄尊素、李应昇，荐傅櫆、陈九畴、李鲁生、张讷、李蕃、周昌晋、李恒茂、梁梦环、张惟一，并理安伸之案。有旨："周宗建等削夺。安伸以原官起用。"

巡城御史倪文焕责治门军，为提督太监金良辅所参，有旨切责，仍著回话。书吏长班等俱逮问。文焕惧，投崔呈秀门下，父事之，言于逆贤，以为孙，事乃解。回奏疏上，有旨："念系新进，姑不究。"文焕既投诚逆贤，即疏参李邦华、李日宣、林枝乔、周顺昌，内云："周顺昌给假南归，坐三大船，资货充盈，沉压其舟，狼藉河干，白镪暴露。通人至今掩口。"有旨："李邦华、李日宣等著俱削夺。"

周公顺昌苦节为天下最，南归之日，行李一

肩，都门叹为稀有，且从涿州陆路。今云白锣三船，通人掩口，真载鬼一车矣。时诸君子弹射殆尽，而不皆书者，邪正不两立，薰莸不同器，必然之理也。因弹射而被逮遣戍则书者，清流之祸，千古同痛也。荐擢必书者，实其为逆贤之私人也。举劾并列备书者，因彼以及此也。倪文焕、卢承钦两疏独书者，一则指夷为跖，亘古之奇诬，一则胪列党与，《要典》之开先也。诸奸章奏，大都类此。

文焕又疏参崔景荣，因云："同一君子也，首攻淮抚之邵辅忠、力诋东林之刘廷元、疏参张凤翔之卢谦，何以久未登启事也？同一小人也，党护淮抚之孙居相、卖身东林之史记事、计陷毛文龙之夏之令，何以久不闻削夺也？又东林之人，辇金数十万，托李孔度为奸细，阴谋翻局，岂可不问？"有旨："崔景荣为民。李孔度等削夺。夏之令逮问。"遂死于狱。

御史吴裕中疏参内阁丁绍轼。裕中，廷弼姻也。廷弼之死，人言出贵池意，冯铨使田景新嗾吴曰："内意薄丁矣，可急参之。"又传意于逆贤曰："吴必为熊报仇。"吴疏上，逆贤矫旨予杖以死。吴之死，亦冯铨所致也。

御史田景新疏参内阁朱延禧。延禧，山东人；周朝瑞、袁化中，亦山东人。其逮也，延禧语缇骑曰："好照管之，事终明白耳。"珰党闻而恶之。又内传阁票欲称逆贤为元臣，延禧不可，景新遂出疏参之。延禧引疾，有旨："著回籍调理。"

御史田景新又疏陈五款，内一款云："崔呈秀拮据大工，以侍郎兼御史不便，乞加金都御史，用资弹压。"从之。

御史张讷疏参赵南星十罪，并及王允成、杨维垣、程国祥、夏嘉遇。有旨："允成等俱削籍。赵南星所引私人，著指名回话。"张讷复疏胪列姓名。指陈贿状。有旨："许念敬解京究问。丁元荐等为民。"

镇抚司打问许念敬，招出盛世承、傅淑训贿营情节。有旨："世承、淑训削籍。许念敬法司拟罪。其过付赵南星赃，抚按严追充饷。"

保定抚按郭尚友、马逢皋问明赵南星一案，追赃完日遣戍，南星年老收赎。有旨："赵南星不准收赎，依律戍遣。"南星在冢宰日，郭尚友营求巡抚，南星鄙其人，力拒不许。珰党即推尚友巡抚保定，穷治其狱。尚友所以待高邑者，无复人理，严限比赃，公子皆银铛受杖。宅鬻无归，移住家庙，夫人即日愤死。高邑次年死戍所。

时群小立意折辱诸君子，程公正己以掌察开罪，下抚按追赃。狱上，有旨："程正己著亲身摆站，不准收赎。"又刑部覆："李若星著抚按官重责一百板，发遣。"抚按郭增光、鲍奇谟咸奉行惟谨。

御史张讷又疏请毁书院，略曰："都城书院改忠臣祠矣，此外又有四处，孙慎行、冯从吾、余懋衡三大目为之主盟。东林书院，乃李三才科民膏血所建，孙慎行、高攀龙窟穴其中；关中书院，冯从吾占据，徽州书院，余懋衡主管，郑三俊、毕懋良拾级而登，皆于此得力；江右书院，邹元标既潦倒，刘一燝复误国，党亦稍散。诸臣居乡，种种不法，而礼卿尤借题诬蔑先帝。若王之寀、史记事，以发牌驰驿。俱乞圣断立裁。"有旨："一切书院俱著拆毁。邹元标等削夺。"

给事中叶有声疏荐阮大铖、余大成。有旨："阮大铖升京堂用，余大成原官起用。"

御史智铤疏参解学龙等，因论叶向高票阎鸣泰回籍听勘之非。有旨："解学龙等俱削夺。阎鸣泰著擢用。"时蓟抚申用懋引疾回籍，部推吴中伟，已领敕辞朝矣，阎鸣泰从旁径攘取之，兼程赴任，吴改别衙门用。

吏部等衙门公疏请慎选中使。奉旨："既称永乐、宣德间差内使颇多，明是祖制。朕念封疆恢复无期，故特遣内臣查核兵饷，原谕并无掣肘。卿等大臣当思仰体，著遵行前旨。"票内阁出镇各边及此旨者，昆山顾秉谦也。贵池丁绍轼，特揭谏止、力言不便者也。不听。

先拨志始

此内阁奉差关防，篆文曰："某处内官关防。"惟东厂则曰："钦差提督东厂官校办事太监关防。"其敕谕最为严重，盖永乐十八年所定也。熹庙即位，避御讳，改铸官校曰"官旗"。内阁纷纷出镇，昆山献媚，票注"太监"二字，遂以为例。

凡先朝内阁上疏，称"万岁爷"，称"奴婢"；逆贤时遂废此礼，曰"臣"，曰"皇上"，曰"陛下"，直与外廷等矣。

御史卢承钦疏参曹珍、董应举、李遇知，因历举："东林自顾宪成、李三才、赵南星而外，如王图、高攀龙等，谓之副帅；曹于汴、汤兆京、史记事、魏大中、袁化中等，谓之前锋；李朴、贺烺、沈正宗、丁元荐，谓之敢死军人；孙丕扬、邹元标，谓之土木魔神。宜将一切党人不论曾否处分，俱将姓名罪状刊刻成书，榜示天下。"人皆谓此疏何异元祐党碑，于是《要典》之议兴矣。

上谕内阁："朕惟君臣父子，人道之大纲；慈孝忠敬，古今之通义。惟我神宗早建元良，式端国本，父慈子孝，原无间然。而奸人王之寀、翟凤翀、何士晋、魏光绪、魏大中、张鹏云等，乃借梃击以邀首功。皇考光宗一月御天，千秋称圣，因哀得疾，纯孝弥彰。而奸人孙慎行、张问达、薛文周、张慎言、周希令、沈维炳等，乃借红丸以快私憾。迨皇考宾天，朕躬缵绪，父子承继，正统相传。而奸人杨涟、左光斗、惠世扬、袁化中、周朝瑞、周嘉谟、高攀龙等，又借移宫以贪定策之勋，而希非望之福。将凭几之遗言委诸草莽，以待封之宫眷视若寇仇，臣子之谊谓何，敬忠之义安在？幸天牖朕衷，仰承先志，康妃、皇妹，恩礼有加。而守正之臣，凡因三案被诬者，皆次第赐环，布列在位。特允部院科臣之请，将节次明旨、诸臣正论，命史官编辑成书，颁行天下。即于新春开馆纂修。特命辅臣顾秉谦、丁绍轼、黄立极、冯铨为总裁官；施凤来、孟绍虞、杨景辰、姜逢元、曾楚卿为副总裁官，徐绍吉、谢启光、余煌、朱继祚、张翀、华琪芳、吴孔嘉、吴士元、杨世芳为纂修官。凡系公论，一切订存，其群党邪说，亦量行摘录，后加史官断案，以昭是非之实。务在早完。功成之日，名曰《三朝要典》，以仰慰皇祖、皇考在天之灵，用昭朕觐光扬烈之意。"

嗟乎！自此谕出，则正史去籍，而伪史行矣。内列诸君子三大罪案，则梃击、红丸、移宫是也。试平心论之：

张差梃击，擅登殿檐，殴击近侍，真千古奇变。巡城御史刘廷元回奏，原云："稽其貌，的是黠猾。"提牢主事王之寀因事关青宫，稍致诘问，即曰"奸人"，曰"邀首功"，此何说乎？后此匿名榜出，指斥逆贤，即严旨缉捕，内云："如有的据，先将正身拿住，细细研审，必要穷究到底，根鞫造谋主使之人。"岂事涉逆贤，即应穷究到底，事涉青宫，只应抹煞了事乎？

唐方士柳泌为宪宗制长生药，宪宗服药殒生，遂杖杀柳泌，后世咸以为允当。今可灼进药而光庙宾天，纵谓之误，庸医误伤平人，律有明条，况误伤天子乎？乃与顾命大臣同赐金帛。比屡经论列，仅准致仕，何以解于天下后世？有伸讨贼之义者，反曰"借以快私憾"。然则董狐归狱于赵盾，孔子加弑于许止，亦谓之私憾耶？

李康妃拥留皇子，欲邀封尊号，欲垂帘听政，此时君为重，康妃为轻，即云踉跄移徙，咎不在外廷也。宋韩琦立撤太后之帘，即时还政，迄今嘉其功而服其胆，不闻以为罪也。今日"贪定策"，曰"希非望"，将必奉吕雉以临朝，听武曌之改号，然后为不贪，为无希望耶？又曰"凭几之遗言委诸草莽，待封之宫眷视若寇仇"，则盍思选侍赵氏，非待封宫眷乎？见逆客魏，即勒令自尽，莫敢说冤。西李有仇，非孝和遗言乎？结欢客、魏，虽在天隐恨，独致优礼。呜呼！哲皇而既如此矣，吾于逆贤乎何尤！于诸臣乎何尤！

梃击之案，惠公世扬主持甚力，遂为群奸所深恨。《要典》既修，徐大化、孙杰重举前案，青衣入内，合谋定策，逮惠公下狱，三法司于城隍庙鞠问。周应秋问公曰："尔道徐熙寰（即大化）、孙万我（即杰）是好人否？"公曰："好人也。"应秋曰："汝何故参之？"曰："此正犯官愚处。犯官罪该死、情愿死耳。"应秋喝责三十板，肉开骨露，几登鬼录。爰书称为扞网之顽冥，正指此语。遂以交内拟大辟。逆贤欲俟《要典》修成，布告天下，然后枭惠公首，以之定案。适熹庙宾天，得免。后崇祯御极，即与释放之旨。颁行矣，犹有奋笔此牍，改斩为戍者。噫！奸险甚矣！

六年正月，敕谕东厂太监魏忠贤："我祖宗建都于燕，赖东南漕运以给兵饷。若北新仓主事李柱明幸滥科甲，潜怀穿窬，心如厕中硕鼠，形如梁上鹨鹠，不思粒粒皆万民脂膏，竟以汶汶润一家囊橐，偷盗之米，已盈二千九百石之多，入己之赃，已有一千八百两之数。赖尔忠贤，甘劳怨而如饴，发台谏所未纠，去贪剔蠹，严勒还仓。盖一举而上关国计，下儆官邪。茂绩如斯，褒嘉何靳？除赐银币、羊酒外，仍增荫奖励。"

先拨志始

此为奖励之始。

李柱明,云南人,为惠世扬门人,惠公逮入都时,柱明周旋不避形迹,故及于祸。

上传谕吏部、都察院:"犯官王之寀、周宗建、张慎言、熊明遇、方大任等,及已故陶朗先、杨涟、左光斗、顾大章等家属,行彼处抚按追赃已久,如何不见回报?显属违玩。著移文各省地方官,勒限速解,以助大工。"

给事中郭兴治疏参方震孺,有旨逮问,后竟论斩。

御史张汝懋疏论房可壮,有旨:"著抚按提问追赃。"时邵辅忠得幸,恶房可壮,传逆贤意,悬京堂缺,令御史高弘图论劾,弘图不应,有旨斥去,汝懋遂应募。已票逮问矣,适熹庙偶怒逆贤,遂得免。汝懋疏内有云:"一代之兴,必有一代规模之概。"岂逆贤不轨已露,汝懋有佐命之思乎?不然,"一代之兴",是何言欤?

山西巡抚柯昶、巡按安伸问明张慎言遣戍回奏,奉旨:"张慎言党邪害正,钻差避差,罪难枚举,今以监守自盗,姑依拟永戍。其周宗建赃私,该抚按久不回奏,听其逍遥无忌,成何法纪!缪昌期已经削夺,仍绣衣黄盖,开馆招宾,更见纵肆。即著锦衣卫,著的当官旗,将周宗建、缪昌期扭解来京究问。"

天启初年，贵州巡抚缺，序应属安伸，都察院具题。伸怒，参经历何显宗，谓其庇张慎言而以贵州差陷己，有旨以规避降调。逆贤用事，贿求曹钦程荐起原官。出按山西，即首结其狱，拟慎言永戍，竟刺其臂。

周公宗建任仁和知县，与浙人颇密，选入御史，当事拟例转福建副使。时郭巩新从田间起，其锋甚恶，与忠贤香火情深，人莫敢撄其锋。周公愿击巩自赎，遂连疏攻之。巩卒请告去。后忠贤专政，巩等力修旧怨，故及于祸。

缪公昌期与高邑、应山诸公相善，门户黜陟，与参末议。然抑扬过当，又牵以爱憎，故多不满人意。应山被谴出都，公携盒道旁，款语良久而别，与代草之说相符，忠贤恨之。其疏请告也，小阉传语内阁云："缪昌期放他去罢，省得在此送客。"随奉严谴归里。新抚莅任，公同郡绅进谒，侦事者见之，遂以入告，故及于祸。

苏杭织造太监李实疏参前任应天巡抚周起元及乡绅高攀龙、周顺昌、李应昇、黄尊素。有旨："周起元等俱著锦衣卫差的当官旗扭解来京究问。"诸公先后逮至，俱下镇抚司。各坐赃追比，拷掠惨酷。死狱数日，始有旨领埋，而肌肤毁烂，不可识别矣。

李实龌龊不识字，然非忠贤党。黄尊素时至湖上，不避形迹，与实往来，人遂谓诸君子将以实为张永也。

此语流传都下，忠贤疑之。实司房知其事，大惧，求解于李永贞。永贞代草此疏，司房出实空头本上之。

周公顺昌，吴县人，癸丑进士，筮仕福州府推官。时税监高寀势凌郡邑，晋谒者如抚按礼。公抵任，独不往，寀恨甚。其帐下某者，以他事逆抚军，委周公往捕。同官皆难之，太守劳永嘉约与同见辞其事。公诺之矣，既退，自思一衙役不能擒，何颜称司理？遂谢太守，独往执其人以解抚。寀大怒，趋入辕门，与抚大哄，监司吕纯如为和解之。寀执纯如归署，须周推官至乃释。抚以谓公，公不可，寀卒无如何，以是得强项声。俸满行取，留授礼部，寒素如贫儒，不特干谒屏谢，即交际亦峻拒不纳。至地方利病，又必明目张胆，上说下教，必见之施行然后已，吴中士民无不爱戴之。江南司官缺选，郎中陆荣卿采舆望，以公荐。公既入吏部，饮冰茹檗，较前加励。壬戌署选，预序诸应选人，以次挨授，吏无能上下其手。盖百年所稀见也。给事赵时用揭中有微语相及，即决意乞假。出都之日，真八百孤寒齐下泪矣。归里后，操守更峻，申说利病更勤，士民爱戴亦更切。嘉善魏公大中被逮过吴门，公与周旋，复以季女字其孙，口斥逆贤不稍避忌。缇骑还归，尽以实告。又以他事痛詈新抚毛一鹭及吕纯如，两人比而媒蘖其短，漕储道朱国盛复左右之，于是李实之疏列公名矣。开读之日，一郡罢市，不期而集者数万人，号冤之声,上彻云霄,求抚按特疏保奏。抚按以套语支吾,众拥持不得进。缇骑候久不耐,以刑具列堂下,大呼:"囚安在?"且以巨梃击诸人。众心愤极,即夺巨梃反击缇骑,瞬息间万声鼎沸,虽黄童白叟皆攘臂奋勇。抚按不能禁,与郡邑俱披靡以出。缇骑毙者二人,余皆四下逃窜。而缇骑之至浙逮黄尊素者,挟势需索如故。众复走胥江城,下焚其舟,投其囊于河。缇骑仓皇星散,所赍驾帖遂失,不知所在。时众怒如城,公哀辞谕令解散,众弗应。当事乃匿公别署,扬言候旨始发。而俄以一夕调兵,水陆整旅,护公乘小舟渡关,泊旷野间,乃敢宣诏,从草莽毕事。时忠贤所遣侦事人在吴者,踉跄星驰告曰:"江南反矣!尽杀诸缇骑矣!"次至者曰:"已劫顺昌而竖旗城门,门昼闭矣!"又次至者曰:"已杀都御史,绝粮道而劫粮艘矣!"忠贤闻之大恐,以咎呈秀,跪而数之曰:"若教我尽逮五人,今且激变矣,奈何!"呈秀惶怖叩首请死。忠贤叱之出。李实闻变,亦闭门痛哭,两目尽肿。比中丞疏至,昆山适病悸不能出,贵池当代拟。忠贤至阁,强为厉色,语曰:"上怒甚,必欲尽诛为乱者。"贵池曰:"公误矣!夫京师仰东南漕粟以百万计,今运期在迩,地方有事,正当示以宽大,而复以严旨激之,果有他故,谁任其咎?"忠贤不应而入。涿州意独不然,当拟票时,从贵池手攘去,握笔欲书,而意绪忽茫然,不能措一辞。忠

先拨志始

贤促之迫，贵池复拟旨以进，有"本日解散，姑不深究"之句。迨中丞再疏、三疏至，会贵池以病卒，昆山出视事，复有"漏网渠魁"等语。邵辅忠贻书毛抚："急以文某、姚某入告，少宰虚席以待。"盖指文文肃、姚文毅两公也。毛抚勿为动，止擒颜佩韦、杨念如、周文元、马杰、沈扬五人，具狱斩之。五人当讯鞫，无一语自辩，第曰："周吏部受祸若此，我等小人当为之死，又何言哉！"皆谈笑受刑。周公既下诏狱，忠贤与其党密谋宫中，意更有所罗织。时忽地震，当坐处鸱吻无故自坠，所幸二小珰皆击死，而逆贤得免。俄顷有声如轰雷，从西北起，震撼天地，黑云乘之簸荡，坏民居室数里无存。巨石从空飞注如雨，男妇死者以数万计，驴马鸡犬殆尽。断臂折足、破头抉鼻者，枕藉街衢。又王恭厂藏旧火药发，惊象，象狂走，民人遭践踏，死者更无算。忠贤辈因是咸有戒心。缇骑亦相戒不敢南下。即黄尊素驾帖已失，第行抚按起解，不复差官旗矣。

高公攀龙参崔呈秀，实李公应昇代草。呈秀往高公门，长跪祈哀，适李从内出，呈秀搏颡求援，李勿为礼。呈秀恨之，故李与高俱不免祸。缇骑未至前一日，高公预知之，言笑自若。次早家人觅公不得，案上留遗表一通，书云："臣虽削夺，旧系大臣。大臣辱则国辱，故臣北面稽首，效屈平之遗则。君恩未报，愿结来生。臣高攀龙垂绝谨书。乞使者代奏。"家人急求，得之池中，则已逝矣。水仅濡下体，北面捧心，屹立不动。盖公学问以敬为主，真诚无妄，已臻极诣。故去来之际，解脱无碍云。

李公被逮之日，未开读先，常民一时集者数千人，与苏州不约而同，欲击官旗。知府曾樱再三晓谕抚慰，始得解散。官旗亦颇畏惧，且多方用情，不遗余力云。

六年六月，浙江巡抚潘汝祯首疏请建东厂太监魏忠贤生祠，略曰："东厂魏忠贤心勤体国，念切恤民，鉴此两浙岁遭灾伤，顿蠲茶果铺垫诸费，举百年相沿陋习积弊，一旦厘革。不但机户翻然更生，凡属兹土，莫不途歌巷舞，欣欣相告，戴德无穷。公请建祠，用致祝釐等因。"奉旨："据奏，魏忠贤心勤体国，念切恤民，闵两浙连岁遭伤，革百年相沿铺垫。宜从众请，用建生祠。著即该地方营造，以垂不朽。祠名'永恩'。"巡按刘之待疏同。又新任巡按徐吉疏叙督理各官、织造太监李实捐资置买赡田，以供香火，俱奉谕旨。

此生祠之始，从此效尤成风矣。时内阁昆山顾秉谦、元城黄立极、涿州冯铨。未几，秉谦与铨去位，复点平湖施凤来、晋江张瑞图、高阳李国楫诸人。中惟高阳犹稍能以礼自持云。

先拨志始

司礼监掌印太监王体乾请赐魏忠贤、客氏金印。忠贤印曰"钦赐顾命元臣"。客氏印曰"钦赐奉圣夫人"。各重百余两。

嗟乎！逆阉，一内阁也，外则请建生祠，内则请赐金印。况客以宫妇而亦赐印，无论其不当有，而亦何所用垂诸史册，宁非笑具？请祠、请印，紊乱国制，二人之罪，其容于诛耶！而皆未正厥辜，真千古有遗恨矣！

左都御史周应秋疏称："抚按追赃宜严，杨涟、左光斗，家私巨万，奉有明旨追助大工，迄今尚未清理。况各犯其家不贫，此局亦易结，而迁延时日若此。臣请置循环二簿，远者四月一缴，近者二月一缴，庶无沉阁。"奉旨："这条奏深裨宪纲。杨涟等赃银著刻期奏销。"

嗟乎！应山之居官也，向以廉名，被逮之日，至不能具官旗费。士民置募册于四门，醵金助之。比追赃则家无余赀，房产变尽，合宅栖止城楼。今言家私巨万，狠毒哉！应秋良心丧尽矣，狗彘尚欲食其肉耶！

崔呈秀始因许秉彝转引石元雅以进交逆贤，后逆贤出督殿大工，呈秀迎坐，辄屏人密语。冯铨既得志，遂与呈秀争宠。呈秀潜向逆贤谮之，适冯铨与霍维华、李鲁生伪造三案以锢诸君子，呈秀摘内数语指为暗刺。于是逆贤旧好顿变，冯铨始不能安其位矣。

御史陈朝辅、兵部郎中吴淳夫先后疏参内阁冯铨，并及赵兴邦、曹钦程入幕等事，有旨责其附和。及朝辅再疏，胪列纳贿多款，有旨：“冯铨闲住。赵兴邦、曹钦程为民。”御史袁鲸、刘徽各疏参吏部尚书王绍徽“私昵乔应甲，推毂秦抚，奇贪异秽，骇人听闻”，有旨：“王绍徽著闲住。”壬戌春，绍徽乞真定抚缺于选郎，语甚卑鄙，选郎拒之。逆贤用事，遂投身门下，荐历冢宰。恨同乡之不推毂也，特以应甲抚秦，图欲尽倾杀之。应甲贪婪无耻，物议大沸，绍徽亦以此败。

御史龚萃肃疏请枚卜，并请内外兼用。有旨下部议。李鲁生与李蕃先归南乐之门，次入涿州之幕，后见涿州宠衰，则又与蓟州比焉。孙杰、吴淳夫、霍维华等欲推毂蓟州入相，卢承钦、李灿然、王业浩、刘徽等合谋攻去涿州，令陈朝辅先发，吴淳夫继之。及涿州既去，复以王绍徽在位，无由登枚卜启事，于是袁鲸、刘徽各出疏参绍徽。又虞朝论以外廷枚卜为疑，龚萃肃又出疏以坚之。绍徽廉其状，遂于辩疏中发其谋，曰“有所推毂，则必有所摧折”者，此也。众惧逆贤知之，寝其事。王业浩闭门不出，袁鲸抗疏自明，自是，鲁生等遂与孙、霍分途矣。后呈秀以业浩闭门不出，疑其翻局，以他事斥逐为民。

兵部尚书王永光因王恭厂之变疏陈时事，语颇剀切，忤逆贤意。奉严旨，遂引疾回籍。

吏部尚书周应秋，由御史推升者也。素极贪秽，及为冢宰，秤官索价，每日勒足万金。都门有"周日万"之号。手复狠辣，凡门户中纠本参及者，辄借推升题补，以供诛求，遂至削夺无虚日。

兵部尚书崔呈秀母死，有旨："夺情视事，不准守制。"礼部尚书来宗道题复恤典，直曰"在天之灵"。奏文书时，读至此，熹庙艴然变色，用御笔圈出此四字。从来祖制，凡任本兵者，亲族俱不许掌管兵事，其法甚严。呈秀竟用弟崔凝秀为浙江总兵，不特大干祖制，亦显著无将之心矣。

南京吏部虞大复，应秋婿也，致书应秋云："挟泰山以超北，在婿固不敢厚望；入宝山而空回，想岳亦不能忘情也。"盛为时所传颂。虞后升江西提学副使。

顺天府丞刘志选疏参王之宷、孙慎行。有旨："王之宷，抚按提解来京究问。孙慎行，抚按另拟遣戍。"

应天巡抚毛一鹭问明毛士龙等招豁具奏。奉旨："毛士龙著发边卫充军，金妻著伍。"士龙既遣戍甘州，以一婢自随。后复有旨逮问。士龙先期远遁，其婢反以地方官戕杀为辞，被发称冤。地方无如之何，仅以广捕行缉立案。至崇祯御极，始自投刑部云。

六年八月，熹庙幸西苑，与小阉泛舟为戏。适在水最深处，忽风起覆舟，熹庙与二小阉俱覆水中，幸而获救。二小阉皆溺死。御体由是成疾。

给事中陈维新疏参王允成，荐张我续。有旨："王允成抚按提问追赃。张我续候缺起用。"我续有妾百余，内有逆贤侄女，素以丑恶见憎，至是尊重之，驾于嫡上。携三万金为贽，称侄婿叩头，逆贤喜，令以五千金助殿工，为起用地。陈维新知之，即为揭荐。

刑部尚书徐兆魁奏辩："厂疏备述李柱明、李承恩用贿求刘铎、方震孺居间，恳御史温国奇求宽，已实不知；而司官不法，致衙役群抢李承恩之家，皆率属不严之过。宜提问各役正罪。"奉旨："徐兆魁纵容司官吏书受贿卖法，全不知愧，强辞饰辩。温国奇执法台臣，反为重犯求宽。都著闲住。刘铎犯罪得释，今又代人居间行贿，明设骗局。著提问。方震孺追赃未完，复增一案，罪上加罪。司官翟师偃枉法受赃，本当杖处，姑削籍为民。"刘铎素与魏良卿善，铎前以妖书被逮，审系欧阳晖所作，仍以原官候补。良卿偶密叩铎曰："当日官旗，公费几何？"铎曰："三千金耳。"良卿戒旗校还之，遂为旗校所衔，逻其在狱居间一事，东厂疏参，复逮。会其妾以铎得释，醮谢神祇，家人有怨铎者，以

先拨志始

诅咒出首，锦衣张体乾即具疏以闻。尚书薛贞新任，拟方震孺加绞罪一等，斩；刘铎诅咒重臣，决不待时。疏入，允之。司官高默等不遵堂批，卖法徇情，俱降三级调任。

李承恩者，戚畹也，有园亭一所，为京师冠。逆贤意欲得之，托所私谕意，承恩不应。逆贤怒，令李之家人首其违禁数事，捕承恩于狱。王体乾奉旨执审，特重答承恩五十，以博逆贤一笑。

高默同事汤本沛者，亦吴县人也，为知县三月，以贪酷致激民变，考察降五级。馈四百金于昆山，补上林典簿，拜倪文焕为父，引见崔呈秀。所以刺讦同乡者，不遗余力。周忠介之祸，实为下石。一日，呈秀欲引本沛见逆贤，同乡前辈必无幸矣，忽中风嘴歪，不果见，随以刘铎事降调。宁非数耶？

镇抚司许显纯具题缉访事。有旨："据韩三口供，奸辅韩爌受过赃银二千六百两，著抚按追解，勒限速完。"韩三之狱，乃杨维垣构成也。贿案牵陷蒲州，蓟州等复从中主之。王体乾、李永贞等先宣言世庙时有夏文愍故事，逆贤已有成心。幸韩三至死不肯妄招，许显纯亦不能代砌捏奏也。

杨维垣为座师徐绍吉争户部侍郎缺，触南乐之怒，曾向逆贤谮之，故终逆贤之世，效力甚至而官不显。

东胜左卫人武长春者，以骑射称雄，标银南下，必借重护行,沿途劫掠,亦所不免。群臣合计,令东厂密擒之,指为建州奸细。于是敕旨褒美,内外赞颂,特封逆贤侄魏良卿为肃宁伯,赐铁券世袭。群臣犹以为未足,复晋封肃宁侯。时逆贤威权日盛,群臣献媚争奇,于是倡为封拜之策云。

给事中李鲁生疏参徽州知府石万程。有旨:"削籍为民。"乙丑探花吴孔嘉,徽州人也,素与族人吴养春、吴怀贤有仇。二人以富甲江南,所为多不法,孔嘉令人诣厂首其事。二人俱被逮,拷死诏狱,家产籍官。工部主事吕下问、中书许志吉营谋其差,抵徽遍地行索,遂激成民变。万程挂冠长往,故鲁生特疏纠之。

十月上谕内阁:"朕昔在青宫,闻皇祖年间有逆犯皦生光捏造妖书,谋危社稷,离间皇祖,诬害大臣。朕深痛恨切齿。自朕冲龄践祚之际,值东林邪党盈朝,或陷朕孝德不光,或弃祖宗封疆不顾。幸荷上天默佑,宝玺呈祥,牖朕憬然,群奸败露。其元恶大憝,虽复芟除,而胁从宵壬,不无漏网。前已屡屡特谕,开晓再三,欲令革面易心,咸与更始。不谓法纪凌替之后,人心迷锢已深,乃尚有等未尽奸徒,怙恶不悛,密弄线索。或巧布流言蜚语,或写匿名文书,害正党邪,淆乱视听。卿等可传示厂卫、都察院、五城巡视缉捕衙门,广布军番,严加察访。如有前项奸徒,仍蹈前愆,确有的据,即先将正身拿住具奏。细细研审,必要穷究到底，根究造谋主使之人，明正典刑，以息邪说，昭朕一代平明之治。"

顺天府丞刘志选疏参都督张国纪"罪状罄竹难书"，内訾"丹山之穴，蓝田之种"，指斥中宫。末复云："肘腋重臣，殚忠弼亮，协赞中兴，今闻有伏莽之奸，藏头露尾，投间抵隙，思为一网打尽之计。伏望天语丁宁缉事衙门，严拿究治。"

御史梁梦环亦疏参张国纪，罪状即引刘志选"丹山之穴，蓝田之种"等语以倾动中宫。有旨："张国纪著革去爵禄，回籍省愆。"

中宫懿安张后，系秉笔刘克敬所选。懿安性鲠直，数于熹庙前以颠倒旧章为言，盖暗指客、魏也。客、魏恨之。时有匿名榜揭于后宰门，屏列逆贤反状，并斥逆贤佐命七十余人。逆贤怒，疑懿安父张国纪及被逮诸人为之。孙杰、邵辅忠等欲因此兴大狱，尽杀林下疑似诸人，而诬国纪以摇动中宫，事成，则以魏良卿女进。刘志选侦知之，首上疏以参国纪，梁梦环遂继之，祸且叵测。李国𣚴力救，悚同官共辅，得免。然忠贤犹迁怒克敬，并其照管老阉马鉴俱降发凤阳，缢杀之。俱既敛复苏，众人俱闻棺中急迫有声，而畏逆贤虐焰，遂埋之。至崇祯御极，始听归改葬焉。

丙寅秋，宁远被围急。兵备袁崇焕固守不下，逾月，围始解。内外文武大吏咸归功逆贤，金曰："仰赖厂臣挥授方略，克奏肤功。不有殊典，曷酬大勋！"吏部周应秋等，翰林杨景辰等，太常寺卿林宗载等，给事中吴弘业等，御史安伸等，南京吏部尚书王在晋等，俱具疏颂逆贤功德。或合辞，或单奏，揄扬铺张，欢呼舞蹈。旨亦应之如响。于是复晋魏良卿为宁国公，魏良栋为东安侯（时良栋止四岁），魏鹏翼为平安伯（时鹏翼止三岁）。大小九卿科道等官各加宫保、尚书、都御史、太常、太仆等衔，荫锦衣者几千。止升袁崇焕为右佥都御史，巡抚宁远地方。崇焕以赏薄觖望，次年建祠矣，靳赏如故，乃引疾回籍。

七年二月，应天巡抚毛一鹭疏请为厂臣建祠虎丘，又太监李实疏请照江西例，地方官春秋祭享。

蓟辽总督阎鸣泰疏为厂臣建祠蓟州，又疏请祠额，内云："人心之依归，即天心之向顺。恭照厂臣魏忠贤安内攘外，举贤任能，捐金损俸，恤军恤民。非但学识纲常之际，独萃其全；且于兵农礼乐之司，共济其盛。治平绩著，覆载量宏。亟请祠名，用志功德。"有旨褒美，祠名"广恩"。顺天巡抚刘诏，巡抚倪文焕、梁梦环疏同。

> 鸣泰铺张功德，足示拥戴矣，'人心依归，天心向顺'，尸祝之疏，几作劝进之笺。像安得不冕旒，礼安得不五拜三叩头也？照曰"恭照"，心不

先拨志始

胜诛矣！

蓟州生祠成，迎逆贤喜容至。巡抚刘诏行五拜三叩头礼。兵备副使耿如杞，见其像垂旒执笏，恶之，长揖不拜。刘诏遂参如杞，立遣缇骑逮下诏狱，打问追赃，送刑部拟罪。时尚书薛贞坐以大辟，论斩。

嗟乎！如杞以谄媚成风之日，独能挺立不阿，冰霜之操自足流芳千古。而薛贞以其见逆贤像揖而不拜，遂论大辟，忍心若此，与禽兽之何异焉！

蓟辽总督阎鸣泰疏请为厂臣建祠密云、昌平、通州、涿州、河间、保定，并请祠额。有旨："密云祠名'崇德'，昌平'崇仁'，通州'章德'，涿州'弘爱'，河间'仰德'，保定'旌功'。"时刘诏、倪文焕、梁梦环、卓迈、张凤翼、卢承钦等疏同。

宁远巡抚袁崇焕请为厂臣建祠，并请祠额。有旨，祠名"德芳"。总督阎鸣泰、巡关梁梦环疏同。

天津巡抚黄运泰请为厂臣建祠，并请祠额。有旨，祠名"威仁"。总督阎鸣泰、巡抚卓迈疏同。提学御史李蕃疏请守祠官。时黄运泰迎逆贤喜容于郊，五拜三叩头。乘马前导，如迎诏仪。及像至祠所安置讫，运泰列拜丹墀，率文武诸官俱五拜三叩头。运泰复至像前万福，口称："某名，某年，某事，蒙九千岁扶植。"叩头谢，又"某年月，蒙九千岁升拔"，又叩头谢。致辞毕，就班，仍五拜三叩头。旁观者皆汗下浃踵，运泰扬扬甚得意也，宁抚秦士文、晋抚牟志夔亦至像前跪称"上公公万福"，五拜三叩头，各备极丑态云。

宣大总督张晓疏请为厂臣建祠，并请祠额。有旨，祠名"隆勋"。宣府巡抚秦士文，宣大巡按汪裕、张素养疏同。

中书郭希禹疏请将自所置山地二百亩谨捐，以祝厂臣乔松之寿。

大同新任巡抚张翼明疏请为厂臣建坊。有旨："宣镇、赤城共请坊额以示华夏，著与做'一代宗功'。"

> 大同祠成，上梁之日，王点托病不出，急逐之而用张翼明。翼明至，无可献媚，乃请建坊。愈奇而愈下矣。

山西巡抚曹尔桢疏请为厂臣建祠五台。有旨，祠名"报功"。总督张晓、巡按刘弘光疏同。

登莱巡抚李嵩请为厂臣建祠。有旨："准于府城、水城各建生祠，以慰远人感德之诚。宁海县祠名'景仁'，蓬莱阁祠名'留敬'。"山东巡抚李精白疏同。

延绥巡抚朱童蒙疏请为厂臣建祠。有旨，祠名"祝恩"。三边总督史永安、陕西巡抚庄谦疏同。

督理三山工部郎中何宗圣疏请为厂臣建祠房山。有旨，祠名"显德"。又疏称房山知县杨济芳愿捐俸银一百两，士民高宁等愿捐银二百两，置买香火地，附祠以表崇报。

上林苑乡官庶吉士李若琳等疏请为厂臣建祠。有旨，祠名"广仁"。

督理卢沟桥务工部郎中曾国祯疏请为厂臣建祠。有旨，祠名"隆仁"。

巡视五城御史黄宪卿、王大年、汪若极、张枢、智铤公疏请为厂臣建祠宣武门外。有旨俞允。

顺天府尹李春茂疏请为厂臣建祠宣武门内，并请御制碑文，以便营造。乡官通政司经历孙如洌疏同。祠名"茂勋"。

上林苑监丞张永祚疏请为厂臣建祠、建坊。有旨，良牧署祠名"存仁"。坊名"功高册府"；嘉蔬署祠名"洽恩"，坊名"洪恩流芳"；林衡署祠名"永爱"，坊名"一代元勋"。

提学御史李蕃疏请为厂臣建祠永安门。有旨嘉允。时李蕃在逆贤门下与李鲁生、周昌晋称为三杰。蕃提挈大纲，发纵指示而已；昌晋论人，语多暗刺，不甚指斥姓名；鲁生则胸饶鳞甲，笔森戈戟，遭者无不立碎。时为之语曰："一周二李，其权无比。"后昌晋持斧出，易以刘徽。改语曰："二李一刘,其权莫侔。"横行一时如此。

内阁李永贞者,时最用事,家在通州富河庄,李蕃特制扁额送至其第。永贞坚拒不纳,合邑称之。

五月,国子监生员陆万龄疏略曰:"臣闻纵横之世,杨墨充塞,圣道榛芜,子舆氏起而辟之,廓如也。故万世谓孟子之功不在禹下,至今千秋庙貌,比隆尼山。我朝历圣相继,圣道昭明。不意显皇帝中年,东林始盛,自立旗帜,欲钓高名,忍捏浮词,污蔑君父,诬先帝为不得令终,陷陛下为不能善始。罪恶滔天,圣学坠地。此孔笔之所必诛,孟舌之所不赦也。恭遇申岳毓灵,尼山吐气,笃生圣辅督厂魏忠贤,提不世之贞心,佐一朝之乾断。披丹开导,首劝銮舆视学;竭力匡襄,立补累朝缺典。而且清军实以壮国威,捐逋税以醒民困。宸居递建而九赋无增,藩邸同封而四方不扰。其最有功于世道人心,为圣门攸赖者,芟除奸党,保全善类。自元凶就系,而天下翕然称明,此即厂臣之诛少正卯也;自《要典》昭垂,而天下翕然称明,此即厂臣之笔削《春秋》也。朝廷之上,昔为魍魉纠结之区,今日何由开朗?孔孟之门,昔为邪慝冒借之窟,今日何由清明?是厂臣驱蔓延之邪党,复重光之圣学,其功不在孟子下。臣等涵濡厂臣之教,佩服厂臣之训,念帝都为起化之地,国学为首善之区,伏愿于监西敕建厂臣生祠,后楹即祀宁国先公，与启圣先圣之祀，同举并行。更愿皇上制碑文一道，勒石显扬。"奉旨："自东林邪人聚徒簧鼓，淆乱国是，构衅宫帏，朕甚恨之。赖厂臣独持正议，匡挽颓风。一时门户之奸，若镜照胆；两朝仁孝之美，如日中天。功在世道，甚非渺小。至于安内攘外，剔蠹除奸，免税捐逋，扶良抑暴，衿弁之徒得以帖席缓带，家诵户弦，皆厂臣恩德所被。太学诸生请于国学建祠祝釐，具见彝好。即著鸠工举行。"

五军都督府锦衣卫等衙门，公、侯、伯、驸马等官博平侯郭振明等公疏，略曰："神宗末造，奸人标榜为邪，是非蚀，赏罚暗。遂至纲纪日淆，内外蜂起，边疆失守，顿陷全辽。乃社稷有灵，笃生厂臣，独受遗命，一秉忠贞。但知有皇上，不知有群臣；但知有社稷，不知有富贵；但知有祖宗之法度，不知有奸壬之把持。故《三朝要典》，一旦焕然。此厂臣肯堂肯构之元功也。至若邪奸逐而是非明，巨憝儳而赏罚肃，秽经决而阃外之盗臣丧胆，秽部逮而内外之贪墨寒心，擒武长春而敌人之计败露，宗社奠安。在皇上崇德报功，自有凌烟之像、云台之图。臣等戚臣也，衣租食税，歌咏太平，宁敢忘厂臣奠鼎之功？各愿捐赀建祠，乞赐额名，以垂永久。"奉旨："这本所奏，厂臣志存报国，功在奠鼎，斥邪以正墨，剔蠹以去奸，擒间谍而隐忧消，备军储而边威振，笲联属国，气慑外邦，其种种劳绩，朕所素鉴。所请建祠致祝，允协舆情，如议行，祠名与做'德芳'。"

保定侯梁世勋疏请为厂臣建祠，并请祠额。祠名"著爱"。武清侯李诚铭疏请为厂臣建祠，并请祠额。祠名"鸿勋"。灵璧侯汤国祚、襄城伯李守锜各疏请捐赀，附祠共祝。

山东巡抚李精白疏请为厂臣建祠，内云："厂臣仁威弹压乎山川，瀸泽渗漉乎中外。尧天之巍荡，帝德难名，时雨之沾濡，元勋丕著。"有旨，祠名"隆禧"。河道总督李从心、登莱巡抚李嵩、山东巡按黄宪卿疏同。又有旨，祠名"湛恩"。一祠二额，于是议两殿公悬，抚前而按后。李精白先以麒麟归瑞，具疏奏闻，即裹送其第，至是请祠请额，极力揄扬。黄宪卿在京已一再建矣，抵任复疏继请。上梁之日，二臣俱亲诣展拜，拟柱联云："至圣至神，中乾坤而立极；乃文乃武，同日月以长明。"精白以"多福多寿"易"乃文乃武"四字，盖惟恐颂祷之未至也。济南巡道副使梁廷栋届期竟不至祠所。内阉李明道至河干，部道俱手板堂参，廷栋以客礼谒于舟次。李阉送不登岸，廷栋竟行不顾，归即坚请终养云。

河南巡抚郭增光、巡按鲍奇谟各疏请为厂臣建祠。祠赐名"戴德"。此祠毁民房二千余间，起建宫殿九重，宏丽为古今所无。建标祠所，直书大工，见者骇

先拨志始

叹。盖大梁守道周锵、祥符知县李寓庸为之也。

嗟乎！如朱童蒙建祠僭用琉璃瓦，毫无避忌。阎鸣泰公然称"人心归依，天心向顺"，李精白公然称"尧天巍荡，帝德难名"。夫逆贤而尧天帝德矣，将置熹庙于何地邪！故逆贤虽未必有不轨之心，而奸党已显著拥戴之形矣。

总督漕运太监崔文昇、凤阳巡抚郭尚友、巡按宋祯汉、巡漕何早、巡盐许其孝公疏："据漕储等道朱国盛等、工部等官顾民暠等、知府刘应召等、知州沈起津等、知县刘芳达等合词请建厂臣生祠。"有旨，祠名"瞻德"。

提督临清工部侍郎吴淳夫疏请为厂臣建祠。祠名"萃德"。东昌知府王尧民收进建祠募疏不发，淳夫遂参尧民。

长芦巡盐龚萃肃疏请为厂臣建祠。祠名"留恩"。时抚按建祠，已著萃肃名矣，萃肃曰："同众，乌见葵忱！"遂具疏独建，铺张称颂，词极斐亹，曲尽谄谀之私。

嗟乎！萃肃既有内外兼用之疏以媚崔呈秀，今复独任此举，媚骨一副，到处顶尖出色！

湖广巡抚姚宗文疏请建祠。祠名"隆仁"。郧阳抚治梁应泽、按温皋谟疏同。时应泽复欲建祠于郧阳，荆南道蔡善继不肯申详。迫之至再，善继以挂冠争之。应泽参善继疏出矣，忽闻熹庙晏驾，追回。

楚王华奎疏请捐金一千两，助建祝釐。有旨嘉允。

嗟乎！方城汉水，作帝屏藩。逆贤虽焰，何德之感，何威之劫，独有此举！岂往日之惊魂尚未定欤？

河东巡盐李灿然疏请为厂臣建祠。祠名"襃勋"。山西巡抚牟志夔、巡按刘弘光疏同。

淮扬巡盐许其孝疏请为厂臣建祠。祠名"瞻恩"。总漕巡抚郭尚文、巡按宋祯汉疏同。此祠上梁之日，熹庙哀诏已颁，其孝等哭临毕，仍脱衰绖易吉服，相率往拜，还复易服哭临。旁观者咸为咋舌云。

三边总督史永安疏请为厂臣建祠。祠名"懋懿"。陕西巡抚胡廷晏、巡按庄谦疏同。

各省申详建造逆祠司道府等官：江、浙、山、陕、楚、豫七省布按两司等王道元等，密云兵备道张维世，昌平兵备道张福臻，泰州兵备道王化行，霸州兵备道宁三翰，宣府兵备道张宗衡，宣府粮储户部王珍，河东兵备道苏进，榆州兵备道杨嗣修，延绥粮储户部夏如亨，砖厂工部周延，长芦运同孙凤翔，淮扬运同沈侍卿，河间知府王建泰，庐州知府刘应召，登州知府王廷试，大同知府李树初，无为知州沈起津，合肥知县刘芳达，登州乡官左之宜。

总计建祠共四十所。作俑者，潘汝桢也。疏请祠名者，阎鸣泰也。称功颂德、扬诩赞叹者，亦骈语相答。四明之派，其品定于此矣。疏与旨不全录者，不胜录也。录陆万龄疏者，侮先圣而毁名贤，人之无良，一至于此也。独是诸臣既为逆贤也，人自不敢不为逆贤也。用至楚藩之捐助，勋戚之建祠，独何心乎？盖与国同休戚，即使改唐为周，革汉而莽，尚赖朱虚之诛诸吕，太尉之入北军，今乃齐心拥戴，罔念国恩。呜呼！其肉岂足食乎！至郭振明，俨然陆万龄后劲矣，生何以觍颜称世爵，死何以对二祖列宗也！定逆案时，竟不及之。而史永安、梁梦泽、张凤翼公然漏网，守正之蔡善继等，亦无格外之旌。呜呼，蒲州诸公不得辞其责矣！

礼部题请应天乡试主考。有旨："陈具庆、张士范，俱著升翰林院侍讲云。"旧例：两京乡试，俱用宫坊莅事。逆贤抑左庶子孔贞运、何吾驺等，而特简陈具庆、张士范主应天试，徐时泰、孙之獬主顺天乡试，俱从编、简超升侍讲，真创见也。顺天中式崔呈秀子崔铎，应天中式周应秋子周录，后皆以廷臣论劾褫革。崔铎本房，中书林萃芳，周录本房，江阴知县岑之豹。是时主试者，无不极力献谀。浙江主考陈盟《论》题："巍巍乎惟天为大，惟尧则之。"《孟》题："文王以民力为台为沼，而民欢乐之，谓其台曰灵台，谓其沼曰灵沼。"盖西湖逆祠甫落成也。应天拟题，有拟"此谓惟仁人为能爱人能恶人"者，张士范矫手顿足，叹为绝妙，得未曾有。同考武进知县岳凌霄抗众对曰："今日之事，上固不可得罪于朝廷，下亦不可遗讥于清议。这'能恶人'三字，也觉忒伤天地之和！"张面赤不能应，陈具庆以冷语解之。张次题仍出"见而民莫不敬，言而民莫不信，行而民莫不说，是以声名洋溢乎中国，施及蛮貊"。湖广李明睿录叙，备列诸阉姓名。江西主考倪元璐《孟》题出"皓皓乎不可尚已"。时方拟逆贤于先圣，建祠国学，司业朱之俊揭示通衢云："上公之功，在禹之下，孟子之上。"故倪公以此暗驳之。三场策问有云："强毅养外，病攻其内，今如见标病，不急亦已矣。倘亦曰内食实甚，则当有厉从之者。救焚追亡，纡步岂足贵乎？"又曰："天下之变生于猝，而计立于豫，自命之士，智略辐辏，其意乃欲仰射天狼而豕奔肘下，顾愕眙反走，此可叹也！"复引王文成备宸濠等语曰："学者牖户之谋，参于性命，岂必鹅湖所废讲哉！"使逆贤不败，则倪、岳二公祸不测矣。

兵部右侍郎霍维华疏称："袁崇焕有升无荫，功高赏薄，乞以己荫让崇焕，以昭公道。"末点崇焕谈款之误。有旨切责。

六年秋，熹庙受溺成病，至七年夏，加剧。遍走群望，有加无瘳。霍维华闻之，进献仙方灵露饮。其法取上号大米淘净，用甑蒸熟，内放银瓶蒸吸其汁，饮之。熹庙初服颇觉甘美，久之传谕不用，而圣躬日渐浮肿，医药罔效。逆贤大愠，诮责维华。维华知不可收拾，遂故作相左之态，因袁崇焕请告，急出此疏。初，维华以崔呈秀、吴淳夫荐起用，其妾有为逆贤甥孙者，刺因称"愚甥孙婿"，海内笑之。持公封，让子荫，知凶局将败，眼明手快，故为异同也。

礼部题请国子监秋祭，有旨著宁国公魏良卿行礼，国学丁祭，例遣相公代奠。丁卯八月，礼部来宗道献谀，题魏良卿往。行祭之顷，怪风暴起，殿上灯烛尽灭。良卿惊悸仆地，久之始能出声。未几，即有骈斩之祸。

七年八月二十六日，熹庙崩于懋勤殿，弥留不发。逆党献计，欲令宫妃假称有娠，而窃魏良卿子以入，忠贤辅之，如新莽之于孺子婴也。忠贤纳其说，令人婉讽懿安皇后。懿安力拒不可，曰："从命亦死，不从命亦死，等死耳。不从命而死，可以见二祖列宗在天之灵。"忠贤无以难之,乃承命召皇弟信王。信王既入宫,深戒济阳之覆辙,复切南坡之异谋,乃屡赐温词,曲加慰劳。忠贤等心乃安。

皇弟信王即皇帝位,大赦天下,改元崇祯。大行皇帝谥曰哲皇帝,庙号熹宗。初,礼部拟僖宗成皇帝,御笔改僖为熹,改成为哲。

新任南京通政使杨所修疏参崔呈秀夺情、周应秋贪墨。吏科都给事中陈尔翼疏言:"圣主当阳,众正布列,而东林遗孽,潜伏长安,希图翻局。乞敕下厂卫衙门严行缉拿。"云云。

杨所修由给事升仆少,亦彼党头目也。推为南京通政,心甚不悦,知局必败,因与同党陈尔翼、李蕃等谋,思将累年恶业尽卸之崔呈秀,而参去之以自解。又以周应秋在铨,贪秽无耻,议并除去,以孙杰代之,仍转所修于北,然后纠合众力,共持残局。故所修先发,陈继之,李又继之。所修疏上,内微点崔呈秀,后入应秋。呈秀闻其谋,至都察院骂李蕃,蕃不敢动,又指孙杰骂之曰:"尔身从何得?尔官从何得?乃大家相图如此!"杰惶恐不能对。呈秀因以清查经管钱粮挟杰,且曰:"必令尔翼出驳所修,差可恕耳。"杰唯唯。呈秀始去。次日,尔翼缉拿东林遗孽之疏出矣。

江西巡抚杨邦宪疏"厂臣功德巍巍"事,奉旨:"已有旨了。"邦宪疏进,上且阅且笑,又不发票。忠贤觇知之，急出疏辞免，曰"微臣久抱建祠之愧事"，奉旨："建祠祝釐，自是舆论之公，厂臣有功不居，更见劳谦之美，准辞免，以成雅志。"

广西巡抚王尊德疏请建祠，右通政吕图南急付还来役，泯于无形。后尊德遂以未尝建祠，称守正不阿，升两广总督。

十月，御史杨维垣疏劾崔呈秀。

徐大化，浙产也，占居京师，倡封疆之议，以杀杨、左得魏忠贤之欢心。由三次考察部郎，不二年躐跻尚书，夤缘督理大工，克减钱粮无算，后受铜商厚贿，挪借惜薪司内库银二十万。掌司太监程呈芬妒其专利，力诋于忠贤，勒令闲住。至是，睹珰局将败，与表侄杨维垣密谋，令参呈秀以为翻身地。疏中虽劾呈秀，犹曲护忠贤。内云："厂臣公而呈秀私，厂臣忠而呈秀邪，厂臣犹知为国为民，呈秀但知贪钱坏法。"等语。有旨："奏内夺情事，先帝念殿工未竣，屡旨自明，不得苛求。"

工部主事陆澄源疏论魏忠贤、崔呈秀，略曰："忠贤服事先帝，赞筹边务，拮据大工，亦人臣分内事，何至宠逾开国，爵列三等！先帝圣不自圣，每诏旨批答，必归功厂臣。外廷奏疏，不敢明书忠贤姓名，尽废君前臣名之理。甚至祝釐遍于海内，誉之以皋夔，尊之以周孔。且当时之皋夔周孔，亦未尝有是赞美。惟汉代王莽，称功颂德者至四十八万八千余人。忠贤诚贤，必不屑与之合辙。至若崔呈秀，贪淫奸恶，罄竹难书，台臣第举其涯末耳。即夺情一事，在先帝时，曰大工未竟也，今大工竟矣，尚复窃据本兵，意欲何为耶？"有旨："陆澄源新进小臣，如何出位妄言！姑不究。"呈秀随出疏请罢，有旨："准回籍守制。"

兵部主事钱元悫疏劾魏忠贤，略曰："崔呈秀灭伦绝义，伤败名教，皇上大奋乾纲，锄而去之。臣窃谓忠贤尚在，根源未净，祸机终伏也。皇上倘念忠贤事先帝微劳，贷以不死，亦宜勒归私第，散死士，输蓄藏，使内廷无厝火之忧，外廷无尾大之虑。彼魏良卿辈，速令解组褫绅，长为农夫以没世。即以彰皇上浩荡之恩，而为忠贤自全之策矣。"有旨："钱元悫小臣，如何又来多言！姑不究。"

嘉兴贡生钱嘉徵疏劾魏忠贤，略曰："窃见权奸肘腋，道路寒心，如魏忠贤者，可一日逭四凶之诛，缓魑魅之投哉！谨列其十大罪：一曰并帝，二曰蔑后，三曰弄兵，四曰无君，五曰无圣，六曰克剥藩封，七曰滥爵，八曰朘民，九曰掩边功，十曰通关节，伏乞圣上独断于心，敕下法司，将魏忠贤明正典刑，以雪天下之愤，彰正始之治。"有旨："魏忠贤事体，朕心自有独断。青衿书生，不谙规矩。姑饶这遭。"

户部员外王守履疏奸臣罪状等事，奉旨："这所奏，崔呈秀罪状明悉，著先行削了职为民，追夺诰命，俟会勘定夺。陈尔翼三疏自相矛盾，是非反复，著冠带闲住。"

东厂太监魏忠贤疏奏患病不能供职事，奉旨："魏忠贤准私家调理。"随谕王体乾掌东厂印，高时明掌司礼监印。

太监徐应元疏奏君恩愈深等事，有旨："徐应元准私家调理。"应元为信邸承奉，忠贤党也，以从龙升司礼秉笔。忠贤既出，应元力任善后之托。上因其告病，即准休致。后谪凤阳。

上御内教场阅操，操毕，令诸武阉俱赴兵部领赏。诸武阉既尽出，传谕：内丁著各散归私宅，不许复入。而肘腋隐忧，消于俄顷。次日早朝，谕宁国公魏良卿降指挥使，东安侯魏良栋降指挥同知，安平伯魏鹏翼降指挥佥事。

十一月，降魏忠贤净军，发往凤阳，犹随从甚众。上谕兵部："逆恶魏忠贤擅窃国柄，蠹盗内帑，枉陷忠直，草菅多命。本当肆市以雪众冤，姑从轻降发凤阳。乃巨恶不思自改，辄将素蓄亡命之徒，身带凶刃，不胜其数，环拥随护，势若叛然。朕心甚恶。著锦衣卫即差的当官旗前去扭解，押赴彼处，交割明白。所有跟随群奸，著该抚按官即行擒拿具奏。若有疏虞，责有攸归。尔兵部马上差官，星速传示。"时忠贤与腹珰李朝钦行至阜城投宿次。严旨既下，朝钦先知之，密告忠贤，俾自为计。从众立刻星散。忠贤自度不能免，取酒与朝钦痛饮，至四鼓，俱缢于旅店。崇祯元年二月，顺天巡按卓迈等奉旨将忠贤磔之，枭首河间府西门。

客氏于九月告归私家，十月奉旨籍没，步赴浣衣局收管。十一月，命乾清宫牌子赵本岐临局笞死，尸发净乐堂焚化。其子侯国兴与魏良卿同日弃市；其弟客光先与婿杨六奇发烟瘴地面充军。

李永贞者，忠贤名下最用事。忠贤既退，永贞即辞归私家，与名下丁绍吕等密谋，拥戴徐应元。应元南谪，复与绍吕馈王体乾、王永祚、王文政各银五万两。三阉俱献进御前。后降净军，承天安置。次年以李实空本系永贞填写，有旨逮问，法司拟决不待时，即正法焉。

崔呈秀闻忠贤之讣，随即自缢。法司拟交结近侍官员律，斩其子崔铎。弟崔凝秀，与魏志德、魏希圣、魏希孔、魏希孟、魏抚民、杨文昌、杨允昌、董芳名、冯继光、傅之琮、杨昌祚、王禄、萧惟忠俱拟烟瘴地面充军。其魏良栋，冒封东安侯，年仅四岁；魏鹏翼，冒封安平伯，年仅三岁；冒袭锦衣崔镗年仅七岁，崔钥年仅三岁。有旨："崔呈秀于蓟州斩首示众。魏志德等俱发烟瘴地面，永远充军。魏良栋等既孩童无知，准释放，以彰朝廷法外之仁。"

先拨志始

廷臣追论忠贤之党，都察院司务许九皋疏参田尔耕、李实、涂文辅。有旨："田尔耕先行削了籍为民，其家产及各处店铺著抚按即时封固，尽数籍没，以充边饷。李实著降做奉御，发南京新房闲住。涂文辅著降做小火者，发凤阳司香。"

给事中李觉斯疏参忠贤十孩儿、五虎、五彪。有旨："著三法司会议具奏。"五虎谓吴淳夫、李夔龙、田吉、倪文焕、孙杰，移天换日者遂以已死之崔呈秀易去孙杰，苟且塞责。五彪谓田尔耕、许显纯、崔应元、杨寰、孙云鹤。时刑部尚书苏茂相、左都御史曹思诚、大理寺署印少卿姚士慎皆珰孽也，曲加护持，引职官受财枉法律，发附近卫所充军终身。倪文焕追赃五千两，吴淳夫三千，李夔龙、田吉各一千两，解助边饷。田尔耕、许显纯引职官故勘平人因而致死律，监候处决。崔应元、杨寰、孙云鹤引刑官不论情轻重辄用惨刻刑具律，发边卫充军。谳上，舆论不平之甚。刘志选、梁梦环、薛贞，皆相继论列就逮，而内外蒙徇，起解无期。给事中曹师稷因昌言："虎、彪为逆珰腹心，同恶相济，按以交结之律，宁有首从之殊？乃牵引寻常贪酷职官例律，巧为诸奸出脱，且监候必于原籍，充军必于附近。物议沸腾，岂曰无因？今刘志选、梁梦环、李永贞并奉旨提问矣，窃恐法司复祖前人故智，以护虎、彪者护诸奸也。"御史吴焕亦疏言："昔年被祸诸臣，朝闻命而夕就征，至不敢入与妻子诀。今虎、彪诸奸，虽屡奉明旨，而诏书挂壁，任意优游。如刘志选、梁梦环、曹钦程辈，皆大憝巨奸，或燕处于园亭，或潜藏于京邸，奥援有灵，朝廷无法。薛贞以庙堂执法之官，为珰党行刑之手，公然抗疏陈辩。"云。

考选命下，新资科道弹击珰党无虚日。于是珰辅黄立极、施凤来、张瑞图，珰家周应秋，及珰所拔用九列郭允厚、房壮丽、孙杰、来宗道、陈九畴、吕纯如、阮大铖等，咸次第斥逐回籍。

上既处逆贤，即欲定逆案。阁部仅以四五十人列案以请，上怒其不称，谕以谀颂、赞导、速化为题，且云："忠贤一人耳，苟非外廷逢迎，何遽至此！"及旧辅韩爌起自田间，上召同三辅、冢宰王永光入，有黄袱包一事，指示曰："此皆红本，媚珰实迹也，当一一案入之。"而爌等以不习三尺对，永光以吏部止习考功法、不习刑名对。上乃令都御史、刑部同事。时张瑞图、来宗道俱不列，上问故，阁部辞以无事实。上曰："瑞图以善写为珰所爱，宗道题崔呈秀父恤典，称'在天之灵'，可恶如此！"又问贾继春何以不处，永光言其请善待选侍，不失厚道，后虽改口，稍觉反复，其持论亦多可取。上曰："惟其反复，所以为真小人。"俱命增入。遂定逆案，颁行天下。

先拨志始

　　总逆党而论,首通内阁王体乾、刘荣者,乌程故辅沈㴶也。造谋杀人,羽翼逆贤者,魏广微、崔呈秀等也。首票内阁出镇,降处主试各官,削夺追赃,一切严旨,铺张逆贤劳绩,亟允生祠建造者,顾秉谦也。挤韩爌、朱国祯、朱延禧者,广微为冯铨前驱。而挤广微者,即铨也。挤铨者,又呈秀也。谋兴大狱图报复者,冯铨、崔呈秀、徐大化、杨维垣等合谋也。既而以严旨逐广微,引祖制设立红牌,及处决熊廷弼者,冯铨笔也。助铨杀廷弼者,徐大化等也。部题崔呈秀父恤典,僭称"在天之灵",竟等于二祖列宗者,来宗道也。题逆孽魏良卿代熹庙郊天、享太庙、释奠先圣者,亦宗道也。援徐中山王例,请封逆贤两公者,丰城侯李承祚也。熹庙疾笃矣,尚致揭逆贤,欲进宁国而王,见嗤于王朝用者,崔呈秀也。熹庙将崩,召信王矣,阁中撰一奖敕,罗列逆贤功勋,力摹曹操九锡文者,黄立极等也。信王正位矣,犹致书魏良卿欲为逆贤造渗金像者,大梁守道周锵也。其在内羽翼布恶者,王体乾为首,李永贞、李朝钦、涂文辅、石元雅等为从也。呜呼!外臣如此,内阁辈又安足责矣!

钦定逆案

吏部都察院接出圣谕："朕惟帝王宪天出治,首辨忠邪;臣子致身事君,先明逆顺。经凛人臣无将之戒,律严近侍交结之条。邦有常刑,法罔攸赦。逆竖魏忠贤,狷狡下才,备员给使,倾回巧智,党藉保阿。初不过窥颦笑以市阴阳,席宠灵而饕富贵,使庶位莫假其羽翼,何蠢尔敢肆其毒痛?乃一时外廷诸臣,朋奸误国,实繁有徒。或缔好宗盟,或呈身入幕。或阴谋指授,肆罗织以屠善良;或秘策合图,握利权而管兵柄。甚且广兴祠颂,明效首功,倡和已极于三封,称谓浸拟于无等。谁成逆节,致长燎原?及朕大宝嗣登,严纶屡需,元凶逆孽,次第芟除,尚有饰罪邀功,倒身窜正,以望气占风之面目,夸发奸指佞之封章。迹其矫诬,乌容稍贷!朕鉴察既审,特命内阁部院大臣将发下祠颂红本,参以先后论劾奏章,胪列拥戴、谄附、建祠、称颂、赞导诸款,据律推情,再三订拟。首正奸逆之案,丽于五刑;稍宽胁从之诛,及兹三襫。其情罪轻减者,另疏处分,姑开一面。此外原心宥过,纵有漏遗,亦赦不究。自今惩治之后,尔大小臣工,宜洗涤肺肠,恪修职业,共遵王路,悉斩葛藤,无旷官守而假事诪张,无急恩仇而借题参举。朕执是非以衡论奏，程功实以课官方，有一于斯，必罪不宥。尚各惩毖，乃亦有终。钦哉！故谕。"

大学士韩爌等一本为遵奉圣谕事。崇祯二年正月二十四日，大学士韩爌、李标、钱龙锡，吏部尚书王永光，都察院左都御史曹于汴蒙召见文华殿，恭领圣谕："朕览吏部文书，见冢臣欲定附逆诸人项款。然必先正魏忠贤、崔呈秀、客氏首逆之罪，次及附逆之人。欲分附逆等次，又须有所凭据。今发下建祠、称颂诸疏，卿等密与王永光、曹于汴在阁详阅。如事本为公而势不得已，或素有才力而随人点缀，须当原其初心，或可责其后效。惟是首开谄附，倾心拥戴，及频频颂美，津津不置，并虽未祠颂而阴行赞导者，据法依律，无枉无徇，期服天下后世之心。此番惩治之后，纵有漏遗，俱赦而不究，务断葛藤，并不许借题参举。卿等只在数日内确定来奏。不许中书参预，不可延缓露泄。特谕，钦此。"二月初九日，臣等再奉圣谕："据卿等奏，准召刑部尚书乔允升同卿等参定，钦此。"臣等仰遵谕旨，先将发下祠颂等本逐一看详，续据部院二臣开进各官姓名事迹互相参对，谨以圣谕分款奏为提衡并阴行赞导在祠颂诸款外者，分款书名，酌量拟议。再同乔允升据依律例，各附本款，具本上请。候旨间，本月二十六日蒙皇上召对平台，发下臣等原本，并前红本，未入各官六十五人。又钦定谋大逆凌迟，首犯、首逆、同谋、党孽斩犯，逆孽军犯，颂美为民四款。仍奉面谕："在外各官，轻者至为民止。其原不列名者，不妨酌定。"臣等遵照前圣谕及钦定续款，通将在外红本，及部院开来各官，并昨南计附逆、奉旨候议各官，各照情罪重轻，俱依交结近侍律，并引名例加减罪例减等分款，勋、武、内臣，逐款附后，并当具奏。臣等切惟尊无二上，人臣首戒无将；国有常刑，天讨用彰有罪。祖训：内官不许干预政事，律重交结近侍官员，于以防内外而肃宫府，杜奸萌而窒乱源，法至严矣。逆珰魏忠贤，狡谲多端，凶顽无忌。始焉小忠小信，只便身图；继而作福作威，渐干国政。内则妖姆客氏，窥觇禁密，结为腹心；外则逆臣崔呈秀，逗露机情，助其羽翼。戕宫妃而戮忠直，盗帑藏而弄兵权，已徼无等之三封，洊议逼尊之九锡，亟开藩邸，迫远宗城，建生祠以卜人心，遣内镇而连边将，阴谋叵测，僭势显成。磔辟已服上刑，爰书具列逆状。诚如圣谕所谓首逆之罪，当先正者也。赖宗社有灵，圣明御世，乾坤旋转，雷电合章。属元凶已就诛夷，凡党附宜严区别。若乃官联跻跄，人类豺狼，怀私欲借凶锋，拱手随蠋魁柄，或首发大难，祸始教猱，或倒身怙终，势成骑虎。有如动摇母后，倡和逆封，铁券金章，覆题

先拨志始

恐后,腴田甲第,请给争先。或引圣经以怂惠中传,或攘史职而抹煞直笔。墨缞朝桧,忍比罪魁;缇骑银铛,大兴诏狱。修睢眦以残躯命,不难杀人媚奸;供颦笑而效爪牙,总是酬恩报怨。至于一人而创祠几地,一事而谀颂连章。祠省直、祠边镇、祠京都未已也,而且祠之国学。颂碑文、颂奏章、颂乡录未已也,而且颂以丝纶。此则圣论所谓"首开谄附,倾心拥戴,及频频颂美,津津不置"者也。而又有径窦旁通,网罗密布。腹藏鳞甲,构青蝇贝锦之谗;意惨镆铘,酿白马清流之祸。即占风望气,莫可端倪;而覆雨翻云,难逃指视。斯又潜施鬼蜮之毒,而更巧避虎、彪之名。圣谕所谓"虽未祠颂,而阴行赞导"者也。以上诸人,罪案各殊,法铨亦异。或已经褫逐,不尽厥辜;或谬附摧伤,当追始祸。遵明圣谕:"据法依律,无枉无徇,期服后世之心。"三尺无私,天诛不贷;四凶毕窜,国宪用申。惟是大憝既罹不赦之条,而群小宜开自新之路。臣等简祠颂及部院开来诸臣,或事关题复,公牍列名;或身在封疆,委蛇济事;或城守全于捍御;或编摩效有剂调;而又或生平才具自优,扬历猷劳早著。圣谕所谓"事本为公而势不得已,素有才力而随人点缀,须当原其初心,或可责其后效",咸与昭洒,免胪姓名,固明罚敕法之严条,兼赦过宥罪之宽政也。臣等祗奉谕辞,其矢公慎。就事论事，参画一之刑书；以人治人，消本来之面目。中涓衿弁，毕丽于科，商贩兵民，姑置之外。倘幸无挂漏，可永示诫惩，寒乱臣贼子之心，抒正气幽魂之郁。三章既约，金石不渝。一面弘开，葛藤永断，闭奸谋而安反侧，明刑政而襄治平，端在是矣。若夫加衔加荫，滥被恩施；殿功边功，尚需严核。最可恨者，先帝当弥留之日，多官邀横拜之恩。其天启七年八月二十一日，大工谢恩，并宁锦叙捷、卤簿告成、三藩之国，所有叙劳秩荫，悉宜听部削除，尚宽矫旨之推求，用广原情之德意。并用附及，以俟宸裁。所有前项款分名姓及应得罪名，开具于后，统惟鉴夺，敕下遵行。为此具本，谨具奏闻。

〔一〕首逆：

　　魏忠贤　凶残祸国，僭肆逼尊，罪恶贯盈，神人共愤。逆形已著，寸磔允宜。

　　客　氏　乳保恃恩，凶渠朋结，凌尊窃势，纳贿盗珍，阴逆首奸，死不尽罪。

　　以上依谋大逆律，不分首从，皆凌迟处死，已经正法。

〔二〕首逆同谋：

　　崔呈秀　负国忘亲，通内窃柄，凶谋立赞，党祸首开，佐逆罪魁，戮尸犹幸。

李永贞　主谋代笔，盗帑淫刑，佐逆兴谋，上刑正法。

李朝钦　附奸久与逆谋，殉缢未尽其罪。

魏良卿　济恶首孽，伪冒三封，盗帑窃权，罪浮于辟。

侯国兴　妖种盗库，同谋逆孽，骈诛允当。

刘若愚　刀笔深文，朋奸害众，辟刑次等，具载爰书。

以上依谋大逆，但共谋者，不分首从，皆凌迟处死律，减等拟斩。

〔三〕交结近侍：

刘志选　谄附拥戴。
　　　　倾摇母后，驱逐咸臣，骂母之律尚宽，通内之诛难逭。

梁梦环　谄附拥戴。
　　　　与刘志选并力合谋，情罪维均，律法宜正。

倪文焕　谄附拥戴。
　　　　拜逆为父，嫉忠若仇，奸党无辞，上刑非枉。

田　吉　谄附拥戴。

	珰姻内转,躐加尚书,窃势鬻官,拟辟允协。
刘　诏	谄附拥戴。
	媚首凶叠建生祠,参道臣几至死地,迹昭附逆,罪蔽冠军。
孙如冽	谄附拥戴。
	京祠首建,谄颂不伦,朋奸骗赃,辟刑允当。
许志吉	谄附拥戴。
	矫旨派赃,附逆流毒,黄山一案,重辟何辞!
薛　贞	谄附拥戴。
	执法无闻,媚奸有迹,刘铎一案,已足抵偿。
曹钦程	谄附拥戴。
	媚逆窃权,张威纳贿,报复代参正类,削夺竟致殒生,佐使杀人,情法允协。
吴淳夫	谄附拥戴。
	媚奸迁秩,附逆建祠,推偾帅分贿酬恩,纵姻弁丧师贻患,九迁稔恶,一辟明刑。
李夔龙	谄附拥戴。

夤缘线索，起据铨衡，附奸伐异，党同媚逆，望风承旨。几酿清流之祸，何辞两观之诛！

陆万龄　谄附拥戴。

倡祠国学，侮圣媚奸，名教罪魁，极刑莫贷。

李承祚　谄附拥戴。

勋爵党奸，称颂无等，两公再请，三尺难容。

田尔耕　谄附拥戴。

侍卫近臣，朋比首逆，冤毙多命，死有余辜。

许显纯　谄附拥戴。

诏狱酷刑，逆奸授意，冤毙忠谏，宜正辟刑。

崔应元　谄附拥戴。

北司贴刑，迎合逆珰，索赃戕命，拟辟无苛。

张体乾　谄附拥戴。

献谀逻人，骈杀五命，刘铎冤对，大辟宜偿。

孙云鹤　谄附拥戴。

理刑阿逆，骤列官衔，冤命宜偿，大

辟非枉。

杨　寰　谄附拥戴。

　　　　用刑酷烈，杀害多人，应正典刑，戍
　　　　死为幸。

以上依诸衙门官吏与内官互相交结、泄漏事情，夤缘作弊而扶同奏启者律，斩，秋后处决。

〔四〕交结近侍次等：

魏广微　首开谄附，阴行赞导。

　　　　失仪忿劾，因合内谋，小票潜通，中
　　　　借矫旨，害正因而祸国，委柄至于
　　　　不收。

徐大化　倾心拥戴，阴行赞导。

　　　　阴拱元凶，显为戎首。魏广微始祸，
　　　　原与密谋，杨涟等惨冤，更多主使。

霍维华　谄附拥戴。

　　　　主持三案，罗织多人。覆魏忠贤叙功
　　　　疏，云"茅土尚觉其轻"；覆魏良
　　　　卿加九级，至太师尚余一级。助逆显
　　　　著，闪烁何为！

张　讷　谄附赞导。

　　　　首参赵南星戍死，善类株连；即推兄

	张朴巡抚，用示酬报。桐封迫遣，似赞阴谋。
阎鸣泰	颂美。
	畿辅三镇，请建七祠，即云会题，何不少避形迹？人心依归，天心向顺，辄形章奏，岂得尽委呈详？
周应秋	颂美。
	称颂三十九本，题请公侯伯诰。改武荫为文荫，借推人以处人。逆孽封公本有"厂臣心存浴日，志切补天，宜进尚公之典，永坚带砺之盟"等语。
李鲁生	谄附赞导。
	倡执中宅中之说，为二魏解嘲；凡杀人媚人之凶，皆一言流毒。至攻周起元一著，尤胜颂首恶十本。
杨维垣	拥戴赞导。
	王纪参客、魏、徐大化，出疏挤排；大化杀周朝瑞、顾大章，嗾使代劾。至参崔奸疏中，犹为魏逆称颂，欲更别局，兼示酬恩。
潘汝祯	首开谄附。
	交结织监，潜通内廷，首建逆祠，尤为始祸。俯顺舆情本有"厂臣心勤国

恤，念切民隐"等语。

郭　钦　谄附。

首逆姻亲，躐推戎帅，夤缘不避，罪累何辞！

李之才　颂美。

建祠孝陵前，主使有人，代奏宜罪。

以上依交结近侍官员引名例律，减等充军，仍敕下法司，行各该抚按官招拟具奏。如有赃私情节，一并看明奏请，候部覆发落。

〔五〕逆孽军犯：

魏志德　魏良栋　魏鹏翼　魏抚民　魏希孔　魏希舜　魏希尧　魏希孟　魏鹏程　傅应星　杨六奇　客光先　徐应元　刘应坤　王朝辅　涂文辅　孙进　王国泰　石元雅　赵秉彝　高钦　王朝用　葛九思　司云礼　陶文　纪用　李应江　胡明佐

〔六〕交结近侍又次等：

冯　铨　谄附赞导。

父虽向与内通，到阁因而协赞，门生密友，代嗾噬人，《要典》主持，尤为罪案。传闻揭救周宗建等，又分

先拨志始

遣中使时曾有阻止,积愆莫赎,未减可需。

顾秉谦　谄附。

天启四年十二月至六年九月主票,中间止遣内镇,微有规陈;乃刑赏僭滥,一无匡正。褒纶轻亵,阿逆何辞!圣明有"顽钝依阿,有负先帝付托"之旨,允是定评。

张瑞图　颂美。

逆祠坊额碑文,人言多其缮写,已达天听,岂是风闻?

来宗道　颂美。

为崔呈秀请恤,有"在天之灵"语,虽由司呈,何无驳正?仰聆圣谕,鉴察凛然。

郭允厚　颂美。

题覆称颂四十疏,请给逆封庄田禄米六本。颂有"达聪明目,居高听卑"及"安即安社稷之安,平非平一方之平"等语。

薛凤翔　谄附颂美。

题覆称颂四十七本,请给逆封第宅铁券四疏。首颂厂臣伟绩本有"劳著大工，勋高社稷，既锡通侯之爵，允膺第宅之封"等语。

李　蕃　建祠赞导。

师友朋比合谋，参劾多其代草。望门投拜，人传为四姓奴；建祠谀称，至呼为九千岁。

孙　杰　赞导。

首劾刘一燝，再劾周嘉谟，给事召还，尚书躐级。剪忌已见杨涟疏内，附珰遂与崔逆齐名。

张我续　谄附颂美。

军饷中旨开销，夤缘荐起户侍，助工逾万，馈内有征。颂本有"心膂重臣，公忠谋国，嫉邪扶正，世宙清明"等语。罪有定评，饷宜严勘。

朱童蒙　谄附颂美。

建祠佐逆，母死夺情颂本有"厂臣赤心报君，讦谟定国，俎豆兼军旅之学，墨缞治征讨之任"等语。

杨梦衮　谄附。

给事三年，宫保八座，管工结纳，不避嫌疑，大工侵牟，见于劾奏。

李春茂　颂美。

先拨志始

    宣武门建茂勋祠,给助库银三千两。祠成传帖,庆贺叩拜。建祠本有"至德莫可名言,下情惟有祝釐"等语。
李春煜 颂美。
    例转给事,躐升尚书,辞恩本有"皇极鼎建,内则厂臣监臣竭力抒忠,外则阁臣工臣宣力分猷"等语。又先为移宫事疏救罪珰,为终始通内之证。
王绍徽 颂美赞导。
    造《点将录》佐中旨处分,劾冯从吾致抑郁愤死。
徐兆魁 赞导。
    惠世扬、顾大章诬案,其在刑部时所成,诅咒一招,珰名并列。
刘廷元 赞导。
    梃击一案,党祸开先,参张差误主风癫,王之寀竟以惨死。
谢启光 赞导。
    纂修《要典》,动称中旨,恐吓词林,稍有异同,径自涂改,斥南厚馈珰奸,缉获弥缝闲住。
徐绍吉 赞导。
    窜身史局,纂修《要典》,斥废惨杀诸

	臣，各欲留一罪案，呵叱词臣，涂更原稿。
邵辅忠	颂美赞导。
	府丞骤躐尚书，攻击多其指使，送藩封本有云"监体悉厂臣节制，俾臣得行其事"等语。
杨所修	颂美赞导。
	吏部不驳封爵，转南微及夺情，三事定案一疏，又为《要典》张本，颂本有"厂臣身事视君，家事视国"等语。
贾继春	赞导。
	保护选侍，藉发难端，四罪一疏，得罪公论，出处占望，反复无恒。
范济世	颂美。
	颂疏自叙，一岁五迁，搜括助工钱粮数十万，捐赀助饷本有"劳在封疆，庆贻宗社"等语。
李养德	颂美。
	郎署加衔尚书，夺情忽同败类，颂本有"禁地元忠，密勿赞襄，主持在内"等语。
阮大铖	颂美赞导。

因杨涟有"叩马献策"之语，报复有魏大中、杨、左之参，至合算七年一疏，尤为珰逆巧护解嘲。

姚宗文　颂美。
湖广建隆仁祠，颂本有"东厂魏上公，间出名世，以澄清世道为任，翊戴圣明为心"等语。

陈九畴　赞导。
借谢应祥一事，倾赵南星、高攀龙等。受嗾得报，乙榜亚卿。

亓诗教　赞导。
谏垣专政，珰谕起官，主盟俄而建牙，失职依然眈视。

赵兴邦　赞导。
兵垣贿闻失职，吏部营起复仇，赵太宰力致谴贬，五御史一疏骈斥。

傅　櫆　赞导。
结同宗潜通内廷，持异见显开始祸。

安　伸　颂美。
按差已满，留金助祠，颂本有"天眷圣明，赍心膂以赞内，外臣衙门已有公疏，不能自陈芹曝之忱"等语。

孙国桢　颂美。

	抚登、称颂二疏有"圣主中兴，明良会合，厂臣忠诚贯天地，勇略震华夏"等语。又"厂臣擎天巨手，翼运真才"。并有"一腔忠义，四应才锋"等语。
郭　巩	赞导。
	为魏忠贤报首参之仇，致周宗建有逮死之惨，亚卿躐转，通内可知。
冯嘉会	颂美。
	部务请属多徇，称颂十有六疏，覆刘应坤本有"厂臣精忠体国，矢志筹边，既荷特达之知，必蒙破格之眷"等语。
曹思诚	颂美。
	河间醵金建祠，要津摧折善类，辞恩本有"赤心报国，殚力图度，费省功倍之亲臣"云云。
孟绍虞	颂美。
	署礼部九天，轮奂一新，本有"心膂元老，笃生应运"等语。
张　朴	颂美。
	建四祠，颂十二本，有"皇天开亿万载灵长之祚，上公特应五百年名世之

期"。又"天启明良",又"内镇清忠,元臣指授"等语。

李恒茂　赞导。

荐起崔呈秀等,为三李中一人,入幕参谋,朋比害正。

郭尚友　颂美赞导。

畿抚报南星恨,总漕建瞻德祠,神功参天地本有"厂臣扫逆如雷如霆,翼正为雨为露,宏德无涯,大功无并"等语。

李精白　颂美。

东省三祠,诔颂六疏,元辅功高普被本有"厂臣孤贞报主,殚力匡时,挈魁柄以还至尊,扫浮云而开九照"。传闻颂联有"至圣至神,多福多寿"等语。

秦士文　谄附颂美。

祠颂七疏,馈器镂名,颂本有"业赫圣明之世,昭上公之功"等语。葛九思荐士文忠诚天授,敏捷飚飞。

张文熙　颂美赞导。

逆党姻亲,群邪契好,唉倪文焕,诬周顺昌,巡视光禄,有颂珰疏。

杨惟和	赞导。
	主事加衔副都,昵奸曲尽谄媚。
何廷枢	颂美。
	封爵已定给赐宜优本有"查拨额地七百顷,银二千两"及"查参违例逋欠"等语。
陈朝辅	颂美。
	安平庄田,催拨各属,先报田数,那解钱粮。
许宗礼	赞导。
	户都吏垣更调,管察考选曲徇,要路跻升,同乡比党。
卓　迈	颂美。
	二祠一颂,珰败反攻,代崔呈秀报仇,参夏之令逮死,庙算制胜本有"厂臣知人善任,樽俎折冲"等语。
卢承钦	颂美。
	谀颂二疏,又请刻党籍榜示海内,建祠本有"股肱良弼,社稷元勋,扶圣主于中兴,焕宸居于大壮"等语。
陈尔翼	颂美。
	颂逆有"内外诸臣心,厂臣之心"等语。荐崔呈秀为本兵,请五城逻东林

余孽。

石三畏　赞导。

王官夤缘考选,噬劾生死遭诬。

郭兴治　赞导。

攻道学例转,因中旨复还,参方震孺逮问,荐吴淳夫京堂。

刘　徽　颂美赞导。

称颂十一本,诬房可壮、樊尚爇盐赃,参熊廷弼悬赃百万。颂本有"厂臣干国精忠,尽心筹画,三战三捷,奏此敷功"等语。

智　铤　颂美。

通内得选北道,嗾伤善类多人,参解学龙、侯恪削夺。颂本有"运筹帷幄,付托得人"等语。

何宗圣　颂美。

房山建显德祠,祠成买香火地,题祠本有"厂臣睿算参微,精诚格天"等语。

王　珙　颂美赞导。

参方大任问徒追赃,祠颂疏中不名厂臣,谢恩本有"厂臣志虑精勤,经营得法,俾三朝之阙典克行"

等语。

汪若极　颂美。

阿逆珰两疏谀颂，罗王赞化一狱媚奸，天心助顺颂美本有"厂臣缉奸助饷，中外感激精忠"等语。

陈维新　颂美。

参王允成，荐张我续，疏云"无奸不照"，又云"清明再辟"。

门克新　赞导。

罗织孙文豸、顾同寅冤斩，词连文震孟、陈仁锡、郑鄤除名。

游凤翔　赞导。

假参高攀龙自辩复原职，借纠官秉忠连劾惠世扬。

田景新　赞导。

始在师门，窃柄用事，殿工疏荐崔呈秀侍郎兼右佥都御史。

吕纯如　颂美。

惠藩监随掠毙夫役，复命疏荐归美厂臣。

吴殿邦　赞导。

媚珰劾樊王家追赃，通参改尚宝卿破例。

先拨志始

黄运泰　颂美。
　　建祠、守祠、称颂十本,有"厂臣志切恢复,知人善任,运筹帷幄,文武承受方略"等语。

李从心　颂美。
　　祠颂五疏,河道叙劳本颂有"厂臣本擎天捧日之赤心,运旋乾转坤之妙用,独居首功,当膺特典"等语。

杨邦宪　颂美。
　　江西建祠,元勋功德甚隆本有"厂臣魏上公,光岳元精,扶舆正气"等语。

郭增光　颂美。
　　河南会建戴德祠,有"厂臣德隆",乞请额名本有"体国精诚,感民倾慕"等语。

单明诩　谄附。
　　主事三年,躐跻巡抚;肃宁城工得力,畿辅筹边未闻。

王　点　颂美。
　　巡抚大同,会建嘉猷祠助工本有"厂臣纯忠为国,默助自天,边疆末吏,敢不体厂臣以体宸衷"等语。

李　嵩　颂美。

登莱二祠，称颂七疏，有"厂臣神谋秘算，授计筹边，赫声濯灵，扬威各镇"等语。

牟志夔　颂美。

建祠派银，属员稍迟，立毙解役。

张三杰　颂美。

巡抚甘镇，称颂五本，有"厂臣与阁部和衷筹画，远烛边陲，纪纲振肃"等语。臬司骤跻开府，夤缘攀附有征。

曹尔祯　颂美。

抚晋建祠三本，有"心膂重臣，早夜经营，细大拮据"等语。

毛一鹭　颂美。

苏州同王珙建祠，被逮周顺昌激变。

张文郁　谄附。

主事骤躐侍郎，督工夤缘媚逆。

周维持　赞导。

疏请刻党籍，拆书院；论刘一燝、周嘉谟等削籍。

徐复阳　赞导。

诬郝土膏追赃，参方逢年等削夺，持

先拨志始

局结案二疏，护奸害正有征。
黄宪卿　颂美。
中城山东，二祠二颂，元勋万古为烈本有"厂臣赤心中天日月，热肠特地乾坤，成两朝大慈大孝，佐九重允文允武"等语。
许其孝　颂美。
扬州会建瞻恩祠，颂本有"督厂魏上公天付英姿，灵钟名世，功高社稷，德被商民"等语。
张素养　颂美。
荐邪被劾，复官巡方，二祠一颂，王师屡捷本有"赖厂臣以安社稷之心，定制胜之画，方略密授，机宜悉符"等语。
王　裕　颂美。
建祠守祠，谀颂七疏，元臣功德天崇本有"魏忠贤丹渊浴日，灵腕补天，德耀乾坤，勋在社稷"等语。
梁克顺　赞导。
受人意指，横肆劾弹，蒙恩本有"东林元凶大憝，立为逮诘削夺，海宇共睹清醒"等语。

刘弘光　颂美。
　　　　两院会稿，建报功祠；屡疏抨弹，多属善类。
温皋谟　颂美。
　　　　湖广建隆仁祠，本有"厂臣翼赞朝廷，计安社稷，懋德崇功，藏在盟府"等语。
鲍奇谟　颂美。
　　　　河南会建戴德祠，颂与郭增光同。
陈以瑞　谄附。
　　　　叩逆像长揖佛前，致珰疑旋被斥逐。
庄　谦　颂美。
　　　　会建祝恩祠，并颂二本，有"厂臣德著庙堂，中外享有道之福；内扶社稷，遐迩承无疆之休"等语。
龚萃肃　颂美。
　　　　盐差建祠本有"东厂魏上公颙然柱国元勋，卓尔清朝硕辅"等语。
李应荐　颂美。
　　　　荐潘汝祯监试，中崔铎招嫌。
何可及　颂美。
　　　　颂疏五本，先帝、逆珰并称。
李时馨　颂美。

先拨志始

    改折本内有"火灾修省,天心仁爱,内有竭忠之臣,外有调元之相,何难消弭?此真尧有九年之水,益成其为圣帝"等语。

刘　渼　颂美。

    两疏媚逆,科参可凭。

王大年　颂美。

    巡城建祠,虽由合疏;中台执法,宪纪何存?

佘合中　颂美。

    恭陈闻见本有"臣跧伏田里,台臣崔呈秀等交章荐拔",又"洁己急公之厂臣保护于内,凤至麟生"等语。

徐　吉　颂美。

    建祠本有"厂臣泽被海隅"等语。祠成,仍疏叙效劳官,有"厂臣功德不朽"等语。

宋祯汉　颂美。

    淮南建赡德祠,会疏同祠诀颂。

张汝懋　赞导。

    诬参樊尚燝、房可壮、杨嘉祚,追赃。

许可征　颂美。

兵垣以边事颂，加衔至左副都，捷音俘解本有"厂臣先机运筹，阁部沉心谋赞，内镇督抚道将鹰扬阃外"等语。

刘述祖　颂美。
抚院会稿建祠，谀颂无所规正。

李灿然　颂美。
河东会建褒勋祠本有"魏上公帝简笃生，佐兴间出，允九五之元臣，洵五百之名世"等语。

刘之待　颂美。
会潘汝祯疏到稍迟，后以例推被削。

孙之獬　赞导。
中崔铎喷有人言，哭《要典》大贻嗤笑。

吴孔嘉　赞导。
登第即工通内，黄山惨杀多人。

李寓庸　赞导。
奸党荐入铨司，钻营见于参劾。

潘士闻　颂美。
闽中试录序文有"圣主当阳，帝赉良弼"。策问有"庙堂之上，帷幄之中，胜算密谋，出奇授略"等语。

先拨志始

王应泰　赞导。
　　　　试录列内监督抚前,序文有"心膂股肱"等语。
张元芳　赞导。
　　　　逆枢至戚,荐入铨司。
阮鼎铉　颂美。
　　　　诬参吕坤并郑三俊三案,元凶一疏,颂珰备极称扬。
李若琳　颂美。
　　　　上林官民建祠,列名不能坚拒。
张永祚　颂美。
　　　　建良牧署存仁祠、嘉荫署洽恩祠、林衡署永爱祠。
周良材　赞导。
　　　　珰孽逆封,案呈题覆。
曾国祯　颂美。
　　　　建芦沟桥隆恩祠本有"厂臣精神格天,睿算通微"等语。
张化愚　颂美。
　　　　建崇文门广仁祠元功德业普施本有"精忠贯日"等语。
李桂芳　颂美。
　　　　大工谀颂,又守令怠缓本参贺仲轼、

	胡敬辰，有"厂臣急工之念，可容草莽委之"等语。
张一经	颂美。
	军国大计本有"天眷圣明，笃生厂臣，安内攘外，功高千古"等语。
陈 殷	赞导。
	主事仆卿，夺情视事。
夏敬承	颂美。
	拜祠首倡谀言，上公高悬榜谕。
周 宇	谄附。
	附胡监乡亲厚善，夸魏祖神道通灵。
魏 豸	谄附。
	自认义孙，逆祠朔望谒拜。
郭希禹	颂美。
	输田二百顷，为生祠祭田。
颉 鹏	颂美。
	逆祠倡拜题额，升郡称建专祠。
李际明	谄附。
	劣转贿奸升官，逆祠治品供献。
魏弘政	谄附。
	借胡监分金荐扬，而拜逆祠，绕门引水。
岳骏声	赞导。

	诬王之寀受赃,竟至逮死;梃击诬案已毁,肆辩不休。
郭士望	赞导。
	直陈东林陷害本有"厂臣魏上公转阴霾日月,为光明乾坤,臣何幸遭逢明良盛世"等语。参南居益、魏大中等,又自称"曾经崔呈秀特荐"。
张聚垣	谄附。
	准贡附珰躐转,管差贪累万金。
周 锵	颂美。
	河南督修戴德祠,毁王府民房二千余间,起宫殿九楹。
徐四岳	颂美。
	任子工部,加衔卿贰。颂本有"臣莅任以来,木税一节,倍意厘剔,一念微衷,莫非仰体厂臣德意"等语。
辛思齐	颂美。
	谀颂二本,凭珰攫官。
胡芳桂	谄附。
	凭恃奥援,复仇害正。

以上依交结近侍官员律,引名例律,减二等,坐徒三年,纳赎为民。

〔七〕谄附拥戴：

李实　李希哲　胡良辅　崔文昇　李明道　刘敬　徐进　冯玉　杨朝　胡宾　孟进宝　刘镇　王体乾　梁栋　张守成　商承德

以上一款十六人，并前一款徐应元等十六人，中有见任闲住的，并放回原籍的，都著革去冠带，为民当差。

奉圣旨："览卿等奏，这逆谋党附诸人，罪状各殊，刑章宜正，除重辟、正法、监候、逮问见拟外，其充戍、招遣及赎徒为民，行该抚按照款结正具奏。朕遵明国宪，敕法除奸，申儆官刑，昭布中外。还同敕谕，一并通行。该部院知道。钦此。"

大学士韩爌等奏为遵奉圣谕事。臣等钦承皇上屡谕，参定附逆一案，反复商酌。除将颂美、赞导诸臣，分别重罪拟戍以至削籍为民，开列款项，具疏奏闻，及圣谕"事本为公而势不得已，或素有才力而随人点缀"，如封疆辽黔，及素任无过诸臣，俱置弗议处外，若称颂内稍次前款诸臣，或居位鲜匡维之略，而指纵亦无奸谋；或滥竽备畴采之员，而线索初非自主；或径本岐邪，播珰恶非为戎首；或阶因骡躏，稽职掌尚未全隳。以逮专阃建牙，品原庸碌，散僚冗吏，识昧挺持者，臣等欲再拟减等，则恐前重而后轻，非圣明画一彰

先拨志始

法之意；欲概拟削籍，又虑罪轻而法重，乖治朝酌量宥过之仁。谨依考功法不谨例一款，将诸臣并拟闲住，另请上裁。如蒙皇上俯允，彼重处者知媚逆之不可为，即宽政尚从褫削；此量惩者幸身名之未尽辱，纵槁项亦荷恩波。其于振惕人心，培养元气，未必不均有藉矣。至内中军民商匠数本，臣等初拟行抚按查究，既复思之，此辈幺麽末品，见缙绅尚且风靡，彼效尤何足深怪。又闻上本时多奸棍捏名，希荣窃润，今名虽在，而人半非，必行追究，恐有桃僵李代之虞。其真正倡谋罔利者，地方官执而治之有余，可无重烦宸断为也。再照此举，臣等凛奉圣谟，胪分二案，考据不敢不核，程量不敢不平，秉心不敢不虚，持议不敢不正。年来目睹耳闻，收括略尽，即更有溢出或存疑者，决无元恶大憝，得窜逃于指示之外。圣谕谓"纵有漏遗，亦赦而不究"，大哉王言，真与覆载同量！从此静戢玄黄，各修职业，养世道平康之福，慰圣明宵旰之忧。臣等愿与大小诸臣共勉之矣。臣等不胜激切冒昧之至。为此谨具奏闻。

计开：

  黄立极 代言秉轴，碌碌徇人。出镇玙封，唯唯听命。
  施凤来 票拟不闻力诤，趋诺亦未当先。
  杨景辰 掌院曾有颂疏，入直未闻显过。

房壮丽	泾渭漫无主裁,线索随人指授。
董可威	在工一味恭谨,幸犹见机去早。
李思诚	王家栋居间一事,虽贿非自受,然昵比匪人,遭珰削夺。颂珰有"纯忠体国,大业匡时"等语。
王之臣	操守多议,亦有颂疏,年来涉历边疆,稍宽一黜。
胡廷宴	才本庸愦,滥竽建牙,致盗贼充斥,人谓贪缘贻祸。
张九德	素无节钺之望,乘时幸躐,谅非无因。
冯三元	躐跻副院,人望不孚。
乔应甲	抚秦滋议,追赃候结。
杨维新	蠲助之国,二疏称颂。
朱国盛	挽漕二载,劳议相半;加衔躐跻,速化何辞?
冯时行	逆珰同里,以破甑营改京堂。
吕鹏云	年例告病,与孙杰等破例复官,未几乞差,犹能自远。
董懋中	察处借题辨复,改升京堂。
周昌晋	持议每多依傍,循资未见躐迁。
虞廷陛	参赵南星等,荐李夔龙等,不协公论。最后遭珰削夺,差能晚盖。

先拨志始

杨春茂	素无大过，二疏涉颂。
徐景濂	昏聩潦倒，持论舛僻。
陈保泰	例转中旨复官，珰败曲疏文饰。
郭兴言	浮沉依附，亦有颂疏，从参郭守仁等一疏可原。
周维京	为南京兆，啧啧人言，兼有颂疏。
徐扬先	顾大章、惠世扬狱，依违文致，荐誉亦多匪人。后遭珰削，情稍可原。
陈　序	诬孙居相，参梅之焕，听人指使。
曹　谷	以报藩舟出境颂，又疏论《要典》不可毁。
朱慎鎏	颂止一疏，揄扬太甚。
郭如闇	生平操守无疵，宁锦贺捷，颂美已过。
何　早	两疏称颂，趋向不端。后为李明道论劾，姑从宽议。
虞大复	挥霍有余，操持多议，至称颂形之辩揭。
叶天陛	游玩逆祠，遂致屈膝，虽传汗颊，何逭愧心？
邸存性	外计不谨，起补原官，旋躐兵曹，人多异议。
葛大同	与胡良辅交好，旗帜鼓吹，迎送

江干。

欧阳充材　始因任性触珰，后以弥缝毁节。

夏之鼎　两任县官，原无善绩，制匾送祠，有干清议。

张九贤　外察不谨，自疏复官。

李宜培　在铨滋议，亦有颂疏。

谭谦益　堂官参处，自辩复官。

吴士俊　疏颂。

徐　溶　疏颂。

潘舜历　疏颂。

李三楚　疏颂。

董舜臣　疏颂。

陈守瓚　疏颂。

以上俱照考察不谨例，拟冠带闲住。奉旨："这次款所列量惩各官，拟议允协，都著照不谨例闲住。该部知道。"

附逆案漏网：

张　枢　道。

疏请枚卜，有"少年学士，英妙亦未可少"之语，专为冯铨推毂，又参陈伯友、萧毅中，削夺。

先拨志始

赵胤昌 道。
 拥戴涿州,特参贵池,又参李瑾、刘懋,削夺。

袁 鲸 道。
 朋谋推戴崔呈秀,疏请枚卜,与刘徽同。又疏参王绍徽、韩策、汪先岸,削夺。

王业浩 道。
 同刘徽、袁鲸朋谋推毂崔呈秀枚卜。又参马孟祯、韩万象、方有度,削夺。

张惟一 科。
 已有旨降谪,崔呈秀特疏留用,遂参武之望、万邦孚等。又希附呈秀意,陷害侯恂、侯恪。

薛国观 科。
 疏参萧近高、乔允升,闲住;游士任,逮问;熊明遇,革职听勘;刘永基,削夺。

叶有声 科。
 疏荐阮大铖,又参劾欧阳调律、翟学程,削夺。

李应公 道。

	疏参王洽为民，例转孙杰、李嵩。
陈睿谟	道。
	疏参刘廷谏、孙必显、韦蕃，削夺。
曾应瑞	道。
	疏参范凤翼、姜习孔、孙绍统，削夺；岳元声回籍听勘。
黄承昊	科。
	疏参南居益，削夺；荆养乔、惠承芳，闲住。承芳，世扬父。
杨维岳	科。
	疏参段然，削夺。又参乔允升、萧云举。
苏兆先	科。
	疏参周希圣、蒋允仪、赵廷庆，削夺。
王时英	道。
	疏参唐晖、程注、樊王家、刘可法、胡世赏，削夺。
丘兆麟	道。
	疏参赵秉忠、刘芳，削夺。
王际逵	道。
	疏参毕懋芳、李腾芳，削夺。
陈世竣	道。
	疏参郝名宦、罗汝先，削夺。

先拨志始

蔡国用 道。
　　　　疏参赵兴邦,曲诋叶向高、孙承宗、赵南星等。
邢绍德 道。
　　　　疏参韩策、汪先岸,削夺。
李光春 道。
　　　　疏参叶向高,备极诋毁。
吕下问 部。
　　　　黄山一案,同许志吉激成徽州民变。

以上二十一人,俱应补入赞导,从重拟罪。

田一甲 道。
　　　　疏辩孙玮、涂一榛、李朴、胡忻等,因得罪门户,以致外转。有旨,俱著升京堂用。
朱之俊 任司业署监事,榜示通衢,有"魏上公之功,在禹之下,孟子之上"等语。
徐时泰 与孙之獬仅四年简编,躐升侍讲,主试顺天,中崔逆子崔铎。
陈具庆 与张士范亦由简编躐升侍讲,主试应天,中应秋子周录。

张士范	应天乡试题，出"见而民莫不敬"五句。以至圣颂逆阉，侮圣极矣。
陈　盟	浙江试题，出"巍巍乎"三句。"文王以民力"四句。既颂逆贤以尧，又颂逆祠以灵台灵沼，谄谀极矣。
曾楚卿	纂修《三朝要典》。
姜逢元	同前。
余　煌	同前。
朱继祚	同前。
华琪芳	同前。
张　翀	同前。
杨世芳	同前。
吴士元	同前。
李光祚	侯。 擒武长春案，颂美逆贤，加封魏良卿肃宁侯。
李起元	同前。
王永光	本兵。 同前。
张惟贤	公。 宁远奏捷，颂美逆贤，请加封魏良卿等公侯伯爵。
王在晋	尚书。

	同前。
林宗载	科。
	同前。
吴宏业	科。
	同前。
段国璋	侯。
	同前。
常允绪	侯。
	三殿工成，颂美逆贤功勋。
李觉斯	三殿工成，颂美逆贤功勋。
庄起元	以辽船顺风，颂美逆贤。
李国樯	以殿工辞恩，颂美逆贤。
苏茂相	同前。
汤国祚	侯。
	损赀助祠，祝颂有词。
李守锜	伯。
	同前。
袁 炉	乙丑进士，丙寅躐升少卿，非附珰党，何由速化？

以上三十人，俱应补入谄附定罪。

史永安　张凤翼　梁应泽　袁崇焕　李诚铭　梁世勋

以上六人，亦俱建祠，但与诸奸宜减等论。

定逆案者，辅臣韩爌、李标、钱龙锡、周道登，冢臣王永光，宪臣曹于汴也。当大憝斩除之后，自应穷治其党，上以副圣天子错枉之权，下以昭千万世人臣之戒。《春秋》之义，首严乱臣贼子，而必先治乱臣贼子之党，法至严也。王永光业已本兵颂美矣，以颂珰之人，为定附珰之案，谬孰甚焉。且也，杨世芳为蒲州公也戚，薛国观为沈惟炳也友，俱邀恩一面之网。于是同事者皆援例而逃吏议，操法纪以佐圣天子者，固若是耶！即就案中论之，亦实多可商者。人臣非有大功，不许封公侯，此祖制也。所司朦胧奏请，当该官吏及受封之人皆斩，律也。今逆孽魏良卿斩矣，而奏请三封之周应秋何以不辟？交结内官近侍人员者斩，谋杀人造意者斩，律也。而显行通内之霍维华、孙杰、冯铨、邵辅忠，罗织熊案之徐大化、杨维垣，何以末减也？又律：上言大臣德政者斩，何况阉寺？而首建生祠之潘汝桢，何以幸免也？又律：子孙骂父母者绞。此就愚氓言也。刘志选、梁梦环，甘作鹰犬，直攻懿安，忍下华歆之毒手，显行成济之操戈，怀奸如此，骈斩何疑？而仅拟一绞，何以平人心也？《三朝要典》明为逆贤爱书矣，而纂修之曾楚卿、朱继祚等，何以竟格外也？捐助之楚藩、勋臣，建祠之梁世勋、李诚铭、郭振明，捐赀之李守锜、汤国祚，颂美之张维贤、常允绪，独不可奏请处分乎？黄立极等身入纶扉，而满朝颂德，遍地生祠，不闻诤正，焉用彼相！顾秉谦位居首辅，而播恶成祸，皆出其手，区区赎徒，遂足蔽其辜乎？至闲住一款，为居官不职者设耳。诸人既属逆贤私党，岂容复厕衣冠之末，而犹以不职之例列之乎？草莽放论，窃谓刘志选、梁梦环，应照崔呈秀，决不待时，妻孥没入，家产籍官。其通内显著孙杰等、熊案主谋徐大化等、与首开祸始之顾秉谦、请题三封之周应秋、首建生祠之潘汝祯、应照吴淳夫等监候处决。其潜谀在天之来宗道、叩首九千岁之黄运泰、"尧天帝德"之李精白、哭争《要典》之孙之獬、与原拟充军之阎鸣泰等，俱应改发边外为民，仿古"投诸四夷，以御魑魅"之义。其原拟赎徒张我续、郭尚友等，应改充军。王点上梁不出，犹知羞恶，应仍入为民一项。其赞导漏网张枢、袁鲸等，纂修《要典》曾楚卿、朱维祚等，试题颂美张士范、陈盟等，建祠颂美史永安、张凤翼、梁应泽等，颂美漏网王永光、苏茂相等，申详生祠司道张维世、宁三翰等，与原拟闲住黄立极、房壮丽等，俱应改为民。其楚藩与勋臣郭振明等，应题请停爵革禄，用是示惩。袁崇焕尔时虽云边功，亦应题明请旨定夺。内吕鹏云虽中旨京堂，而即乞差自远；姜逢元阁笔一叹，随遭斥逐，二人应与开释，许其自新。蔡善继、梁廷栋、王尧民、曾樱、石万程，应加优擢，为守正不屈者劝。夫如是，庶乎得刑罚之平矣。

跋

文荪符《先拨志始》六卷，先君曾于虎丘购有抄本，帝虎连篇，不可卒读。此本为萧学博昆圃校刊，较抄本错讹略少。虽二卷，实足本也。所记明末遗事，多与李逊之《三朝野纪》相出入。《东林点将录》，逆党分天罡地煞一百八人，以配当时缙绅，其书世多不见，赖此可考。钦定逆案，虽漏网者多，亦足为小人鉴戒。

航二十年来仿裴松之注《三国志》例注《明史》，于后妃传曾经援引者，有《皇明后妃传》《彤史》《拾遗记》《懿安纪略》。若此编所记，熹庙崩时逆党献计，忠贤欲效新莽立孺子婴故事，懿安皇后以死拒之，乃定计召皇弟信王云云，为诸传记所未载。是亦可资采掇者也。

昆圃名国琛，庐陵人，著有《教官论》，为时传诵。尝刊《归震川集》，盖其所师法也。曾觞予于南昌学署，款谈甚洽，同席者为上高李迈堂先生祖陶，时主讲洪都书院。

癸丑九月高安朱航跋

按此系莲洋孝廉所跋萧氏原本。在萧氏书成之后，未经刊入。今燮复校是编，孝廉邮寄此跋，附刻于后，并以志南昌学博之经始是事者。

癸亥中秋当涂夏燮识

鹿樵纪闻

［清］梅村野史

目　录

原叙 …………………………………………（265）
卷上 …………………………………………（266）
　福王上 ………………………………………（266）
　福王下 ………………………………………（274）
　史可法殉扬 …………………………………（281）
　高黄二镇 ……………………………………（286）
　两太子 ………………………………………（291）
　两疑案 ………………………………………（295）
　使臣碧血 ……………………………………（298）
　南都死难 ……………………………………（302）
　南国愚忠 ……………………………………（304）
　嘉定之屠 ……………………………………（311）
　项周失节 ……………………………………（316）
　马阮始末 ……………………………………（318）
卷中 …………………………………………（322）
　唐王 …………………………………………（322）
　鲁王 …………………………………………（325）
　郑成功之乱 …………………………………（327）
　张煌言殉节始末 ……………………………（333）
　舟山始末 ……………………………………（335）

263

日本乞师	（338）
两先生传	（339）
山右二臣	（342）
关西二烈	（347）
秦晋宗人	（348）
献忠屠蜀	（350）
川中诸将	（356）
沙定洲之乱	（358）
老神仙	（360）

卷下 ……（363）
  桂王上 ……（363）
  桂王中 ……（367）
  桂王下 ……（370）
  粤东三烈 ……（373）
  孙李构难 ……（380）
  绣花针传 ……（383）
  纪新会妇事 ……（385）
  粤西二臣 ……（386）
  隶仆 ……（388）
  乞儿 ……（389）
  闯献发难 ……（390）
  自成犯阙 ……（399）
  槐国人政 ……（406）
  西平乞师 ……（410）
  郡邑纪闻 ……（415）

跋 ……（419）

原　叙

寒夜鼠嚙架上，发烛照之，则明季三王时邸报，臣畜之以为史料者也。年来幽忧多病，旧闻日落；十年三徙，聚书复阙；后死之责，将谁任乎？臣因是博搜见闻，讲求实录，刊讹谬，芟芜秽，补缺遗，类分为四十一篇：自福王至桂王，更七载而勒成一书，名之曰《鹿樵纪闻》，所以成一代鼎革之言也。或曰："子之所言，皆信而无疑乎？"曰："作《春秋》者所见异辞，所闻异辞，所传闻异辞；所见三世，所闻四世，所传闻者五世；世远而闻见因以不齐，三传所以多庞也。太史公成一家书，而年表与本纪之年、世家与列传之事，或自为抵牾者多，亦有传闻者使之然与？兹虽采纪说，谘之耳闻，犹从及见之年，臣敢以自欺者欺人哉？执简之臣，不以忌讳于当时之士，谓狂言可矣。"

娄东梅村野史

卷　上

福王上

顺治元年四月戊午朔，明留都闻京师之变，尚书史可法、高弘图、都御史张慎言等誓告天地，号召四方起义勤王。各镇溃兵南下，沿途劫掠，淮抚路振飞、巡抚王燮，分兵防堵，收斩伪官。已知崇祯殉国，文武诸臣会议立君。慎言及吕大器、姜曰广等皆言福王神宗孙也，伦序当立，而素多失德，又不读书，有七不可，不若潞王常淓贤，当立。可法意亦在潞王，独都谏章正宸争之，谓潞王不可越福，犹福之不可越先庙也。可法迟疑未决。

初，贼陷洛阳，福世子德昌王脱走出城，时寇事方棘，崇祯帝未暇访求，莫有知其处者。马士英在凤阳，或首私藏王印，取验之，则福邸藩旧物。诘其所自，曰："有负博者以质钱。"因物色其人，得之仪真。士英素不识王，犹未稔其真伪也。适会国变，因念此奇货可居，致书大臣，谓以序贤无如福王，可法即以七不可之说移书答之。士英与阮大铖谋，谨藏其书，而潜结操江诚意伯刘孔昭及镇臣刘泽清、刘良佐等，同心翊戴，发兵奉福王至龙江关，可法不得已，率群臣迎谒舟次。王角巾葛衣，坐寝床，随从田成辈布衣草履，不胜其困。

五月戊子朔，王入城，以内守备府为行宫。或议即日登极。可法以太子、二王存亡未卜，定于初三日行告天礼，先上监国之宝，王色赧然欲避。是日有两星夹日而行，盖辰星及太白也，而谀者目为景星。望日壬寅，王僭帝号，以明年为弘光元年，拜史可法礼部尚书，姜曰广礼部侍郎兼东阁大学士，与士英、弘图并相，可法仍掌兵部事。士英大怒，以可法七不可之书奏之王，而拥兵入朝。诏升士英兵部尚书，入阁办事。命万元吉宣谕江北，黄得功进爵为侯，刘泽清、高杰、刘良佐皆封伯。时高杰方与黄得功争扬州，江督袁继咸入见，奏曰："封爵以功，无功而伯，则有功者不劝，跋扈者益多。"福王领之。乙巳，路振飞罢，马士英欲用田仰也。振飞在淮上守御颇备，论者惜之。设四镇，各有汛地，兵马钱粮，听其自调。壬子，史可法督师江北。可法以前书故，内不自安，会万元吉至淮上，疏言："所在兵民相角，一城之隔，兵以民为仇，民以兵为贼。臣望轻位卑，虽有安民之心，绝无绥兵之策，非得大臣镇抚不可。"可法因请出以避士英，吴县卢渭率太学诸生乞留可法，不听。

马士英□大计四事：一圣母宜迎；一皇考梓宫宜迁；一诸王宜防，恐奸人挟之为变，宜召置近地；一皇子未生，宜选淑女。闻者笑之，题句于宫城曰："北不永，南不光，真人未出；贼任牛，官任马，异类同时。"阁部因会推吴甡、郑三俊，与刘孔昭愤争于朝，高弘图、张慎言皆因疾乞休，王慰留之。北都捷闻，遥封吴三桂蓟国公，予世袭。六月丁巳朔，上崇祯帝谥号曰思宗烈皇帝，周皇后曰孝节皇后。史可法奏敌兵南下，请遣使赍监国、即位二诏及封吴三桂敕、往山东、北直处抚谕。癸酉，命阮大铖复冠带来京陛见，高弘图及科道官争之，不听。大理寺丞詹兆恒又疏进庄烈帝手定逆案，士英闻之，亦以是日进《三朝要典》，王遂特召大铖。大铖入见，泣陈陷入逆案之枉，且曰："陛下知君父之仇未报，亦知祖宗之仇未报乎？"兆恒字月如，广信人，崇祯辛未进士；后从唐王聚兵于怀玉山，将攻衢州，战败而死。起钱谦益为礼部尚书，刘宗周为左都御史，陈体正为仪曹。惟体正不赴，赋诗曰："京华歌舞新南极，衡泌汍澜旧帝星。"识者高之。

丙寅，吏部侍郎吕大器以疏参马士英，与尚书张慎言同罢。慎言字金铭，阳城人。子履旋，壬午举人，贼陷阳城，履旋投崖死事。及慎言去位，流寓芜湖，国亡后，疽发于背，戒勿药而卒。马士英以国朝谕江南官民奏闻，请择人使北议款，赐北都殉难臣尚书范景文、倪元璐，侍郎王家彦、孟兆祥，左都御史李邦华，大理寺卿凌义渠以下共二十五人祭葬谥赠有差。李沾自叙定策功，升左都御史。道臣李谟上言："今日诸臣能各刻刻自认先帝之罪臣，方能为陛下之功臣；且拥立之事，陛下既不以得位为利，诸臣又何以定策为功？"不报。

丙子，湖广按臣黄澍入对，面讦马士英奸贪不法，泪与语俱，王为感动。士英不能辩一语，引疾乞休。随辇金帛赂福邸旧阉田成，成泣语王曰："皇上非马公不得立，今逐之，必谓皇上负恩。且马公在，诸事可不烦圣虑；马公去，谁复念皇上者也！"福王默然，成即传谕士英，仍入阁办事。

己卯，命选净身男子，释高墙罪宗七十五案，追谥建文帝曰惠宗让皇帝，上景帝庙号曰代宗。张献忠陷重庆。是月，王师破德州，山东郡县皆迎降，惟济宁犹为明守。七月丙戌朔，科臣章正宸疏论文武偷安，不思讨贼，兼及议款之非；熊汝霖亦极言内外交通，神丛互借，得严旨。封太妃弟郭守义、福府千户常应俊皆为伯。辛卯，遣左懋第、陈洪范使北。庚子，王生日，受朝贺，勋臣皆有进。是月，闯贼出潼关，攻密县。八月丙辰朔，命锦衣指挥冯可宗得遣使役缉事，以逆案杨维垣为通政使。科臣陈子龙疏言："近日中使四出，民间女子稍有姿色，即以黄纸贴额，选入宫中，闾里骚然，请行禁止。"不报。戊辰，太妃至自河南，限工部三日内括银币以备赏赐,兼办一应陈设。又谕行宫湫隘,急修西内,随传太妃命令选中宫。是月,地一日三震,长庚见东方,光芒闪烁中有刀剑旌旆之影。张献忠陷成都。浙江东阳民变。

九月丙戌朔,以大铖添注兵部右侍郎,同办部事。主事尹民兴疏言:"兵部以讨贼为职,今抗颜居堂上者,乃一逆案问徒之臣,即移檄四方,何以折跋扈将军之气?"不报。时中外攻大铖者甚众,大铖愤曰:"彼攻逆案,我作顺案相对耳!"于是唆士英严处降贼诸臣周钟、光时亨等,以折东林之气。甲午,大学士姜曰广罢,逮主事周镳、山东佥事雷缜祚。初,大铖避寇白门,妙选声妓,东林、复社诸名士时多聚于雨花桃叶间,而镳实为之主。语及大铖,辄戟手痛骂。大铖闻之,嚼腭捶床,思一旦得志,起大狱杀之。至是,先以蜚语逮镳,并及缜祚,系狱严讯,校尉四出,诸人踉跄奔避,善类为空。乙未,左都御史刘宗周罢。士英初意颇向宗周,一日阁中语及故庶吉士张溥,士英曰:"我故人也。"酹而哭之。姜曰广笑曰:"公恶东林者,亦□东林耶?"士英曰:"我非叛东林者,东林拒我耳!"又心德大铖之荐,欲两用之,而邪正不能并立,不得已出刘而入阮。尝赋诗曰:"苏蕙才名千古绝,阳台歌舞世间无。若使同房不相妒,也应乐杀窦连波。"盖以苏喻刘,阳台喻阮也。

丁未，选淑女黄氏、郭氏入宫，仍命再选，有母女自尽者。马士英请州县生童纳金免考，奉化布衣何光显疏马士英罪，发刑部问罪。己酉，移黄得功驻庐州，高杰驻徐州，副总兵黄斌卿驻九江，郑鸿逵驻京口，黄蜚驻采石。开助工例。时内操额兵四十余万，需饷几八百万，司农悉各项所入止六百余万，又内有宫俸国用之供，外有水旱灾伤之耗，不能给。而宫室服用，百役丛作，皆援全盛之例，费无纪极，于是开事例，贱其值以招纳来者，士英辈因而乾没。民间有"中书随地有，都督满街走。监纪多如羊，职方贱如狗。荫起千年尘，拔贡一呈首。扫尽江南钱，填塞马家口"之谣。大旱，自四月不雨至于是月，烈日常如盛夏，震泽巨浸，褰裳可涉。

十月己卯朔，大学士高弘图（字研文，胶州人）既谢政，无家可归，流寓会稽，国破后，逃野寺中，绝粮而卒。当高弘图在位，福王犹时视政事，及马士英代为首辅，福王拱手听之，深居禁中，惟以演杂剧、饮火酒、淫幼女为乐，民间称之曰老神仙。以解学龙为刑部尚书，学龙字石帆，兴化人。又命阮大铖巡江。先是，钱谦益入都，其妾柳如是戎服控马，插装雉尾，作昭君出塞状；及阮大铖誓师江上，衣素蟒，围碧玉，见者诧为梨园装束，皆服妖也。又有县令张丁乾罢官回籍，遇贼削其耳鼻，流寓江宁，当道怜之，补应天府教授，乃为木耳木鼻，遇朝会，用以饰观，亦不祥之兆。西宫落成，改名慈禧殿。分遣内官催各省金花殿价及一应年额关税盐课，礼部再选淑女，富室官家有隐匿者，四邻连坐。

是月，国朝发兵，肃王由山西入秦，英王向河南，豫王出山东，趋徐州。十一月甲午，王师破海州，抵宿迁，未几引还。史可法以闻，马士英大笑。坐客杨文骢问故，士英曰："君以为诚有是事，此乃史公妙用也。岁将尽，防河将吏应叙功，耗费军资应稽算地耳！"

乙未，凤阳祖陵地震。史可法上疏，略云："数月以来，陵庙荒芜，山河鼎沸；复仇之师未出，河上之防未固。此时即卑宫菲食，卧薪尝胆，尚恐无济于事。今观庙堂之作用，百职事之精神，殊未尽然。忆陛下初莅南都，语及先帝，则泣下沾襟；进谒孝陵，则泪痕满袖，曾几何时，可忘前事？先帝以圣明罹惨祸，此千古未有之变也！先帝崩于贼，恭皇帝亦崩于贼，此千古未有之仇也！庶民之家，父兄被杀，犹思穴胸断脰，得而甘心，朝廷顾可漠置？又近得北示，公然以逆遇我，和议决不可成，和不成惟有战。战，阃外事也，然阃外视庙堂，庙堂视皇上。伏愿深思痛念，无然泄沓，慎名器以劝有功，假便宜而责成效。凡不急之工役，可登之繁费，一切报罢；声色之蛊惑，左右之献谀，一切谢绝。即事关典礼，亦概从俭约。朝乾夕惕，振举朝之精神，萃四海之物力，以并于选将厉兵一事，庶人事克尽，天意可回。"疏入，福王及马士英皆不省。时人有诗曰："万卷当百城，遍阅及诸子。诸子暗而驳，经济还推史。"又曰："尚方有宝剑，相传出欧冶。砍断佞臣头，试取先斩马。"又曰："伊昔竹林客，狂邪首阮公。自从名教坏，不复哭途穷。"又曰："新印铜山铸，钩金换一缗。看来鹅眼样，不是旧时钱。"又曰："世人但求福，危哉祸所倚。寄语塞翁知，得马莫狂喜。"

辛丑，奉先殿上梁。高皇建殿余材，贮工部库且朽矣，逢君者指为神木自至，于是土木大兴。是时又将大婚，内府造皇后礼冠，需猫睛石、祖母绿及珠，自一钱以上者百十颗，商人估价数十万。司京兆公疏乞减，始定限礼冠三万两、常冠万两。部臣复言点金无术，再恳从俭，不报。

乙巳，马士英请榷酒助饷，每斤一文。布衣何光显请斩奸相，命戮于市，籍其家。腊月乙卯朔，道臣夏尚䌞进赎锾助饷，士英怨其不以充私，候革职提问。丙寅，戎政赵之龙获僧人大悲，下镇抚司狱。刑部奏从逆六案：一等应磔，宋企郊、牛金星、张嶙然、曹钦程、李振声、喻上猷、黎志陞、陆之祺、高翔汉、杨王休、刘世芬十一人。二等秋决，光时亨、巩焴、周钟、方允冒四人。三等绞赎，陈名夏、杨观光、廖国遴、王承曾、原毓宗、何胤光、项煜七人。四等戍赎，王孙蕙、梁绍阳、钱位坤、侯恂、申芝芳、金汝砺等十五人。五等配赎，宋学显、方拱乾、缪阮、方以智、傅鼎铨、张家玉等十人。六等杖赎，潘同春、吴泰来等八人。存疑另议，翁元益、史可程、吴尔埙、王自超等二十八人。时马、阮必欲杀周钟，拟旨："周钟、陈名夏等未蔽厥辜，令再议。"御史张孙振等因痛诋尚书学龙曲庇行私，学龙遂削籍去。然学龙所定案，亦多漏网，而所拟一等诸犯，皆随贼而行，实未尝正刑也。除夕，福王居兴宁宫，愀然不乐，太监韩赞周进曰："新宫宜欢，而皇上如有所慊，得毋念皇考乎？"福王不应，既而曰："梨园殊少佳者。"

福王下

顺治二年正月乙酉朔，日食。明福王罢朝，设宴内殿，值天阴晦，意颇不怿。诸内臣竞下殿除窗楅，福王曰："不必，朕在此坐不久。"闻者皆骇其不祥。壬辰立春，是夜，流星入紫微宫。癸巳，江宁震电，大雨雹。明日，三法司会讯大悲，辞连申绍芳、钱谦益。阮大铖欲借以除东林及素所不合者，因造十八罗汉、五十三参、七十二菩萨等说，书史可法、高弘图、姜曰广姓名，纳大悲袖中。钱谦益先以上疏颂士英，又为大铖颂功，修好矣，而大铖憾不释，亦列名，将穷治其事，而君相不欲深究。大悲坐妖言律，论弃市。福建盗阎猪婆王据帘子洞劫掠，巡抚张肯堂招之勤王，至浙江，复叛去。己亥，重刊《要典》，更定逆案，于是在案诸臣，亡者予葬祭赠谥，存者皆原官先后起用。科臣袁弘勋迎大铖意，疏极纠故臣王之寀、孙慎行、杨涟、左光斗及现任吴甡、郑三俊等。士英票拟："事属已往，不必追论。"

王师渡河，史可法奏遣高杰扼虎牢，刘良佐驻邳、宿。又上疏，略云："陈洪范还，和议已无成矣！向以全力御贼而不支，今又分以御敌矣。宋唐门户之祸，与国终始，臣愿庙堂之上，深思先帝之仇，勿修睚眦之怨。"不报。高杰至睢州，为许定国所杀，可法仍使杰妻邢氏与子元爵主营事。甲辰，以殿宇鼎新，赐马士英、韩赞周以下二十余人银币，仍谕修奉先殿午门及左右掖门。责田成于嘉、杭二府速选淑女。二月甲寅朔，改上怀宗庙号曰毅宗，上太子谥曰献愍，永王曰悼，定王曰哀。加盐课，每引五文，命太监往浙江云雾山开采。戊辰，阮大铖升兵部尚书，大铖虑东林之士有与左良玉厚善者，他日或藉左难己，于板矶作城，名曰防西。左闻之曰："西今复何所防？直防我耳！"嫌始深。

三月甲申朔，故太子至自金华，臣民踊跃争迎。福王命各官不许私谒，中夜移入大内。丙戌，下中城狱。或赋诗哀之曰:"百神扈跸贼中来,会见前星闭复开。海上扶苏原未死,狱中病已莫奚猜。安危定有关宗社,忠义何曾到鼎台?烈烈大行何处遇,普天同向棘圜哀。"或云下狱者已非至自金华者。有旧内臣顾浮伯尝为虞山归庄说其事,庄纪以诗曰:"兵卫严防古寺中,内臣识得旧东宫。夜分送入金吾宅,玉貌明朝便不同!"御史陈以瑞上言:"愚民易惑,人言藉藉,皆谓诸臣有意倾先帝之血胤。"有旨,王之明好生护养,勿用非刑以招民谤。丙子,下宫眷童氏于狱。童氏或云继妃,或云司寝,或云淮上私奔。既下狱,人又赋诗哀之曰:"多病王孙薄命姬,一见悲哀不自持。国亡家破相怜惜,淮上渔舟风月夕。白鱼渡江化为龙,美人清夜泣芙蓉。留得红颜惧消歇,来诣王家旧宫阙。何为驱呼入棘门,不思故剑曾随君?寒铁无情带头锁,暗将泪点弹鬼火。"己巳,江宁皮工詹有道忽衣青衣入西华门,至武英殿,大言曰:"我今日御极。"执讯之,始悟,供云:"初闻空中言:'入宫寻子去。'遂不觉至此。"杖之,肤肉□不损,然亦无呼号之声,械其项,已死矣。不数日,又有道家服来,直入西长安门,门者执之,叱曰:"吾天子也,若不闻黄牛背上绿头鸭乎?"福王命杖而释之。丙午,王师破徐州,高杰部将李成栋等南遁。宁南侯左良玉、江督袁继咸请保全太子,良玉疏略云:"太子南来,吴三桂实有明验,史可法明知而不敢言耳！在廷诸臣徒欲逢君，罔知大体。独不思李贼逆乱，尚欲待以杞宋之礼，不忍加害，何至一家反视为仇，必诬以假冒。亲亲而仁民，愿皇上急省之！"袁疏言："太子真伪易辨。居移气，养移体，必非外间儿童所能假冒。王昺原系大族，高阳非经兵燹，子姓何缘只身南来？朝廷又何关系，遣人踪迹？伏愿皇上勿信偏词，使一人免向隅之泣，而宇内消疑贰之心。"已而何腾蛟、黄得功等各具疏，皆不报。

时有似日者十数，彼此激射，久之方灭。左良玉疏列马士英七大罪，又先传檄四方。四月癸丑，举兵东下。其时良玉已病，麾下皆群盗，不复受其约束，自汉口达蕲州，沿途杀掠。至九江，〔见〕袁继咸，欲劫之盟，继咸曰："密谕从何而至？且先帝旧德不忍忘，今上新恩亦未可负。"良玉不悦，继咸亦不敢复言，与良玉成宾主之礼而别。比返，则左兵已出城，城中诸将皆从之矣。继咸不得已，复出见良玉面责之，良玉茫然无以应。及见城中火光烛天，始大骇，椎胸叹曰："我负临侯。"咯血数升，病遂革。壬戌，左兵陷安庆，召黄得功入援，并征史可法。

癸亥，王师破亳州。时两方交迫，人心摇动，命内阁分监各门，禁百官家口出城。决从逆光时亨、周钟、武愫于市，其余拟斩者充云南金蜀卫军，拟绞者充广西边卫军，四等以下皆革职放还，赐周镳、雷缜祚死。

先是，御史王惵疏请斩二人，至是，吉服入狱，缜祚见之詈曰："王惵，若能断吾头否？"镶曰："痴汉，不断吾头，吉服何为？"乃作家书讫，又互书"先帝遗臣"四字于腹，乃就缢。遗命勿葬，置棺雨花台，仿伍子胥抉目之意。是日，福王召对臣僚，问守御策。或言左兵稍缓，北兵尤急，请无撤还良佐，士英戟手骂曰："若辈东林，欲藉防江，纵左逆入犯也！北兵至，犹可议款，若左逆得志，若辈高官，我君臣独死耳！已撤良佐兵过江矣，宁死北，毋死左！"福王默然。甲子，豫王兵至淮安，刘泽清大掠南奔，于是江北遂无一旅。是日，汇选淑女于贡院，七十人中选中阮姓一名，大铖侄女也。壬戌，送到浙中淑女五十人，选中王姓一名、周姓一名，俱送皇监。命内臣屈尚忠催大礼措办银两，户部请借征来岁条银。己巳，黄得功破左兵于采石，左梦庚以其众北降。捷闻，赐刘孔昭、阮大铖、黄得功、方国安银币。史可法未至采石而还。丁丑，王师逼扬州，民间讹言许定国乞师复仇，将尽歼高营。高营兵斩关先遁，可法血书寸纸，驰报兵部求救，不应。城破，以遗表授副将史得威，自刎未殊，执诣豫王，不屈而死。

己卯，马士英召黔兵入卫。有探事者，报王师编木为筏，乘风入江，士英以为非实，杖之，自后警报寂然。五月壬午朔，福王召对百官于武英殿，君臣默无一语。良久曰："外间传朕欲出。"大学士王铎曰："此语何来？"福王指一小阉，铎正色语之曰："外间言不可乱传！"因请讲期，福王曰："且过端阳。"癸未，高营兵南奔，至京口，郑鸿逵截杀，不得渡。李成栋等奉高杰妻子北降，阮、郑以大捷闻。士英率百官上表称贺，欲以愚众。或书于长安门曰："弘主沉醉未醒，全凭马上胡诌。羽公凯歌以休，且听阮中曲变。"羽公，鸿逵字也。丙戌，端阳节，福王在宫演剧，内旨召乞儿多捕虾蟆为房中药，士英平日好斗蟋蟀，故时人又称"虾蟆天子"，以对"蟋蟀相公"。

丁亥，有一骑从金川门入马士英第。午刻，士英入见，传令各门下闸，辰开申闭。戊子，调黔兵守孝陵，各官集议于清议堂，多窃窃耳语。临散，或闻唐世济与李峤相和曰："即降志辱身，亦所甘心。"叩之，答云："北信甚急，今不妨。"是日，郑鸿逵以诞辰在京江张灯大宴。王师编筏夜渡金山，又别走老鹳河。诘旦，因大风顺流而南，不过数百骑，郑鸿逵先遁，黄蜚、黄斌卿等闻风皆溃。辛卯，内传选中三淑女放还母家，召马士英入见，士英无语，惟书一避字于几而退。午刻，集梨园演剧，福王与诸内官杂坐酣饮。三鼓，同后宫宦竖跨马出聚宝门，奔太平，投黄得功。刘孔昭斩关遁，马士英欲随众降，又恐不免，壬辰黎明，饰其母为太妃，以黔兵自卫，奔广德。辰刻，百姓出故太子于狱，拥至武英殿，取福王所遗冠服加之，叩头呼万岁。

擒王铎至,群击之,须发立尽。张捷恐祸及,走鸡鸣寺,以佛幡自缢。杨维垣杀其二妾,置三棺中堂,旁殓二妾,虚其中,题"杨维垣之柩"而遁。

癸巳,文武集中府会议,无言及立君者。太学徐瑜谒赵之龙,请奉太子即位,之龙立斩之。是夜,豫王至江宁,营于天坛,丙申昧爽,赵之龙启门率群臣迎降。丁酉,豫王入城,李峤独先薙发,王骂之。诸降官以太子至,王降阶而迎,赐坐于右。刘良佐被擒,请取福王以自赎,王发三百人同往,且召黄得功。时得功奉福王走芜湖就斌卿,而斌卿已遁。良佐至,得功自刎,福王窘急,伏中军翁之祺舟。降将苏养性、田雄搜得之,之祺投水死,良佐拘福王东还。丙午,福王乘小轿,衣蓝袍,首披包头,油扇障面,太妃及金妃骑驴,随良佐至江宁,百姓夹道唾骂,甚有投瓦砾者。入内守备府,见豫王叩首,王坐受之。命设宴,坐于太子下,诸降官皆侍。酒半,豫王问曰:"汝先帝自有太子,汝不奉遗诏,擅自僭立,何居?"又曰:"汝既僭立,惟纵酒色,听奸臣纳贿报复,不遣一兵讨贼,何居?"又曰:"汝先帝止有太子,逃难远来,汝既不让位,又反磨灭之,于心何忍?"又曰:"我兵尚在扬州,汝何故便走?"福王汗流沾襟,终无一语。宴罢,羁候于江宁县署。豫王命旧臣就视之,惟何楷、柳昌祚二人往,福王嘻笑自如,但问马士英何在。后人有诗叹之曰:"乘舆不惜殉山河，率土悲号志枕戈。最是江南称乐国，一年赢得圣颜酡。"

  论曰：世或言福王读书少，未能亲决章奏，故内阉外臣得相倚为奸。其平居饮食宴乐时，或狂走宫苑，如失心状。至如娈童季女，方药纵淫，皆传闻之过。此言或然。要之，汉阿斗之类也，即史、高诸公在朝，犹难辅之。况易以马、阮乎？元夕手自张灯，韩赞周进曰："天下事正难措手，何亲此琐屑之务？"福王曰："天下事，有老马在，何虑？"陈洪范还，言王师必至，士英恶之，曰："贼犹未灭，北兵不无后虑，岂能投鞭问渡？且赤壁三万，淝水八千，一战而安江左，有四镇在，何用多言？"刘泽清镇淮安，与田仰酣饮，或问守御，答曰："我为扶立福王而来，此地但供我息师，设或有事，我自择一善处去耳！"呜呼，承大变之后，而上下泄沓，清歌于漏舟之中，痛饮于焚屋之下，而不知覆溺之将及也，可哀也哉！

史可法殉扬

  可法字宪之，一字道邻，大兴籍，祥符人。祖应元，黄平知州，有惠政。父从质，母尹氏，梦文信国入其舍而生可法，幼时即以孝闻。崇祯戊辰进士，历仕至副使，分巡安庆、池州，监江北诸军。可法短小精悍，面黑，目烁烁有光。廉信，与下均劳苦，能得士死力，以故所至有功，累升至南大司马。

甲申夏，与留都诸臣共立福王，为马士英所忌。以大学士督师江北，开府扬州，首请分设四镇。征士刘成谏曰："四镇兵半盗贼，余非有恩义联结，知慕节概，树功勋，流后世者也！主弱必叛，敌强必降，主敌两弱，则专制自为，而互相兼并，胜则大自封，小挟王，不胜者复溃溢而为盗。今内无劲将亲兵足以弹压，而欲倚此四人以防敌，是犹使狼守户，虎来未必能拒，而主人先不得动摇手足矣！苟行是，公必悔之。"可法不听。前商丘令梁以樟亦献书可法曰："守江非策也，公今以河南、山东为江南屏蔽，仿唐宋节度招讨使之制，于山东设一大藩，经理全省，以图北直；于河南设一大藩，经理全省，以图山、陕。择大臣才兼文武者任之，厚集兵饷，假以便宜。于济宁、归德设行在，以备巡幸，示天下不忘中原，如此克复可期。若弃二省而守江北，则形势已屈，即欲偏安，不可得矣！又四镇咸跋扈，宜使分不宜使合，务别其忠顺强梗之情以懋劝之，而阁部大树兵以自强，乃可制也。"可法心然其策，然卒不能用。

扬州富庶甲天下，至于四镇争欲驻兵。高杰先至，

鹿樵纪闻

大肆杀掠，扬人大惧，登陴拒守。杰攻之浃月，可法驰檄往谕，三镇皆敛兵顺命，惟杰尤骄悍难制，可法乃身往谕之。杰素惮可法，闻其来，即夜掘坎千百，埋暴骸，且日谒可法，辞色俱变，汗流浃背。可法坦怀待之，偏裨皆接以温语，杰喜过望。然自是心易可法，用己甲士防卫，文籍必取视而后行。可法夷然为具疏，屯其众于瓜洲，杰又大喜。杰去而扬州始安。

其年冬，国朝发兵南下，传示江南臣民，摄政王又赐可法书，略云："君父之仇，不共戴天。闯贼手毒君亲，中国臣民，不闻加遗一矢。本朝念夙好，弃小嫌，严整貔貅，驱除枭獍。入京之日，首崇怀宗帝后谥号，卜葬山陵，悉如典礼。仁人君子，宜如何感恩图报！乃乘贼寇稽诛，王师暂息，即欲雄据江南，享渔人之利。独不闻《春秋》之义，君杀贼不讨，不书即位乎？且国家定鼎燕都，乃取之于闯贼，非取之于贵国。诸君子果能炳机烛理，切念故主，厚爱贤王，宜令削号归藩，国家当待以虞宾，永绥福位。南国安危，在此一举。毋贪瞬息之荣，为乱贼所笑！"

可法答书曰："我大行皇帝敬天法祖，勤政爱民，特为庸臣所误，致有闯贼之变。法待罪南枢，救援不及，即肆法市朝，以为泄泄之戒，岂足谢先帝哉？闻变之日，留都臣子，欲悉东南之甲，立殄凶仇，而二三老臣谓国破君亡，社稷为重，相与迎立今上。今上非他，神宗之孙，光宗之侄，大行皇帝之兄也。即位之日，即令法视师江北，始知我大将军吴三桂借兵破贼，扫清宫禁。贵国入都，即为先皇帝发丧成礼，普天之下，孰不感激？谨于今八月薄具筐篚，遣使犒师，请命鸿裁，连兵西讨。是以王师即发，复次江淮，乃辱明谕，引《春秋》之义，来相诘责。夫《春秋》所言，特为列国君薨，世子应立，有贼不讨，不忍死其君父者立说耳！若赤县共主，身殉社稷，青宫皇子，重罹惨变，而犹拘牵不即位之说，坐昧大一统之义，何以维系人心，号召忠义？本朝正统相承，传世十六，存亡继绝，仁恩遐被。贵国不忘旧好，驱除逆乱，兵以义动，万世瞻仰。若乃乘我内难，窥我幅员，是以义始而以利终也。语云：'树德务滋，除恶务尽。'今逆贼尚稽天诛，正图报复。伏乞树同仇之义，全始终之德，会师进讨，共枭逆贼之头，以泄神人之愤，则贵国义声照耀千古矣！本朝报德，惟力是视。至法身陷大难，所以不及从先帝者，实惟社稷之故。《传》曰：'竭股肱之力，继以忠贞。'自处今日，惟有鞠躬致命，自尽臣节，不知其他。惟贵国实昭鉴之。"

高杰既屯瓜洲，可法益推诚待之，导以君臣大义。久之，杰大感悟，奉约束，上表帅师北征。可法出巡清江浦，遣官屯田开封，为经略中原计。舟次鹤镇，闻王师入宿迁，进自白洋河，令总兵刘肇基往援。王师还攻邳州，肇基复援之，王师还。乙酉正月，高杰进至睢州，为许定国所杀，可法如徐州，抚定其众，于是大梁以南皆不守。四月，王师深入，可法方移军泗州护祖陵，而左兵东下，士英悉撤江北兵西御，并召可法。可法争之不能得，乃渡江入援。抵燕子矶，闻左兵已破，急还趋天长。忽报盱眙、泗州皆溃，大将侯方严全军战没，遂一旦奔还扬州。则城中讹传定国兵将至，歼高氏部曲，于是高营兵先溃。可法啮血为书，请救于朝，又檄各镇兵，无一应者。俄而王师至，屯班竹园，可法率诸文武分陴拒守。阅二日，总兵李栖凤、监军副使高岐凤拔营出降，城遂破。可法出遗疏授家丁，又为书上其母，拔刀自刎，未殊。左右负之出小东门，遇北骑，大呼曰："史可法在此。"执见豫王，王欲降之，不顺而死。

同时死事者：知府任民育，字时泽，济宁人；同知曲从直，辽东人；王缵爵，鄞县人；知县周志畏，鄞县人；罗伏龙，新喻人，受代甫三日；盐运使杨振熙，临海人；监饷知县吴道正，余姚人；县丞王志端，孝丰人；副将汪恩诚，字纯一，贵池人；幕客卢渭，字渭生，长洲诸生，即上书留可法，言"秦桧在内，李纲在外，宋终不竞者"也。

又遵义知府何刚，字悫人，上海人，崇祯庚子举人。素抱济世之志，好交天下豪俊。十七年正月，入都上书，陈天下大计，庄烈帝壮其言，授职方主事，募兵金华。福王立，复至南京上书，时不能用。令以其兵隶史可法，可法得之大喜，刚亦幸遇知己。士英恶之，出为遵义知府，刚不忍去，卒与可法同死。

又庶吉士吴尔埙，崇德人，癸未进士。初陷贼中，贼败，南归谒可法，请从赎罪，可法留参军事。时其父之屏方督学福建，尔埙断一指寄故人祝渊曰："君归语我父母，悉出私财畀我饷军，我他日不归，即以指葬可也。"从高杰北征，杰死，流寓祥符，遇妇人自言福王妃，尔埙因守臣附疏以进，斥其妄言，逮之，可法为救免。亦与可法同死。

高黄二镇

黄得功号虎山，开原卫人，本姓王，早孤，与母徐居。少负奇气，胆力过人。性嗜酒，年十二，母酿酒熟，窃饮至尽。母责之，笑曰："偿易事耳！"时辽事方急，得功持刀杂行伍中，出斩二首，得赏，归奉母曰："以偿酒也。"总兵黄惟正以为养子，因冒姓黄。尝乘醉匹马裸身挥双刀，逐蒙古数十骑，歼其大半，军中称为黄闯子。初授把总，从惟正援蓟门，战大沙河，以寡敌众，再遇皆捷。从援抚宁，战索罗岭，斩获过当，追奔至双望，复滦州、永平。又战马头山，功最，升参将。自将援畿辅，战良乡、涿州，累胜，进副总兵，分管京卫营。十年春，贼犯安庆，逼凤阳，自请率禁军扫荡。十一年春，从熊文灿破贼于舞阳。其年秋，又从破马光玉于淅川，加总兵衔。京师警，以步兵勤王，大战吴桥却敌，加宫保。十三年，从卢九德破贼于板石畈，降革里眼。十四年，以总兵驻定远，护凤、泗陵。与刘良佐救桐城，大破张献忠于鲍家岭，追至潜山，得功面伤矢，气愈奋，转战十余日，斩贼将闯世王、三鹞子，又单骑逐献忠，几获之。先后斩首级六千，救回难民数万。寻受命讨永城，俘叛将刘超，加太傅。明年，移庐州。封靖南伯，福王立，加太师，进爵为侯。与刘良佐、刘泽清、高杰分守江北，号四镇。

高杰，米脂人，贼中所谓翻山鹞。后从李自成剽掠，尝杀总兵许定国一家，已而窃自成小妻邢，以其部众降明。壬午冬，隶贺人龙麾下。人龙诛，命杰为实授游击，分领其众。孙传庭治兵出关，命擢杰与鲁胜为前锋，战冢头，贼败走，追奔六十里。会罗汝才来援，绕出官军后，后军左襄先奔，师遂大溃，杰所失亡独少。癸未，秦兵再出，进杰副将，与白广恩为先锋，进克宝丰。力战却贼，遂复郏县。会大雨粮尽，师还，降将李际遇通贼，自成帅精骑大至。传庭召诸将谋，杰请战，广恩以为不可，传庭笑其怯，广恩不怿。及战，杰先登陷阵，破贼坐蠹，俘其将谢君友，贼兵益至，广恩引所部先遁，师遂大溃。贼长驱叩关，广恩力战，杰亦不救，引众至西安，取其家北奔延安。贼将李过追之急，复奔宜川，乘冰东渡。

甲申春，进杰总兵，召赴李建泰军前。杰退至泽州，沿途大掠。京师陷，杰复南走，福王封兴平伯，列于四镇。是时，朝议以杰辖徐、泗，驻泗水；泽清辖淮海，驻淮安；良佐辖凤阳，驻临淮；得功辖滁、和，驻庐州。而杰意欲得扬州，扬州士民畏其残暴，闭关不纳，杰屡攻不克。督师史可法初欲以扬州与之，得功闻之，自谓身经百战，功甚高，而居庐州贫敝之地，杰乃降贼，且无功，顾得殷富之扬，意甚不平。可法不得已，议以瓜洲予杰，而移得功于仪真，俾牵制，杰乃止，然心忌得功甚。会登莱总兵黄蜚素与得功以同姓联兄弟，蜚移镇江南，畏杰之暴，移书请兵备非常，得功自以三百骑至高邮迎之。杰即潜使精卒伏于道中，得功行至土桥，方作食，伏兵猝起，得功上马，举铁鞭，飞矢雨集，腾他骑驰。有骁骑舞槊直前，得功大呼反斗，挟其槊而抶之，人马皆靡。复杀数十人，跳入颓垣中，哮声如雷，追者不敢进，乃疾驰至大军，方得免。俱行三百骑皆没。

又始斗时，杰使部将袭仪真，得功兵拒战，颇有所伤，遂诉于朝，愿与杰决一死战。可法往吊，语之曰："土桥之事，无智愚皆知杰不义，今将军以国故捐盛怒而归曲于杰,是将军取大名于天下也。"得功色稍和,而终以杀伤多为恨。可法乃令杰偿其马,奉千金为母赙,得功不得已始听命。

杰争扬州时,可法颇为所窘,至是,感可法忠诚,愿与诸将协力谋恢复。其年冬,遣人致书肃王,请会兵诛贼,王答书谕以择主意。杰怒,上表出师,欲分兵驻归德,而身屯睢州,纠合义勇,以定中原。乙酉正月,杰引兵北上。其时守睢州即许定国也,闻杰将至,使人远迎,阳为好语,愿处麾下效驰驱,□欲具杯酒申交代礼,杰忘前事,不之忌,轻骑往赴。夜深酒酣,从骑皆醉卧,定国潜使壮士挟长矛,升屋去瓦,刺杰杀之,尽歼其众骑,而渡河北降。翌日,杰部将李本深、高进库等屠睢州而还。

杰既死,得功复还镇庐州,其年四月,得功破左梦庚于铜陵。梦庚来降,论功加左柱国,移镇太平。未几,大兵渡江,福王开聚宝门西走,投得功营。时得功方聚兵于芜湖,见王泣曰:"陛下坚守京城,臣等犹可效力,今事去矣!"福王亲酌三爵饮之曰:"敬仗将军威力。"得功沥酹于地,矢曰:"不尽犬马力以报陛下者,有如此酒。"俄而刘良佐引大兵追至,得功战铜陵时,伤左臂未愈,至是,即督八总兵结束迎敌。良佐大呼岸上招降,得功骂之,勒兵欲战,将士莫有应者。愤甚,匹马独出,忽流矢中颊。拔视之,中军田雄矢也。

度事不可为，奋前击杀数十人，刃缺，乃口衔其髯而自刎。得功已死，田雄及良佐挟福王还江宁。

得功粗猛不识文义。南都所下诏书，指挥多出群小，得功遇不合意，或对使骂之。然忠义出自天性，有以国事相规戒者，辄屈己改不旋踵。每战，饮酒数斗，酒酣气益励。喜持铁鞭，战罢，鞭渍血沾手腕，以水濡之，久乃得脱。其军行纪律严，下无犯者，所至人感其德，庐州、桐城、定远皆立祠。

泽清，曹县人，以将才授守备，稍迁至大将。性至怯，常怀私观望，后渐跋扈，所至放兵焚掠，百姓苦之，甚于群盗。福王时，与廷臣互分党援，干预朝政，奏牍纷如，朝廷每曲意从之。颇涉文艺，好吟咏。幕中畜两猿，名呼即至。一日宴其故人，酌酒金瓯，呼猿跪送，客见猿状狰狞，战惮不敢取，泽清笑曰："君怖也。"命取因捽死阶下，剜心及脑，置瓯中和酒，付猿捧之前，饮釂颜色自若，其凶戾多此类。大兵下扬州，泽清欲遁入海，已而投诚，未几，以谋叛诛。

  论曰：或谓高镇智足知人，勇足勘乱，忠足任国，而万监军亦称其奇男子，自予观之，殆未尽然。夫杰之降，实由于窃妻。其在扬州，日事杀掠，扬人恨之刺骨，后闻其死，无不相庆。特以其上下泄沓，无一人以讨贼御敌为意者，独杰上表出师，孤军犯难。又其平昔，尝疏救刘宗周、郑三俊，颇知依附正人，故其死也，人多惜之，其实非虎山比也。虎山起行伍，积功至大将，虽扬州之事有愧和衷，卒以国事为重，释怨罢兵。良玉东下，江左倚为长城。迫乎江宁不守，而沥酒誓天，不忘报国。田雄一矢，愤极自裁，较之作孽在前，而死于仇人之手，不无泰山鸿毛之别矣！

两太子

崇祯帝三子：周后生太子慈烺及幼子定王慈灿，田妃生次子永王慈炤。甲申之变，太子时年十八，上命避成国公府，而永、定二王分投周、田两皇亲。及出宫，仓皇奔散。已而周奎献二王，自成许待以杞宋之礼。帝后梓宫出城，二王青衣拜送，独太子不知所在。及贼挟二王与晋王东出，百姓拥观。始讹传太子亦在贼营。及贼战败，晋王乘间驰入吴军，则又讹传太子为吴军夺归。及贼还京师，则并不见二王，即吴兵入城，亦但有晋王，不闻有太子也。

久之，有言定王被害于城西空苑者。又有言自成西奔，见太子绯衣乘马，随往山西者。至明年春，江南有故太子，莫辨真伪。而是岁之冬，北都先有一男子投周奎家，自称太子，言出宫时不及至公府，匿东厂门，暮出投一腐店，店主人为易敝衣，送崇文门外尼庵，又转匿内侍常进节家。今闻公主在，故来相看。奎首于官，执送刑部会勘，时进节及故阉王化澄皆言非伪。又研审周奎家奴，供称：男子初至，奎侄绎即引见公主，兄妹相向大哭。奎饭之，居家行君臣礼。至晚别去，公主赠以锦袍，戒勿再至。不数日又来，绎便留宿，谓云："若毋言太子，第自称姓刘，说书生理，可以免祸。"男子坚执不从，乃逐之门外，随为逻卒执去。于是刑部主事钱凤览责绎负主背恩，下阶挥绎一拳，满尚书不能决，命且收监。

诘朝，周奎具疏闻之朝，即日廷勘，且召晋王及旧锦衣曾侍太子者十人质之。十人一见齐跪曰："此真太子。"而晋王不谓然，王化澄亦改词。男子曰："我来看公主，非有他图。今为周奎叔侄所卖，真与伪等死耳！何必更辨？"于是收进节及十锦衣于狱。凤览上疏言："昨周奎言：'即以真为伪，亦为国家除患。'此语真情已露，请复讯。"乃再召晋王及旧侍讲谢陛廷质。晋王终不言是，陛亦力证其非。男子乃呼陛曰："谢先生，前时某日，先生在某殿讲某书言某事，犹忆之乎？"陛不得已，始一揖而退，默不复语。凤览复怒陛，斥其不臣，语侵晋王。惟一内官诘其额上有瘢，男子云："出宫时有白须老人以手抹予额，遂失此瘢。"谳者以语荒唐，仍送之狱。时京城士庶纷纷上书，为太子辨抑，且痛詈谢陞。疏上，辄收系狱，而言者不已。摄政王乃坐便殿，亲询群臣。凤览与赵开心独争之力，且言人各为其主。王怒曰："真假且不必争，朝廷自有处分。但晋王胜国王子，谢陞亦前朝大臣，而凤览不逊晋王，百姓毁骂大臣，皆为无上。除伪太子外，凤览、开心及先后系狱者，悉斩之。"廷臣为开心乞生，乃特赦之，而凤览改绞。

此时南太子方随穆虎至江宁，匿高梦箕家也。穆虎者，高梦箕舍人，甲申冬，自北都还南，过山东，遇少年求寄载，许之。暮解内衣，灿然龙也，虎惊询，自言即故太子，吴三桂夺还，逸之民间。语及帝后，则长号。虎问："贼何以称若？"复涕泣交颐曰："儿我。"虎挈之归，抵江宁，望见孝陵，伏地悲痛不能起。梦箕初犹未信。少年为述始冠时事，梦箕向为鸿胪寺序班，犹忆之。留之浃月，复送居其侄杭城高成宅内。

久之，少年渐露贵倨态，成惧，书达梦箕。梦箕令载送金华，将图入闽，然事已大露，不得已密报马士英。福王遣二阉先至金华，一见少年，抱定大痛。卢九德后至，礼倨，少年呼名叱之，九德不觉屈膝。乃奉之至江宁，止兴福寺，夜半移入大内。翌日，杨维垣倡言驸马王昺有侄之明，貌似太子，科臣戴英即据其语上奏，遂下之狱。三月六日，会审于大明门，福王召刘正宗、李景濂至内殿，谕之曰："太子若真，将何以处朕？卿等皆旧日讲官，宜细认的确。"两人觫意，至谳所，少年东向倨坐，随问置对。刘正宗更多设端以诘之，少年怒曰："汝以为王昺侄，即王昺侄耳！且若辈不尝立皇考朝乎，何一旦蒙面至此？"诸臣有赧者，有怒者，以穆虎亡命未获，仍送之狱。诸臣回奏，福王召对，谕曰："先帝身殉社稷，今侧耳宫中，望卿等奏至，若果真，使仍为太子，谁知又不是。"时中外多上疏诋杨维垣，责马士英当保全太子。

穆虎旋执得，搜其衣中，得高成家书，有"或往楚或往闽"等语。士英仍复请召旧讲官方拱乾辨之。初八日再讯，拱乾时以从贼系狱，正宗及张捷、高倬辈先以名帖邀方至寓，迎谓曰："先生恭喜！此审全在先生一言，不惟释罪，亦可高擢。"方唯唯。既集午门，少年仍前倨坐，众簇拱乾至，少年一见即曰："方先生尚无恙？"拱乾不敢应，退入众后，亦不言真伪。或言太子口中有虎牙，足底有双痣，验之皆不符，王铎便欲加刑；而提塘突传黄得功所刊疏至，语甚忿激，铎气稍夺，叱且送狱。次日，正宗、沾、铎等合疏言假冒是实，请俟提到高成，加刑严讯。疏既具，使拱乾署名，拱乾辞。十五日三讯，高梦箕、高成、穆虎皆提到，李沾首呼"王之明"，少年曰："何不呼明之王？"沾喝役动刑，即上夹拶，少年大呼太祖皇考皇帝，声彻内外。又夹讯高梦箕、高成、穆虎，必欲究之楚之闽，何人主使，何人附从？三人供亦含糊。大理葛寅亮密谓沾、正宗曰："诸公度朝廷兵力，能声左、郑之罪，制各镇死命乎？既不能矣，而急之，恐激变。"沾等悟，始叱宽刑送狱。少年出午门，有旧伴读丘致中跪持痛哭，福王闻之，立收下狱，与前往金华二小阉皆掠死。时又有钱某者，密疏请速结案，士英将从之，值左兵东下而止。

是年正月，京师已决凤览，谢陞早朝出，忽遇之途，惊而得病，颈渐肿，将死，惟呼钱老先生且宽我。摄政王闻之，亦信北太子为真矣。已而东安作民乱，称太子，敕发兵部发兵剿灭，并男子斩之。在南者，豫王挟之至京，不知所终。

两疑案

乙酉正月，明掌刑指挥许世藩奏会审僧人大悲事，略云："臣等奉旨于初九会审大悲，供云系休宁人，父朱世杰，母吴氏。悲初在苏州出家，己卯岁，先帝封悲为齐王。壬午，到镇江银山寺，得见潞王。甲申四月，到无锡海会庵，潞王来与悲披红，认为一家。秋间，王使李承奉强悲探南京消息。十月，悲至都，住芙蓉庵。腊月二十一日，到清江湾，见王船，偶书活佛潞王钦差皇帝封条贴船头。明日，住张道人家，又明日，被获。

若问详悉,有悲自写履历冤单,在芙蓉庵。臣等随移文关取,内称'圣僧大悲年三十,封齐王,成活佛'等语。又开欺活佛、泄天机等各款大罪,语同梦呓,状类疯癫。"又奏:"臣等续奉旨严刑复讯,大悲复供云:'潞王斋僧好道,施恩百姓,该与他做正位,故六月中有户部申绍芳议保潞王。近又闻钱谦益在圣庙议保潞王。'据此,该臣看得大悲虽似疯癫,实系招摇,或为前时报德,或为后日居功,但潞王未必知耳!"奏上,福王与士英皆不欲究,申、钱具疏自辨,即奉俞旨。后法司拟悲照妖言律,于三月晦日弃市。

论者谓世藩续奏,全因阮辈欲罗织东林,不足信明矣。即谓之疯癫梦呓,犹有可疑:夫悲既下狱,知当时意旨,得不托之疯癫梦呓以冀免耶?且会审时以帕蒙首,所供语人皆不得闻,焉知不有不可使人闻见者?即履历冤单,焉知不更有所云?而第谓之疯癫梦呓也。更可异者,阮、杨既欲借以罗织东林,岂申、钱一拜疏可免?且士英复何畏惮而劝令中止,福王更何顾恤而不欲深究?然则此事在君相或心有所怯,而逆案诸人反未必知也。

三月丙申,下宫眷童氏于狱。福王娶妃黄氏,又娶妃李氏,皆早卒。童氏者,或云继妃,或云司寝,乱离后，氏与太妃各依人自活。福王既迎太妃，不复寻问童氏。久之，有诣刘良佐自称福王妃者，良佐具仪卫送之江宁。既下狱，氏细书某月日入宫成婚，某月日洛阳城破，妾自具膳，奉帕裹头逾墙而走诸情节。且言："今已失身，何敢复偶至尊？但愿一对天颜，诉明衷曲，死无所憾。"福王见之愈怒，命内臣屈尚忠会同锦衣冯可宗严讯，氏号呼咒詈，既加极刑，始供本周王妇，误闻周王为帝，故来耳。卒瘐死于狱。

论者谓凡人假冒，必有其可蒙饰，若妃匹之际，将何所蒙饰而假之，且求见之？乃童氏之求见愈切，而福王之天颜愈杳，即曰恶其失节，亦何妨明正其罪，以释群疑，曷为而终靳此一见？即太妃亦不召入一讯也。岂王不可见，太妃亦有不可见者耶？苟王与太妃俱不可见童氏，则大悲之来历愈可疑，而一死固其宜矣。

野史氏曰：余闻大悲初称崇祯帝，又称齐王，继复称神宗子，因宫闱有隙，寄育民间，长而为僧。其言诡诞不足信，然知其决非妖僧也。童氏之为继妃，为司寝，为淮上私奔，亦未可定，然知其决非周王妇，与福王全无瓜葛也。余姚黄宗羲、桐城钱秉镫皆以福王为李伴读，非朱氏子也，而童氏乃真妃，故当时讥刺诗有："隆准几曾生大耳，可哀犹自唱无愁。白门半载迷朱李，青史千年纪马牛。"说者又谓东林、复社之士，深憾马、阮，故造此谤，似矣。然观童氏之哭求一见而不可得，后之人犹不能无疑焉。

使臣碧血

左懋第字仲及，别号萝石，莱阳人。崇祯辛未进士，初知韩城县。有实政，以御贼功，擢给谏，累疏言时事，皆中利弊。十六年秋，出察江防。明年春，京师陷，福王立，擢右佥都御史，泣陈中兴大计。时方择人使北，众莫敢往，懋第以其母留京骂贼而死，骸骨未返，上疏请行。于是加兵部侍郎，赐一品服为正使，与都督陈洪范、太仆少卿马绍愉偕行。授经理河北、联络关东之命，兼祭告先帝后，册吴三桂为蓟国公。懋第以通好遣使，不宜兼授经理册封之命，又绍愉尝为己所劾罢，不可复与共事，言之马士英，士英不听。将发，复上疏曰："臣此行生死未卜，愿陛下以先帝仇耻为心，瞻高皇之弓剑，则思列圣之陵寝所存；抚江上之残黎，则念中原之赤子谁恤？尤望选将练兵，枕戈待旦，必能渡河而战，始能扼河而守；必能扼河而守，始能画江而安。"士英拟旨褒纳，畀白金十万两，帛数万匹，以兵三千护之。既发，或谓懋第曰："□事贵于死事，宜以代先帝复仇为辞，先廷谢之，待其情意渐洽，方可议款。"懋第曰："君言诚是。但敕书谓不屈膝，方为不辱君命，吾知有君命在也。"

八月，舟渡淮。九月，行及德州，见北示云："南使只许百人进京，余留静海，著自备盘费。"次早，前示旁另粘一示云："我乃俯偻而循，汝犹正立而面，本非不令而行，何怪见贤而慢？"摄政王闻之，意甚不悦。进至沧州，陈洪范先遣人奉册命授吴三桂，三桂不启封，即以进摄政王。王因发怒，待来使不敬。十月朔，至张家湾；越数日，礼部官始来迎，将处以四夷馆，懋第争之力，乃服衰经，奉国书，从正阳门入，馆鸿胪寺。翌日，内院刚林榜什一十余人至寺，则踞椅上坐，左右布毡于地，余人坐右毡，指左毡令使人坐。懋第正色曰："华人不惯席地。"取三椅与刚对坐。刚责以不遣兵讨贼，而擅立福王。懋第反复抗辩良久，刚曰："无多言，朝廷已发兵南下。"懋第曰："江南兵多食足，莫小觑了。且南以礼来，北以兵往，恐非初时救灾恤邻之意。"刚不答而去。懋第随以谒陵改葬请，刚传言我朝已代尔等哭过、祭过、葬过，今不必。懋第乃于寺堂陈太牢，偕两副使哭临三日。先备寸楮，令都司某潜出归报。

当是时，朝廷心重懋第，又未悉江南虚实，馈饷礼貌犹厚。已而以侯爵诱陈洪范，备得其情，决计南伐，即于二十八日遣还。已出京，陈洪范潜请身赴江南招谕四镇，而留懋第等勿遣。于是追执懋第及马绍瑜于沧州，拘于太医院。久之，洪内院来访，懋第叱曰："此鬼也。松、杏之战，洪公身殉马革，赐祭赐葬，死久矣！安得复有是人？"洪惭而退。阅数日，李建泰来见，懋第复叱曰："此非先帝宠饯督师，不能殉国而从贼乎？何颜见我！"李亦不敢见而去。乙酉三月十九日，懋第在院求得一羝羊，奉表祭告故君。复为文，以只鸡樽酒奠殉难诸大臣，哭，两眦尽血。

未几，金陵破，北官以驼酥、羊炙来馈，且说之降，懋第痛哭不食，题诗院壁云："峡坼巢封归路回，片云南下意如何？寸丹冷魄消难尽，荡作寒烟总不磨！"会中军艾大选先薙发，懋第立杖杀之，北官来责，懋第曰："吾自行我法，杀我人，与若何预？"摄政王乃遣兵至院，勒令剃头，懋第及从官陈用极、王一斌、王廷佐、张良佐、刘统五人皆不屈。同执下刑部狱，旋移水牢，绝其食饮。积数日，懋第执志愈坚。拥见摄政王，懋第长揖不跪。王必欲活之，问在廷谋臣云何，陈吏部曰："为崇祯来可饶，为福王来不可饶。"懋第曰："若曾中会元、榜眼，亦知今上是先帝何人？"金侍郎劝之曰："先生何不知天命？"懋第曰："先生何不顾天理？"摄政王责之曰："若自谓循理，何食我朝粟逾半年而犹不死？"用极从旁答曰："若来攘我朝之粟，反谓我食若粟耶？"王怒曰："若辈何人而亦不跪？"命摇其颊，用极喷血呼曰："士可杀不可辱。"王复改容曰："汝等不畏死，皆忠臣也，然降亦自佳。"懋第惟请速死，王顾廷臣莫为请者，乃挥出斩之。懋第从容至菜市口，顾五人曰："悔乎？"皆答曰："求仁得仁，又何悔。"懋第连呼好好，南向四拜，端坐待刃。忽一官飞骑至，呼曰："降者爵以王。"懋第曰："宁为南鬼，不为北王。"时正晴明，忽风沙四起，屋瓦皆飞，刽子手杨某涕泣叩头，而后行刑。五人皆死，惟绍愉获免。有蓝铼者，与游击樊通及用极门人徐敷瘗懋第于白马寺旁，以四人祔，而独火用极尸，负骸骨归昆山。用极字明仲，一斌宁国人，良佐、廷佐、刘统皆上元人。

野史氏曰：古人言"从容殉节难，慷慨死义易"。以余观之，忠孝实根至性，必非一时所能勉也。史督师当国步艰难，鞠躬尽瘁，死而后已，拟节文山，而有弟可程官庶常于北都，降贼；贼败南归，可法请置于理，王以可法故，释归养母。厥后流寓宜兴，阅四十余年而卒。萝石弟懋泰官员外郎，亦降于贼。后任本朝，一日至院谒兄，萝石叱曰："此非吾弟也。"麾而出之。自非有不可移易者，兄弟之间何以相反若此？然而韩子性有三品之说，殆未可以厚非也欤？

南都死难

南都之破，明臣殉难者十二人，以新城黄公端伯为首，其十一人曰高倬，曰刘成治，曰吴嘉胤，曰龚廷祥，曰陈爔及子自俞，曰陈于阶，曰吴可箕，曰王赞明，曰董启明，曰黄金玺。诸人者，自高倬外，皆非柄国谋事，荷鼎铉栋柱之任者也，而慷慨授命，大节皎然。嗟夫，国家无事，公卿大臣享其尊荣；不幸有变，儒生小臣奋其义烈，时势使然，曷足怪哉！

黄端伯字元公，别号海岸，建昌新城人。崇祯戊辰进士，初授宁波推官，改杭州，以忧去。服阕，弃官为僧，事沙门雪桥于庐山。朝廷下省勘问，不得已复束发。福王僭号，改授主事，及王师渡江，福王出走，廷臣潜遁，端伯不动。保国公集群僚会议，人怀异心，日中不决，端伯抗声曰："今日之事，从驾为轻，保国为重，吾辈当图其重。"众皆默然。议未毕而降表已行矣。翌日，豫王兵至城下，见门未启，遣使呼曰："既迎天兵，何闭也？"有老人登陴应曰："自五鼓候此，待城中稍定，即出谒。"骑曰："若为谁？"复自喝曰："礼部尚书钱谦益。"有顷，戎政赵之龙至，率群臣启门，伏谒，迎豫王入宫。端伯闻变，大书于门曰："大明礼部仪制司主事黄端伯不降。"王闻而异之，遣骑邀至，坚卧不起。骑执之入见，左右使跪，端伯叱之，面南趺坐。王责之曰："尔以弘光为何如主，而欲为之死？"答曰："天王明圣。"曰："马士英如何？"曰："马士英忠臣也。"王曰："士英何得为忠臣？"答曰："不降而扈太后入浙，何谓不忠？"顾指之龙辈曰："此则不忠之大者。"王曰："素闻先生耿介孤直，今欲相荐何如？"端伯不应。曰："闻尔好佛，若以善知识礼相待何如？"复不答。王曰："南来硬汉仅见此人。"命送之狱。端伯在狱，言笑如平常，门生某入见，劝之稍贬，端伯怒骂，掷之以砚。在狱几一月，王使骑问曰："先生降与不降，决于今日。"端伯笑曰："吾志遂矣。"同骑出通济门，至水草庵，曰："愿毕命于此。"一卒刃之，手颤刀坠，端伯厉声曰："何不直刺我心？"如其言而瞑。随而观者千百人，皆持香哭拜。

高倬号枝楼，忠州人，刑部尚书，仰药死。

刘成治字广如，汉阳人，崇祯甲戌进士，官户部郎中。赵之龙将出降，入户部封府库，成治愤怒，手搏之龙，跳而脱免，成治遂自缢。

中书陈爌及其子壬午举人自俞，五官挈壶陈于阶，上海人，孝陵卫军董启明，中书龚廷祥字伯兴，无锡人,癸未进士,五人皆缢死。廷祥,马世奇门生,有女名静照,能诗,痛父之死,见之吟咏,名《鹃红集》。

吴嘉胤字绳如,华亭人,时官主事,奉使出都,闻变,还谒方孝孺祠,将投缳,为家人所阻,不得死。及薙发令下,乃冠带谒孝陵,既登雨花台,复拜方正学像,而自经于宋杨忠襄墓松树之下。留书上豫王,一请善待故君,一请禁伐孝陵木,一请封太祖后以备三恪。

王赞明,邳州人,国子生,于天启中,尝上书攻魏阉,因通政使不以闻,故得全。甲申秋,刘泽清与王燮置酒高会,赞明衰绖而前,责以大义,燮怒系之狱,泽清解之,得□去。至是,先于相山自开葬域,集亲友与决曰:"此地当往来之冲,吾不死于家而死于此,使过而见者有动心焉!天下事未可知也。"遂自经。

吴可箕、黄金玺,皆江宁人。可箕字豸生,国子生,自缢于鸡鸣山;而金玺闻黄端伯不屈,亦大书其门曰:"大明武举人黄金玺,一死以愧为人臣怀二心者。"扼吭而卒。

南国愚忠

江宁既定,豫王分遣降官安抚东南,钱谦益启使其客同行,致书绅士,有"名正言顺,天与人归"之语。使臣黄家鼒至苏州,明巡抚霍达已先遁,士民执香迎家鬴入居察院。方出示安民，而前监军道杨文骢自镇江南奔，过阊门，闻有北官，突入城执家鬴并其从骑歼之。豫王闻之怒，而谦益亦谓非兵不定，于是命贝勒以八万兵下苏杭，南国之祸，自此始矣。

然王师之东出也，所过之地，士民仍壶浆以迎。贝勒留李延龄守苏州，委降将陈梧及秀水胡之臣守嘉兴，而移兵趋杭州。明潞王常淓度不能守，率在城各官迎降，请毋杀百姓，贝勒许之，按兵不入，市不易肆，东南郡邑一时帖然，犹若不知有鼎革之事者。自薙发令下，而人心始摇，于是前朝孤臣义士，与远近奸民素怀异志者，借以为资，纷然四起。若嘉兴之徐尚书石麒，嘉善之钱学士士升、屠编修象美，松江之沈总督犹龙，江阴之诸生许用、典史陈明遇；在苏属者若嘉定之侯通政峒曾、黄进士淳耀，常熟之总兵何沂，太湖之徐云龙、鲁之屿，陈墓之陆世钥，昆山之贡生朱集璜、翰林朱天麟，皆以兴复为名，弄兵潢池。而逃将黄蜚、吴志葵分屯近地，与相犄角。王师以次剿灭，稽骸流血，数郡之民，死者无算。虽其自取，亦谋国者有未善焉。

是岁之春，昆山童谣曰："富家莫起屋，贫人多食肉。新秋初五六，白日闻鬼哭！"入夏，警报日至，士民有自城迁乡者，亦有畏乡村多盗反迁入城者。俄传新朝遣官来苏安抚，旋闻安抚官为杨副使所杀，北兵不日将到，知县杨永言走匿泗桥陈弘勋家。闰六月，大兵驻苏州，绅士里耆即相率至胥门纳款，李延龄委前昆山阎丞茂才署县事。未几而薙发令下，茂才出示晓谕，且持名帖□士绅家叩请，人心方骇。忽传陈墓陆家兵破郡城，北兵远遁。遂焚县治，毁堂宅，茂才逾垣走，追杀之仓桥，而推在籍总兵王南阳佐才为主，以应世钥。世钥者，字兆鱼，陈墓富室，本以备盗聚众，至是，乱民拥之来窥郡城，城中无赖争起应之，焚巡抚公署。李延龄敛兵南园，登瑞光寺浮屠四望曰："是何能为也！"即发数十骑分守城门。乱民欲走，复令骑多委金钱于地以诱之，已而诸门皆闭，不得复去，束手就戮者千余人，惟世钥得脱。鲁之屿及徐云龙先后自太湖来赴，延龄击杀之屿，破云龙于胥门。又夜出兵从望亭探浒墅，至枫桥，城中亦焚杀，胥、盘二门内外，死者数万，乱民慑服莫敢动。郡城既定，遣降将洪某先剿常熟，战于华荡，乡兵多死，何沂遁去，百姓开门降。昆山既杀茂才，邑绅朱天麟、徐开禧等各募乡兵，或屯真义，或屯双凤，杨令亦募乡兵数百人，入城共守。七月初四辰刻，城南传言北兵已到真义，初云四五十骑，继云百余骑，乡民方截杀，愚民犹引领望捷音，而铁骑数千已过云阳桥矣。未刻，王师齐集仓基，炮声叠叠，薄暮大雨，炮声止。是日，李成栋屠嘉定。初五日黎明，炮声举，杨令匹马先遁。□□□□西城破，王南阳战没，朱集璜投东禅寺后河死。午刻，下令屠城，至初七

鹿樵纪闻

日午后始封刀。是两日天气晴明，而风色惨淡，空中无一飞鸟，暮皆大雨，震雷轰烈。官军忍悍者，辄仰而祝曰："雷老爷，非吾等不用命，手足来不及。"亦或善根未断，宵半呼天佛号，以祈佑护。初八日，王师拘掠千艘，载房获西去。约计城中男妇逾垣得出者，十无一二，巧掩得全者，百无一二。骤遇炎雨，尸皆变色，有青、紫、赤、白、黄、黑之不同。其死之状，有倚门、卧床、投阁、扳槛、反缚、攒捆、压木柱、斩首、斫颈、裂肩、断腰、剜肠、陷胸、支解、寸磔种种之异，以至悬梁挂树，到处皆是，井坎池潭，所在皆满。呜呼惨矣！

先是，县治桃花六月盛开，杨令犹与客赏花痛饮，及大兵来剿，邑人王志古时以同知从军，因父母在城，踵叩各营求开一面。故王师专屯城西，多发空炮，骇之使走。奈起事者倡死守之说，坚闭六门，不开出入，以致阖城同殉。后人有诗云："竖儒倚堞空言守，辜负桃花六月春。"盖桃，逃也，示之逃而卒以不逃被屠，故云。

是月，李成栋自吴淞袭吴志葵于泖湖，并黄蜚擒之，遂用董思白之孙廷对为间，托言访沈总督，以袭松江。松人觉之，追斩廷对于青浦。会有制造军器至城内交者，犹龙命启门。忽报黄蜚溃兵至，皆以红巾裹头。犹龙素恃蜚为援，不为备，王师因得突入，杀犹龙及里人中书李待问、在籍知县章简,而屠其民。(犹龙字云升,待问字存我,简字坤能。)又进破金山,杀其守将侯承祖。嘉兴已降,胡之臣署郡篆。之臣素微贱,又藉口军需,严威刻剥,百姓恨之切骨。陈梧素怀二心,薙发令至,梧先倡言曰:"剃发小事,妻子不保耳!"百姓闻之沸然,走之臣署,执而杀之于球场。徐石麒乃率绅士与陈梧歃血定盟,为城守计。王师至,梧出兵御之陡门,大败。已而新安援兵□(疑阙)于麻省墩,城外乡兵一歼于姚油车,再歼于石灰桥。贝勒在杭州,又发披甲三千济师,直抵锄头坝,陈梧知已危,夜开东门出走平湖。比李成栋定松江,则嘉兴已屠,嘉善已破,石麒及士升皆剿灭矣。

当是时,东南略定,惟江阴一城未下,成栋乃多运大炮,兼缚二帅,回师而北,会攻江阴。既至,先使二帅作书招降,輋曰:"我与城中无相识者,何书为?"驱之城下,輋终无语。志葵以投诚劝,守者叱之曰:"若为大帅,不能斩将克敌,为人所缚,自应速死,何用多言!"盖其时江阴固守已再阅月矣。初,江阴闻南都之破,守备陈瑞芝、典史陈明遇、徽商邵康公及邑中绅士破家聚众,适淮抚田仰以益阳王至,众即奉之为主,而以康公娴武事,推为大将。前都司周瑞龙泊江口相犄角。已而康公败死,瑞龙水军亦遁,百姓开门迎降。比闻薙发令,诸生许用者哭于明伦堂,大言曰:

"头可断，发不可去。"于是城乡兵一时俱起，拘新令于一室，推旧典史阁应元摄县篆。应元者，字丽亨，北通州人。甲申岁，海贼顾三麻入黄天港，应元往御，手射杀三人，以功迁英德主簿，道阻未赴，故明遇迎之入城，属以兵事。瑞芝有巧思，以己意造铁挝、木铳，又有黄云江者，善弩，发无不中，王师尤惮之。久攻不克，乃使刘良佐策马环城谕降，应元骂之曰："吾一典史耳，死何足惜！汝为朝廷侯伯，不能以死报国，今日有何面目来见此方父老？"因大书一帜："留千古半分忠义，存大明一寸江山。"

一日，王师忽见城中火烟不举，城门不闭，麾兵直入，百姓皆伪降。北将入居官署，夜半伏发，有壮士某挟双斧，逾重垣，直至署中寝室，斩北将首，大呼杀出，外兵四合，并其麾下皆歼之。已而度食将尽，又潜启北门，携载老弱入海，向夜离城二十里，悬灯江岸，大书"大明忠义营"五字其上。王师见灯，分兵往击，至则寂无一人，即悉持其灯还。在营兵惊疑相□，城中因缒壮士以袭之，降将许定国与总兵二人皆死焉。及成栋自南来，攻城益急，炮轰无虚刻，应元坐卧城上，与其下同甘苦，守陴咸誓死无悔。八月望日，应元等倾家财具饮馔，令守陴者轮流赏月，自携酒城隅，四坐歌啸。许用又作《五更曲》，使善讴者齐声高唱，然城外听之，已半作鬼声矣！至二十一日大雨，祥符寺后城陷，王师乘烟雾混杂时，逾入屠之。明遇举家自焚；应元投水，王师曳出，磔死；训导冯厚敦、在籍中书戚勋偕妻子同自尽；举人夏维新、诸生王华、吕九韶皆自刎。惟黄云江素善弦歌，挟一胡琴出城，人莫知其弩师也。江南起兵者，率同儿戏，惟江阴相持最久，又以老弱先遁，比城破，丁壮在城者，战死已十之六七，空壁而已。

贡生黄毓麒者，好学有盛名，尤精释氏学，与门人徐趋举兵行塘，与城中相应。及城破，两人逸去。丙戌冬，侦江阴无备，率壮士十四人袭之，不克，趋死。毓麒遁避江北，其子大湛、大洪被收。兄弟方争死，而毓麒以敕印事发，逮系江宁狱。将刑，命取衣自敛，忽瞑目趺坐而逝。

自诸人外，群盗蜂起，以白布缠头，号白头兵。临平山则有陈万良，永昌寺则有艾茂环，吴江则有吴日生，他若沈津、柏相甫、周天舍等，不能尽录。惟日生外通鲁范，兵有纪律，余皆口称打粮，所至村落，焚劫一空。又伺富贵人或其爱子，擒匿盗穴，勒令取赎者，往往碎磔令示众。

日生名易，吴江人，生有膂力，跅弛不羁。癸未末年，京师陷，走谒史可法于扬州，可法异其才，题授主事，留为监军。又明年，奉檄征饷江南，未还而扬州破，吴江失，乃走太湖，与同邑举人孙兆奎，诸生沈自炯、自炳，武进吴福之等聚众得千余人，屯长白荡，出没旁近州县，道路为梗。唐王闻之，授易兵部侍郎，督江南军。鲁王复封易长兴伯。已而兵败，兆奎等皆死，惟易走免。父承绪、妻沈及一女皆投水死。明年，易乡人周瑞复聚众于长白荡，将迎易为帅，事泄被执，不屈而死。自日生被擒，陆世钥众散走死，徐云龙亦缚其同事蔡坤以降，群盗始尽投诚。当道给札授衔，听其归里，锦衣顶帽，公然与州县抗礼。然仍阴行劫掠，流毒几十余年，渐次剿除，东南始定。

嘉定之屠

嶜中之祸，吴志葵实成之。志葵者，明总兵镇吴淞者也。当江宁初破，嶜令钱默即弃城去，众拥邑人须明征摄篆，按籍抽丁，以备他变。及贝勒定苏州，分兵驻太仓，明征纳款，迎新令张维熙到县，人心帖然。志葵闻之，引兵至东郊，声言欲取新令，明征率众登陴，其意实拒志葵。而新令心疑，暮见吴兵举火大噪，惧而宵奔。翌日，志葵入城，谕百姓曰："尔民不可忘故主，今上流诸军，刻期举事，宜集乡勇坚守以待。"于是群情惶惑，而乱机伏矣。闰六月丙戌，维熙复到县，遍谒乡绅，未有应者。俄而薙发令至，百姓初传豫王有剃兵不剃民之谕，及闻概令薙发，皆大骇。于是远近乡兵不约而起，而乱形著矣。

志葵之逐新令也，刮库银舁大炮而去。不数日即走泖湖。贝勒命李成栋来镇吴淞，成栋过县，步骑二千，战船百艘，须张供输恐后。成栋亦掩锋锐，禁淫掠，托言修船，分兵留东关，与为犄角。乡兵虽起，莫敢先动。忽志葵飞檄到县，言合诸路兵复吴淞，兼使游击蔡乔协定嘉定，于是各镇乱民，一时云集城下。明征见人心汹汹，始语之曰："杀敌者东关去。"乱民争赴东关，举火焚北舟，官兵几者死百人，而燎原之势不可遏矣。

当是时，太仓士绅率先薙发，而四境之民不服，日治兵来攻。故王师之驻太仓者，不能与吴淞相策应。丙申，成栋募土人为导，使数十骑往太仓取师，罗店民截之，不得达。是夜月食，天无纤云，色黑如漆，占曰："邑城空。"丁酉，侯、黄二绅始入城，与举人张锡眉、龚用圆，诸生马元调、唐全昌、夏云蛟等聚士民议坚守计。侯主东城，黄主西城，东、北二门，用石垒断，西、南二门，以时启闭，上扬白旗，大书"嘉定恢剿义师"。随具书迎蔡乔。戊戌，王师剿罗店，战于马桥，又战于朱龙桥，乡兵败，遂屠罗店，执唐秀才磔之。秀才名景曜，尝书碑立马桥，责成栋背国者也。是日，城中杀须明征。辛丑，逐新令。壬寅，获太仓浦嶂之党来为间者四人，杀之。癸卯，官军复夺路往太仓，转战至北关，方过仓桥，城上发大炮，连桥击断，杀三人，成栋之弟与焉。乙巳，蔡乔至。丙午，祭旗，将于东门外安营，成栋侦知，严阵以待。蔡兵皆市人子，骤遇之，不战而溃。乔持铁锏冲阵，夺一马乘之，孤身独斗，力竭将陷，邑人徐福跃马救出，即引余兵遁去。

己酉，成栋悉师出娄塘，镇人截之于宣家坟，不胜。日暮，王师营砖桥，分阵杀掠诸村落，而各镇犹传李兵为志葵所破，自吴淞北遣，一路为乡兵杀，止存数十骑，愿献精金买路归娄塘。皆聚众裹粮，来集城下，城中许以厚赏。七月庚戌朔，追击成栋于娄塘，乌合之众十余万，成栋分其骑为十数处，落落散布。兵既接，四面驰突，势若风雨，乡兵拥挤四溃，前阻长河，杀溺死者无算。王师遂屠娄塘，括取金帛子女归太仓，城中闻之，无不夺气。辛亥，成栋传榜至城下谕降，侯、黄素重名节，却之不视，急督民夫焚城外房，运砖瓦上城，饥瘦触暑，仆者相望。登楼四顾，满目黄沙，乡兵无一至者，孤城荡荡，仅一白旗迎风招飐。将近黄昏，气色惨淡，鬼声啁啁，起事诸人惟掩泣相视而已。

嘐本土城，嘉靖间，邑令杨旦甃以砖石，颇称完固。壬子，成栋会师攻之，猝不能破。是夕有赤气起北方，俄变成黑，守陴者喧传一神人披发仗剑，立马云中，皆言玄武神助我，可无恐。然瞰城外兵益众，攻益力，炮声震撼，地裂天崩，中夜无虚刻。炮屑铅屑落屋上，萩萩如雨，婴儿妇女鼠窜狼奔，虽至穷苦，必以一簪一珥系肘间，曰买命钱。至五更，忽大雨，守城者已露立三昼夜，又举体沾湿，不能支。城外一将以大桌覆首，蹑云梯，疾如飞鸟，城上砖石如雨下，悉止桌中，一跃而登，城遂破。癸丑辰刻，成栋入，下令屠城，约曰入后闻炮即封刀。时日暑正长，各兵遂得悉意穷搜，家至户到，每遇一人，辄呼："蛮子献宝。"其人悉取腰间付之，满意始释去。后遇他人，胁之如前，所献不多，即斫一二刀，至物尽则杀。刀声耆耆，达于远近，乞命之声，嘈嘈如市，所杀不可胜数，而妇女惨死者尤多。

城初破，峒曾在东门第一铺，峒曾望城异，见事急，挥其二子元演、元洁曰："吾死分也，祖母在，若辈当代我奉养。"二子痛哭而去，至孩儿桥，皆被杀。峒曾仓卒投水，一卒引出，斩首枭示。淳耀在西城，闻兵入，急命启门，而街道因豫备冲突，皆阻塞木石，难民争门，颠蹶困顿不能达。然幸而逸出者，犹数千百命也。淳耀下城，与其弟渊耀走其平日读书处曰南庵，主僧无等尚在，献茶，淳耀谓曰："大师宜避，愚兄弟从此别矣。"索纸笔大书云："大明进士黄淳耀，以弘光元年七月四日自裁于西城僧舍。呜呼，进不能宣力王室，退不能洁身自隐。读书鲜获，学道无成，耿耿不灭，此心而已！异时中华士庶再见天日，论其世者，尚或鉴之！"书毕，顾视渊耀，已赫然梁间矣。淳耀缢其左。

乙卯，成栋拘集民船，载掳获北去。时城中无主，血肉狼藉，僧人得脱者方日取被焚木料，聚尸焚之。忽浦嶂弟峤引土兵至邑，山人郑玄不胜其愤，登城数之曰："吾嘉定、太仓，仅隔一水，被屠未及数日，汝竟人面兽心，不念桑梓，亦须思汝祖宗先朝臣子，曾受国恩，今乃公然欲来作贼，剥取煨烬，狗彘不食汝余！不去，将馘汝！"峤词穷气索，掩面而走，归语成栋曰："嘤将复叛。"会讹传吴总兵以海上师至葛隆外岗，乡兵再聚，遇薙发者骤杀之。癸酉，王师往剿，乡民迎战于织女庙，王师死者数十人。一将长身铁面，偶失队，为镇人朱六所持，同坠河中，被杀，葛隆之民，欢声动地。战罢，各酣饮熟睡。天未明，大兵掩至，一时束身受屠，兼及外岗，无得免者。

丙子，浦嶂引土兵再屠嘉定，髦稚不遗。嶂留摄县事，诸生宣中恂以留发枭首东门。嶂友娄复闻亦以违令，并其家属缚至，娄哀呼曰："浦君屏好友，倘释予，当厚报。"语方脱口，首已去颈。又徐贞甫者，吴淞人，夤缘为本镇把总，假薙发名目出行劫，断人手足，食人心肺，百里之内，草木朱殷，腥血之气，结成红云。二三遗黎，重足屏息，莫敢言"身体发肤，受之父母，不敢毁伤"矣！是月，吴志葵、黄蜚同被擒于泖湖之豆腐浜。

  论曰：自古愚民可与乐成，难与图始。故

《易》称革言三就，已日乃孚，盘庚迁殷，吁戚矢言。更制之不易，承平且然，况易姓之际乎？国朝定鼎，天与人归，薙发一令，东南蠢动，虽皆托兴复名，其实首鼠两端者多耳！盖衣冠制度，不难立变，若发一去，虽欲朝秦暮楚而不得，故新令一下，乱者蜂起。岂真人怀反古之思，户切旧君之痛，而不以从周为愿哉？福祸之际，愚者易惑，势使然也。令谋国者早鉴及此，稍为宽假，四方既定，人心始一，则金线垂髯，将有不令而从者。急之一时，致成奇惨，不能不为国家惜之。

项周失节

项水心名煜，吴县人也。天、崇间吴中制义，皆尚六朝子史，水心为诸生，独矫以空灵峭刻，文名大噪，堆砌之风，为之一变。子丑联捷，皆抡魁，选庶常，阁试馆课，文出纸贵。朝廷诰敕，拜命者以得水心应制为荣。两入春闱，甲戌榜元李竹尹青，癸未榜元陈百史名夏，皆出其门。已进宫詹，位尊望重，瓯卜直□指间事矣。水心之寓，与倪鸿宾、马素修两公并街。京师陷，三人约同死节。水心流涕书身后事，与客纵饮，将俟醉自裁，而甲戌门生黎志陞忽驰马排门而止，大呼入朝，且曰："今日魏征，非老师而谁。"水心怒骂，黎竟挟之而去。周介生钟，水心癸未所拔士也，时寓王百户家，闻城破，王约同巷战，不果，即自缢。介生亦投缳，其仆救之，不得死。黎挟水心入朝，过其寓，其仆喜，奔告水心。黎即遣骑促周，亦挟之同行。既见贼，反云两人系彼门生，于是报名铨职，刻入缙绅。

吴门士庶初传自成登极，诏有"一夫授首，四海归心，比尧舜而多武功，迈汤武而无惭德"之语。谓必出名手，皆窃拟水心。继又传有请下江南疏。于是声罪致讨，逐其人，火其居，华橼广厦，一时都尽。水心方乘贼败，偕周南窜，闻之不敢归吴，而同匿于金沙。介生素悍讦，梓里多与龃龉，既从贼，宗亲邻社方欲得甘心。及闻携侣而归，远近不约而集，并项执送留都，因服泥首，陷狱月余。西蜀高倬迁司寇，恨周平日谈忠说义，以骂天下，乃新开板，选劲卒，独提出痛杖二十，即日具题，同光时亨、武愫肆市正法。水心援助饷例，近地门生敛三千金上户部，而倬亦己丑同年，开一面网，得出狱，黉夜过金阊入越，投四明冯元飏。元飏者，元飙之弟，亦水心癸未所拔士也。元飏虑人窥伺生衅，馆之村庄，戒以韬晦。而项所携仆从，纵恣已惯，月明夜静，呼觞揭调，声彻远近，慈水子衿知而恶之。会薙发令下，遂号党揭竿，先缚水心拥见县令。县令维扬王玉藻，亦水心癸未所拔士也，散众无力，腼腆殊甚。众复拥出，系西门外太平桥，桥高数仞，潮水湍激，乱石砍砑，众人将项系索掷下，抽曳颠簸于波洄石嵌间，鼓掌曰："此真项水心也。"元飏闻之奔救，气已绝矣。

嗟乎，凡人临难之际，惟识大体者能相爱以德。项既丧节于门生，周亦败名于仆隶，是其爱之也，非适所以害之欤？假使两人遂其初志，文正、文忠之谥，当与倪、马诸公辉映千古矣！乃未尝不识其理，未尝不身其事，而始也欲死仍生，卒也欲生仍死，岂天下欲以令名与人耶？嗟乎，丧乱之世，彼苍苍者之杀人亦多术矣！两人者其尤酷欤？

马阮始末

阮大铖字圆海，桐城人。少有才誉，未第时，尝自题于室曰："有官万事足，无子一身轻。"其志向如是。万历丙辰，与贵阳马士英同中会试榜。天启初，由行人擢给事中。初在台中，同年左光斗引为同志，后因与魏大中争掌科缺，始叛东林入阉党。及左、魏诸公被祸，大铖虽对客不言，而眉间栩栩有"伯仁由我"之意。寻召为太常少卿。居数月，复乞归。忠贤败，大铖函两疏驰示杨维垣，令视时局，若大变，则上专攻崔、魏疏；若未定，则上合算疏。合算者，谓四年以前乱政者王安，而翊以东林；以后乱政者忠贤，而翊以呈秀也。维垣方与东林为难，为投合算疏。崇祯元年，起升光禄寺。盖大铖阴狡，虽附珰，心知不可久持，凡书币往来，随购其名刺出，故籍珰时无片纸可据。至大中子学濂上疏，称大铖实杀其父，始坐以阴行赞导，削夺配赎。钦定逆案，列名其中。大铖声气既广，虽罢废，门庭势焰，依然熏灼。久之，流寇逼皖，避居白门，时马士英亦在白门。大铖素好延揽，及见四方多事，益谈兵，招纳游侠，冀以边才起用。白门流寓多东林、复社名士，出《留都防变公揭》逐之。大铖惧，杜门谢客，客亦□复至其门者。独士英先以贿败问戍，与大铖气类相投，又同病相惜，日夕过从，遂成莫逆，而偕诚意伯刘孔昭厚善。

初，宜兴相回籍，大铖以髫年密友往候，延儒与约曰："脱复相，必首荐君。"及宜兴再召，大铖使人奉金杯为寿，且曰："息壤在彼。"延儒举杯爵者三，曰："前言固宜践，成案难遽翻。归语尔主，有堪心腹托者，当先用为督抚，俟彼以边才荐，必得□以报。"使者反命，大铖喜，士英即以为请。不数月，而士英奉特旨总督凤阳矣。遇国变，士英内通孔昭，拥立福王，遂入政府，乘首相高公暂出，使孔昭特疏举知兵之臣，士英拟旨，大铖复冠带来京陛见。不数月，大铖亦大司马，视兵江上。大铖既得志，而与马、刘朋比。士英日事纳贿，大铖专翻逆案，中外愤怒，南朝以覆。

王师渡江，大铖走金华，为绅士所逐，转投方国安。因杭州同知潘映娄先通降表，内院某豫荐为军前部院，留浙西为间。士英当江宁之破，欲随众降，恐不免。乃饰其母为太后，以所征黔兵自卫，奔广德。不纳，攻屠之，迁道至吉安，浙抚备法驾迎伪太后至杭州。事渐露，杭人逐之，黔兵亦渐散，乃潜走渡江。后大铖、士英同在方营，自念南朝之坏，多由于阮，而己居其恶，意甚不平，大铖亦不复语以机密。顺治三年，贝勒兵渡钱塘，大铖偕谢三宾、宋之晋等率先归顺，国安众溃，亦北。士英窜伏天台山寺中，其家丁缚之以献，贝勒命剥其皮，实以草，械置道旁，用快公愤。时人为之语曰："周延儒字玉绳，先赐玉，后赐绳，绳系玉绳之颈，孰怜狐狗之躯？马士英字瑶草，生怀瑶，死怀草，草装瑶草之皮，群笑犬羊之鞟。"

大铖初降，贝勒召潘映娄认识，潘扬言曰："吾今入当启云：'臣识其面，未识其心。'"大铖窘甚，与誓之神，约得志必以二司相酬。映娄既入，贝勒始召大铖，出荐者手书与之，令以部院从征，随导王师屠金华，以报前怨。明守臣朱大典阖门自焚。时兵荒之后，王师所过，随征官往往无从取食，独大铖必罗列鲜肥，邀诸公畅其口腹，诸公讶之，曰："此日用应酬耳！吾用兵不可测度，亦类此。"诸公故闻其有《春灯谜》《燕子笺》诸剧本，问能自度曲否？即起执板，顿足而唱。诸公多北人,不省吴音,则改唱弋阳腔,诸公于是点头称善曰:"阮君真才子。"有黑内院者,颇好文墨,学为诗,才得押韵,便为击节叹赏。内院于是日为唱和,曰:"阮君吾诗友。"每夜坐诸公帐中剧谈,至听者倦睡,闻鼻声,始出。诘朝天未明,又入坐,聒而与之语。诸公苦其扰,劝之曰:"君精神诚异人,然鞍马之余,盍少休息。"则曰:"吾生平不知倦,六十年来如一日。"比诸公起,则又鼎烹杂陈,人人厌饮。

一日面忽肿,诸公谓阮所亲曰:"阮君恐有病,可相语,令暂住衢州,俟吾辈入闽,遣人相迓。"所亲以告,大铖骇曰:"我何病?我年虽六十,能挽强弓,骑劣马,我何病?我视八闽在掌握中。幸语诸公,我仇人多,此必复社东林诸奸徒有谮我者,愿诸公勿听。"所亲以复诸公,诸公曰:"此老亦太多心,既如此,仍请同进。"抵仙霞,诸公皆按辔上岭,大铖欲实其无病,下马步进,诸公以岭路长,且骑,俟到险乃下。大铖左牵马,右指骑行者曰:"看我精力十倍此少年。"言讫,鼓勇而先。久之,诸公方至五通岭,见大铖马抛路口,身坐石上,呼之不应,马上以鞭挑其辫,亦不动,下视之,死矣。

或曰,大铖与士英、国安先后降,及唐王走顺昌,大兵至,搜龙江,得三人请王出关为内应疏,遂骈斩士英、国安于延平城下。大铖方游山,闻之触石而死,仍戮尸云。

卷 中

唐 王

明唐王聿键,小字长寿,太祖九世孙也。喜读书,好任侠。袭爵后,坐杀两叔以复父仇废锢凤阳。弘光僭号,赦出。金陵破,随郑鸿逵入闽,抚臣张肯堂、按臣吴春枝等与郑氏拥而立之。以乙酉六月望日僭号,改元隆武。封弟聿𨮁为唐王,郑芝龙、郑鸿逵皆进爵为侯。方行郊天礼,大风忽起,天帝、高皇前烛灭,尚宝卿马惊仆,玉玺坠地,识者知其不终。以张肯堂、吴春枝、李长倩、曹学佺等为六部尚书,召黄道周、蒋德璟与苏观生同入阁办事。当是时,文武济济,若可有为,然地狭民贫,政由郑氏。尝宴大臣,芝龙与黄道周争席,唐王卒右道周,又所荐引不能尽用,芝龙由是不悦。而郑氏亦自以暴敛失民,使王兆熊主饷,沿门搜括,不输者,榜其门曰不义。又大鬻官爵,部司价止百金,于是娼优仆隶,尽列衣冠,拜谒州县,鞭挞乡里,远近延颈王师,有"清行如蟹"之谣。

八月,曾妃自浙迎至,大营宫殿,开织造府,曾氏下体之服皆织龙凤，卮匜之属悉用黄金。是月，靖江王亨嘉于广西僭号，丁魁楚破之梧州，执送福建，斩于市。九月，黄道周愤郑氏偷安，闻江西绅士傅鼎铨、万元吉、杨廷麟等所在团结，为明守，自请视师，芝龙不与一兵。道周出关，召募得千余人，行至衢州，为其门人所诱，执送江宁，死之。十月，唐王使苏观生代道周督师江右。既而郑芝龙自念若不出关，终无以压众心，乃下令分遣郑鸿逵援浙西，郑彩救江右，声言两路各万人，实不满千。腊月，唐王命筑坛行推毂礼。李长倩以饷不继，忧愤而死。

丙戌正月，唐王如建宁，将西出，芝龙固请还省，乃回驻剑津。马士英叩关求见，王命守关兵勿纳。闯贼为土兵所杀，其众降于楚抚何腾蛟，兵势骤张，上疏请唐王入楚。苏观生至赣州，值万元吉败于吉安，即弃赣州奔南安。元吉入赣固守，王师攻之，不能克。永宁王诱大帽山洞蛮同保抚州，王师围之，永宁求救于郑彩。州监军张家玉以三营先进，王师大集，彩望风而遁，家玉兵溃，抚州破，永宁王死之。郑鸿逵驻关外，闻报亦遁归。蒋德璟自行出关，见瘦兵弱卒，一无可恃，知事不可为，即告病去。

六月，补行乙酉乡试。王子诞生，大赦覃恩，各官上表称贺，有"日月为明，止戈为武"之语，唐王大加嗟赏。又以国家元气之削，由于靖难，乃复建文年号，建方孝孺祠，铸姚广孝铁像，跪于阶前。是时，王师已破浙西，进取仙霞。洪内院以王爵啖芝龙，芝龙心动，乃托言海寇狎至，悉撤关内外兵。唐王始决计西行就何腾蛟。七月，王师至关，守关吏搜得闽中迎降书二百余封，唐王命焚之，谕臣下改心易虑。八月，贝勒克仙霞关，唐王西走，犹以书数十扛自随，追兵迫，始骑而驰。将至汀州，因曝龙凤衣，停一日。方入城，忽有叩门称扈跸者，启视之，则北骑也。遂与曾妃同被执，死于福州。或曰唐王至邵武，知事不可为，有二宫人缢死，取三棺钉之以出，其一则曾妃也。唐王易服潜遁，后至琼州，为僧于五指山。后郑成功在鼓浪屿，曾有使存问诸遗臣，然莫辨其真伪也。

福、汀即破，王弟聿𨮁浮海走羊城。时江右尽陷，苏观生亦弃赣入广，闻桂王称监国于肇庆，即遣使劝进。然自以与丁魁楚素不相能，不乐西附。适聿𨮁至，乃与何吾驺、顾元镜、王应华等复奉之称帝，改元绍武，以都司署为行宫。即日封观生建明伯，与元镜、应华并东阁大学士。时仓卒举事，通国奔走，夜中如昼。不旬日，除官数千，冠服皆假之优伶云。

永明既立，遣彭耀及陈嘉谟谕观生，怒其不逊，执而斩之。于是治兵相攻，以番禺人陈泰际督师，与永明王将林佳鼎战于三水，大败。复招海盗数万人，以林察为大将，战于海口，斩佳鼎。观生意得，务粉饰为太平事，而专任关捷先、梁朝钟为心腹。捷先由进士历官监司,小有才,使司笔札。朝钟举于乡,善谈论,两人首倡兄终弟及之议者也。有杨明竞者,潮州人,好为大言,诡称精兵满潮、惠间,可十万,即特授潮惠巡抚。朝钟语人,内有捷先,外有明竞,强敌不足平矣。又有梁鎏者,妄人也,观生才之,用为吏科都给事中,与明竞大纳贿赂。观生又多招海盗,其众白日杀人,悬肺肠于贵官之门以示威,人情大扰。

李成栋觇知之,即启贝勒发兵而西。比入广,潮、惠二府先迎降,成栋即用其印移文广州报无警,而使林永茂以选骑三百随其后。腊月望日,聿𨥈方与观生视学,永茂以十八骑先至,诈称花山降盗,突入门,挥刀大呼。时精兵皆西出,仓卒不能集,城中一时奔溃。观生走鎏所问计,鎏曰:"惟死耳,复何言。"观生入东房,鎏入西房,各拒户自缢。观生虑其诈,稍留听之。鎏故扼其吭,气涌有声,且推几仆地,久之寂然;观生信为死,遂自缢。明日,鎏献其尸出降。聿𨥈方阅射,急易服逾垣而走,追兵执之。成栋使馈之食,聿𨥈叹曰:"我若饮汝一勺水,何以见高帝?"乃自缢。吾驺、应华等悉降,惟朝钟亦自缢死。

鲁 王

明鲁王以海,太祖十世孙也。申酉间,南北丧乱,以海避地台州。会余姚新令发间左治道，执扑以挞行役者，而挞其不力者，役者怨，夺其扑以挞新令，杀之。里中少年辍耕而应者数千人。于是诸生郑遵谦出从之，杀招抚使于江上，浙东震动。张国维、陈函辉、熊汝霖、钱肃乐诸绅先后起兵，与遵谦迎鲁王至绍兴，称监国。推国维为大学士，督师江上。召逃将方国安、王之仁相与分地画江而守，时乙酉六月也。

其年十月，国安自金华至，列栅钱塘江西岸，右倚江，左桐君山，为却月形，王师攻之，不能克。已而乘风发炮，风回炮裂，士卒披靡。王师乘之，国安不能拒，夺舟东遁。丙戌三月，王师决坝入河，王之仁以舟师迎战，却之。当是时，战虽幸胜，而文武乖违，人无固志。盖起事之初，诸人皆书生不知兵，迎方、王二帅，拱手授之，凡原设额兵，俱归二营，而乌合之众，则自领焉。既而二帅欲自专，反忌诸人侵其柄，渐生异同，始议分饷。浙东钱粮六十余万，悉给两营，而义兵或散或留，留者听其自行征勣，由是公私用弊。又闽中遣使犒师，方国安怨唐王先杀浙使陈谦，辄收斩之。鲁王恐闽中来讨，定议抽兵，使张国维西出，别遣余煌视师江上，故人心益涣。

是岁大旱，钱塘江水涸沙壅。浙抚张公存仁偶见浴于江者，或徒步往来，驰骑试之，水浅不及马腹，乃麾兵竟渡。时方国安犹有众数万，其精兵曰磨盘营，将出拒战。阮大铖在方营，私谓磨盘营兵曰："若闻将军令乎？欲令汝曹共杀妻子以决死战。"营兵闻之，惧而先走，众遂大溃。绍兴破，张国维赴水死。大铖说国安欲执鲁王北降，使人守之，鲁王伺间脱走，与郑遵谦、熊汝霖随石浦守将张名振出海，投舟山。陈函辉走云峰山中，作绝命诗云："生为大明之人，死为大明之鬼。笑指白云深处，萧然一无所累。"又云："斩尽一生情种，独留性地灵光。古衲共参文佛，麻衣泣拜高皇。"从容笑语，自缢而死。

鲁王之投舟山也，黄斌卿不纳。名振送之福宁，依郑彩。芝龙北降，彩与鲁王避之长垣。顺治戊子，彩兵因小愤，缚郑遵谦、熊汝霖投之江。至己丑岁，闽地悉定，彩亦弃鲁王去。明年正月，张名振复得舟山，迎鲁王居之。舟山破，鲁王随名振奔厦门，又别居彭湖岛。郑成功月馈银米，遇节上启，后渐疏慢。壬寅夏，成功病死，其年冬，鲁王亦卒。

郑成功之乱

天启甲子，福建鹭门僧贯一掘地得古砖，背印两圆花突起，面刻隶字四行云："草鸡夜鸣，长耳大尾。千头衔鼠，拍水而起。杀人如麻，血成海水。生女灭鸡，十亿相倚。起年灭年，六甲更始。庚小熙皞，太平八纪。"是时，郑芝龙初入海为群盗也。芝龙字飞黄，泉州南安县石井人,其父绍祖为府吏。府之后有荔枝树,飞黄幼时,尝与弟自墙外以石子打荔枝,误中太守。太守擒治之,见其姿容秀异,笑曰:"法当封侯。"即释去。既长,益妩媚,音律樗蒲,靡不精好,因忤后母,为父所逐。有巨商携往海外,初至日本,为人缝纫以糊口,一日,积余赀三钱,偶遗于道,行求之,不得而泣。适有倭妇新寡,乃长崎王族女也,夜感异梦,偶见芝龙,问得其故,悦其貌而私之,赠以金宝。芝龙始得自通于长崎王。王复爱之,遂以妇妻焉,生子森。久之,仍附巨商归,中途为盗所劫。盗魁颜振泉复爱之,任为头目。振泉死,众议所立,莫能决,乃插剑于斛米中,祝曰:"拜而剑动者,天所命也。"次至芝龙,剑忽跃出,众皆异之,遂推为魁。

崇祯元年,受抚于熊文灿,授参将。八年,以弟芝豹(小字莽二)、芝彪(后改名鸿逵)皆骁勇善战,既破刘香老,升总兵,兄弟遂雄据海上。福藩立,封芝龙为靖海伯,后与苏观生、张肯堂等拥立唐王,进爵为侯。其子森,日本甥也,初入南安县学,考劣等,乃至江宁太学,执贽于钱谦益。谦益字之曰大木。唐藩僭号,见而奇之,始赐国姓,名成功。

顺治丙戌,王师破福州,芝龙退保漳泉,洪内院啖以王爵,芝龙撤备约降,成功屡谏不听,密启王曰:"臣父、臣叔,皆怀叵测,陛下宜自为计。"王曰:

鹿樵纪闻

"若能从我行乎?"成功对曰:"臣从陛下,亦何能为?当捐躯别图以报陛下耳!"已而王师挟芝龙北,又侵辱其妇女,日本女自缢而死。成功由是怨恨,用夷法,剖母腹出肠秽而后殓。其年冬,遂据南澳举兵反。南澳者,属香山县。大海中突起石埂,广十余丈,长六七里,相属不断如莲茎,中途有关,逾关而前,一洲宽衍如莲蒂。成功据为巢穴,而设演武场于厦门,往来攻劫海上诸城邑,官兵不能制。其部下分南郎、北郎,南郎多闽广海盗,芝龙旧部曲;北郎则江浙人及所招中原剧盗、旗下逃丁也。朝廷患其剽劲,又念芝龙已先投诚,许割漳、泉、惠、潮四府封之,令岛中薙发,成功谢曰:"大邦若存此弹丸,以延有明一线。请从安南、朝鲜之例,不废职贡。若不以为然,则亦惟命是听。"

壬辰五月,成功围漳州,城中食尽,死者数十万,其存者气息仅属。虽悲哭不能下一泪。至十月,金固山救至,始撤围退至海澄。癸巳夏,固山就攻之,海澄城坏,成功亲当矢石,督众力战,王师失利而退,固山益调兵复进薄之。成功闻城外空炮递发,知兵将至,使铁人持巨斧临濠严立,令曰:"敌至方斫。"铁人者,皆伟躯多力之士,周身被铁,画以朱碧彪文,用置行首遏敌锋者也。官军渡濠,铁人迎面斫之,随斫随落,濠为之满,卒不能进。于是再申前命,成功仍请比安南、朝鲜。朝廷知终不可抚,乃徙芝龙于山东。

其年冬，李定国寇扰广中，成功乘间袭破漳、泉。丙申秋，复犯连江，守兵屡挫。至戊戌岁，大举入寇，留黄某守厦门，余俱从行。甲士十七万，习流五万，铁人八千，习马五千，戈船八千，进至阳山，值暴风，漂没数千人，引还厦门。己亥夏，复出至崇明，以张煌言为先锋，溯长江，抵焦山，先夺谭家洲。时王师于金、焦间用铁索横江，号滚江龙。成功使张亮先断之，据瓜洲上游，而自率大队薄城，守兵方拒战，而张亮自上流至，习流将周全斌率锐卒带甲衔刀浮江而渡，腹背夹攻，守兵不能支。瓜洲陷，成功留其将刘献守之，而移师京口，据银山结阵。官兵争山，成功麾众疾斗，乘高发炮，多鼓均声，江水震沸，官兵复败，守将高谦以城降。

既得京口，甘辉进计曰："南都完固，不可骤攻。今据瓜洲，则山东之师不下；守北固，则两浙之路不通；扼芜湖，而江楚之援不至。且分兵定其属县，手足既断，腹心自溃，此长策也。"成功不听，留周全斌守京口，而悉师薄金陵。从仪凤门登陆，营于岳庙山，使黄安以水师扼三汊河口。成功兵虽锐，然素少纪律，又屡胜而骄，见官兵不出，有轻敌心。军士皆渔猎饮博为乐，樵苏四散，无复部伍。崇明守将梁化凤以骑兵三千自内路至，觇其无备，袭破前屯余新营，擒甘辉。中军方欲移屯，而城中精骑直冲其背。成功大败，收兵走三汊河口，扬帆而遁。

其年，朝廷命将军达素及总督李率泰分道致讨。

达素出漳州，猝与寇遇。时寇众方于海中下碇，不意其至，官兵乘风利直进攻之，斩其将周瑞、陈尧英等。俄而风转，波涛山立，北人皆眩晕颠仆。成功手自起旗，督兵再战，官兵大败。而李总督出同安，进至高，亦失利而还。事闻，朝廷始诛芝龙，郑氏在北者，无少长皆弃市。

台湾者，在大海中，地形如弯弓，北高南下，周袤几三千余里。东倚山，西薄海，中为台湾市，一望平原者六十里。远峰耸翠，嘉树蓊茂。由高而北，至淡水洋，鸡笼城与福州相近，其东则大琉球也。由下而南，至加浴堂郎桥，其西则小琉球也。湾之外复有沙堤，名曰昆身。自大昆身至七昆身止，起伏相生，环抱如龙。□又有大仙头、海翁窟，皆台湾外障也；北线尾、鹿耳门，即台湾门户也。彭湖岛在台湾西北，共三十六屿，惟西屿头最高，余皆平坦。自厦门至彭湖，有水黛色，深不可测，舟行甚险。春夏由镇海圻放洋，秋冬由寮经或围头放洋，风便，一昼夜俱可望见彭湖。由彭湖东南行，水浅，必易舟而进，一日可抵鹿耳门。其地土旷人稀，素为盗贼出没之所。崇祯中，闽地大旱，芝龙招集流民，倾家资，市耕牛粟麦分给之，载往台湾，令垦辟荒土，而收其赋，郑氏以此富强。

及芝龙北降，台湾为红夷所据，筑城三：曰台湾、曰淡水、曰鸡笼。又于大昆身海旁相对筑赤嵌、平东二城，皆石垒火煅，融结如天城。成功在南濠虽幸胜，自知形势单弱，谋远徙。适旧部曲有自红夷至者，说之曰："台湾君家故土，今红夷易制，若得台湾，则不忧无饷矣。"成功然之。辛丑三月，成功兵至彭湖，遇水涨，竟以海船入鹿耳门。城中夷人不过千，余皆郑氏□所迁民，语成功移其水源，数日，夷人大困，乞和，成功与盟而纵之去，遂复居台湾。其年夏，成功病死，面目皆爪破，曰："吾无颜见先皇帝也。"子名经，代统其众。

甲寅春，耿精忠叛，遣使招经，经悉兵入寇。既至，精忠欲加节制，经怒，反与相攻，互有胜负。及耿氏亡，经盗有潮、惠、漳、泉、韶、邵、汀、兴八府，王师以次克复。至康熙十八年，经始遁归台湾，其年，经立其庶子克钦，号曰监国，而退闲于洲子尾，筑游观之所，纵声色以自娱。二十年辛酉，经病死，其众惮钦之严，迫令自杀，而推经嫡子克塽为主。克塽尚幼，不能统众。癸亥六月，浙闽总督及提督施烺会师出海。十四日，大兵由铜山开洋入八罩。十六日，与刘国轩大战于彭湖，不能克。十八日，破虎井、桶盘屿。二十二日分兵进剿。左师向鸡笼山，右师向牛心湾，中军分为八阵，每阵三叠。自辰至申，尽锐夹攻，贼众死伤无算，遂克彭湖。刘国轩遁归台湾，与冯锡藩、丘磊、何诂等挟郑克塽稽首归命，明宗室随之来降者□人，皆安插河南、山东垦荒；惟术桂一门八口，即日自缢。

台湾始入版图，设分巡道一员，领府一县四，附郭曰台湾县，居中；南为凤山县，自台湾至沙码碛止；外皆土番，负固罕至城市；北为诸罗县，自台湾至鸡笼城止；过此，人迹罕到矣。又彰化县，未详。克塽至京师，授汉军公。郑氏自天启甲子为盗，传四世，至康熙甲子而灭，果符六甲更始之谶。

张煌言殉节始末

张煌言字元箸，别号苍水，崇祯壬午举人，与钱肃乐起事宁波者也。绍兴既破，煌言收余众窜海上，往来舟山、厦门间。顺治己亥，郑成功内犯，以煌言为前锋，其自序略云："余自乙酉倡义，距今十五年，栖山踏海，艰苦备尝。其间三入长江，登金山，掠瓜洲、仪征，师徒单弱，迄无成绩。今岁仲夏，郑延平全师北出，以余熟江上形势，推督前部。时敌于金、焦间横铁索绝流，夹岸列西洋大炮，守御甚严。余引舟入江，乘风溯流而进。方过焦山，风急甚，急叱舟人断索鼓棹。两岸炮轰如雷，弹飞若电，同踪百艘，得至金山，十七舟而已。翼日延平克瓜洲，将济师铁瓮，余请独率标下直捣观音门，以制留都之援。将至仪征，吏民赍版图来迎，鹢首所过，一二遗老皆具瓣香相送。次进六合，得报，知润州已下。余意延平由陆逐北，不三日当达石头，不料仍由水道，海船行迟。余抵观音门，再越宿,见陆信杳然,仍移泊江浦,发轻舟,先上芜湖。比延平至,达七里滩洲,方与余商略攻建业,而上流捷音至矣!延平以芜湖咽喉之地,属余统本辖戈船往赴。临发,余谓延平:'师久易生他变,宜乘朝气,分兵袭取旁郡邑,使金陵为孤注,然后以全力搏之,不可先挫锐于坚城之下。'延平唯唯。七夕,余至芜湖,传檄郡邑,致书缙绅,大江南北来归者数十城。四方豪雄,往往诣军门受约束,请归祎旗相应。既降宁国,方谋直取九江,不料延平忽弃余言,不急进攻。又师无纪律,敌人攻瑕,竟至大败。余既得报,犹□师即偶挫,未必遽登舟,即登舟,未必遽扬帆,故且退治芜湖,弹压上流。更不料延平胆怯,并瓜、润弃之而走矣。余时进退维谷,不得已西趋鄱阳,欲号召九江义勇,为再举计,奈人心已散。师溃铜陵,弃舟登陆,追兵至,突围得出,顾视左右,止一僮自随焉。"其自叙如此。

煌言既脱,易服变名,自英霍山中遁入天台,间关百折,得还海壖。树纛鸣角,旧众稍集。闻郑氏新得台湾,兵势复振,遣客罗子慕说之出师,成功不应。未几,成功死,煌言益无所向,乃散遣其众。海中有岛名悬屿,荒僻无居人,其阳多汊港,其阴皆峭壁,煌言与亲信数十人结茅其下。而风帆浪楫,出没台、宁间,莫有知其处者。又畜双猿以候动静,舟未至二十里,即猿鸣木杪。后因乏食,遣人至普陀告籴,踪迹始露。旧校某利赏,以夜半从山后悬藤逾岭而入,执归宁波,乃赋《绝命诗》曰:"海甸纵横二十年,孤臣心事竟茫然。桐江只系严光钓,震泽难回范蠡船。生比鸿毛犹负国,死留碧血欲支天。鲁戈莫挽将颓日,敢望千秋青史传?"又《甬东道上诗》云:"国亡家破欲何之?西子湖头有我师。日月双悬于氏墓,乾坤半壁岳家祠。惭将赤手分三席,特为丹心借一枝。他日素车来浙路,怒涛岂必是鸱夷?"后戮于杭州,埋骨于南屏之阴。

舟山始末

舟山东西七十里,南北倍之。西去蛟门二百六十里,东距普陀四十里,黛山屏其南,桃花剑列其北,即传所传甬句东也。宋以前曰瀹洲,元为昌国县,明初并入宁波之定海。崇祯间,闽人黄虎痴斌卿尝为其地参将,后升去。乙酉夏,斌卿自江上逃归,上书唐藩,言:"舟山民俗淳朴,通商舶,饶鱼盐,西连越郡,北溯长江,此进取之地。"唐藩然之,赐剑印,率麾下至舟山,舟山之寇自此始。

张名振者,石浦守将也,与斌卿为儿女姻。绍兴之破,与鲁王投舟山,斌卿不欲奉王,故随郑彩入闽,而名振独留。其年冬,溃将张国柱来犯,斌卿连战不能御。名振使其将阮进以数舟冲国柱营,因风水之势,发炮击之，国柱败去。进故海盗，精水战，为名振心腹，既破国柱，斌卿以计笼络，使去张而归己，名振由是不悦。未几，而有提督吴胜兆、诸生华夏之事。

胜兆镇松江，以滥抚太湖白党被参，遂怀异志，以蜡书求援海上，斌卿不许，名振独以兵就约。胜兆所抚之白党，恃主帅之有谋也，反凌官军，官军恨之刺骨。其未抚者，亦无复畏忌。及官兵擒解，则胜兆欲示无他心，又辄枭示。乱民疑主帅意中变，乃先期劫胜兆，夜召推官方、同知杨议事，缚而杀之，下令解辫。而名振兵至白沙，因洗炮惊动龙宫，风涛大作，名振舟坏落水，余众踉跄遁归。官兵既恨乱民，又不见海上动静，视乱魁陆炯、戴之俊等皆易与，于是副将唐世勋设计诱斩炯等，而执胜兆。朝廷穷治其狱，吴中失职之士多死焉。

华夏者，宁波诸生，与其侪五人同谋举兵，遣人走舟山，约斌卿，斌卿诺之。夏等又约四明（疑有阙文）□谋泄就戮。斌卿本无大志，特为利而动。兵至宁波，泊舟桃花渡，望城上毫无变动，已知夏等事败。官军开炮击之，即扬帆而遁。名振之覆舟白沙也，与张煌言共浮一篷，得抵岸，投一小庵，僧一泓为剪发易服，始得脱归。从此斌卿每事侮之，名振于是别屯南田。斌卿子，名振婿也，自闽归，便道过南田，名振留饮十日，而舟山讹传南田劫舟杀公子，斌卿信之，遽抄名振家。已而公子备述妇翁情至，斌卿惭悔无及。比自宁波归，自以师出无功，益愧且惧，乃为保聚谋。民年十五，即令充军兵。男子死，妻不得守节。六十无子，收其田产，别给衣食。其意欲如土司为不侵不叛之夷岛，而不知不可得也。

土司王朝先从张国柱出海，斌卿利其兵力，以书招之。复使兵诈为他盗，中路劫之。既至，又夺其将军印而拘之。久之，朝先以计脱去，至奉化，聚众得数千。又阮进亦失欢于斌卿，别驻鹿头。己丑秋，朝先遂约进，并约名振，同攻舟山。鲁藩传谕和解，朝先得谕，即致斌卿以弛其备，而轻舟袭之。斌卿见兵至，设香案，服公服，手执来谕曰："监国有旨，谁敢者。"阮进直前刺杀之，而分其众，始迎鲁王居舟山。

辛卯春，名振以小嫌杀朝先，其将张济跳城夺哨船，至军门，陈舟山虚实。六月，王师进讨，名振与阮进奉鲁藩分兵出御。八月，王师渡横海，突遇阮进舟。进挟火罐升炮投击，风反自焚，堕于水，王师擒斩之，遂乘大雾直抵螺头门。名振初不觉，雾霁，见之大惊，即奉以海南遁，投郑成功。名振既去，其弟名扬犹固守舟山，攻之月余始破。张肯堂在舟山，多树梨花，作亭其间，颜曰"雪交"。至是，题绝命诗于亭而缢。其前二联云："虚名廿载著人寰，晚岁空余学圃间。难赋归来如靖节，聊歌正气学文山。"自肯堂外，死者数十人。胜国孤臣，于斯尽矣！

名振初至厦门，成功不为礼，后见其背刺"赤心报国"四大字，始致谢，延为上客。癸巳春，使与张煌言入犯，至京口，因谗言撤回。又出犯崇明，屯兵平洋沙。甲午春，再犯京口，舟师抵观音门，失利而遁，路遇风便，复袭舟山据之。乙未冬，名振病死，陈六御代统其众。丙申二月，舟山城哭，声若风筝而咽。其年冬，王师复舟山，斩六御，余寇悉南徙。朝议以海濒难守，命毁其城，迁其民，而空其地。

日本乞师

日本乞师之议，始于周鹤芝。芝故海盗，往来日本，与撒斯玛王结为父子。日本三十六岛，岛各有主，其国主为京王，徒拥虚位，权皆掌于大将军。余王如诸侯，而撒斯玛最强。芝既熟日本，横行海中，已而就抚，为黄华关把总。值东南丧乱，私遣人至日本，求假一旅以靖难。撒斯玛王为言之大将军，许诏使至，即为发兵。芝喜，益市金珠玩好，将以王命往迎。主将黄斌卿谓此吴三桂乞师之续，执不可。芝怒，遂去舟山。久之，或说斌卿曰："北都之变，东南如故，使并东南而失之者，此乞师之害也。今我无可失之地，比之往事为不伦矣。"斌卿意悟，始使其弟孝卿与冯京第往。会日本有西洋为天主教者作乱，方严逐客之令，京第至长崎岛，不得登岸，日于舟中效秦庭之哭。撒斯玛王闻之，复为言于大将军，议发各岛罪人以赴中国之难，留孝卿于长崎，而使京第先还报命，赠洪武钱数十万。盖日本不知鼓铸，专用中国古钱，舟山行洪武钱自此始。

长崎多官妓，皆居大宅，每遇月夜，各宅悬琉璃，赛琵琶，艳色夺目，淫声盈耳，中国所无有也。孝卿居既久，惑之，竟自忘其为乞师来者。日本薄其为人，发兵之命复寝。其年，僧湛微自日本来，为阮进述请师不允之故，且言其国重佛法，若得普陀山慈圣太后所赐藏经为贽，师必发矣。进谋之张名振，使阮美以经同湛微往。日本初闻之，京王以下皆大喜，已知舟中有湛微者，则大怒。盖日本不杀中国僧，有犯止于逐，再往则戮及同舟。湛微初在日本，事南京寺住持应如，后至脓泉岛，妄自尊大，恶札村谣，皆署"金狮尊者"。大将军见而恶之，逐使过海。梵册请师之计，特湛微欲借以再往日本耳！阮美知为所卖，即载经而归。自两使无成，舟山之人皆追咎斌卿不早听鹤芝。然日本自宽永以来，承平日久，其人多习诗书，好法帖、名画、古器，故老不见兵革之事，本国且忘备，即令西洋无衅，鹤芝尚存，安能万里渡海，为人定乱乎？

两先生传

野史氏曰：古来节烈之士，不欲使姓名落人间者，惟明永乐之世独多。当其时一人殉义，祸延九族，故往往匿迹晦名，以全其宗党。若申酉鼎革之际，朝令不如是之酷也。而以余所闻，或死或遁，不以姓名里居示人者多。有如所传一壶先生，其补锅匠雪庵和尚之流欤？若画网巾者，自谓一筹莫展，耻以死节节义名，其用心更何如哉？

　　画网巾者，其姓名爵里，不可得而知也。携二仆匿邵武山寺中，为逻者所得，守将池凤阳夺其网巾，置军中，先生叹曰："衣冠历代皆有定制，若网巾则高皇帝所创，我遭国变即死，讵敢忘祖制乎？"每晨起盥栉毕，必令仆画网巾于额，乃加冠；而二仆者亦必更相画也。军中皆哗笑之，因呼之曰"画网巾"。已而王师平诸山砦，凤阳乃缚而献之提督，诡称阵俘以邀功。提督某视其额斑斑然，笑而谓之曰："若为谁？今降犹可以免。"先生曰："我忠不能报国，留姓名则辱国；智未能保家，留姓名则辱家；危不能致命，留姓名则辱身。且我不欲以一死博节义名，军中呼我为'画网巾'，是即我名矣。至欲我降，则我旧尝识王之纲，当就彼决之。"之纲者，故高杰部将，时为福建总兵，即平诸山砦者也。提督送之福建，之纲见之，曰："我不识若也，今将就若求死耳！"之纲委曲开谕，且指其发曰："种种者而不去，何迂也？"二仆曰："巾犹不忍去，忍去发乎？"之纲命先斩之。群卒欲引去，二仆瞋目叱曰："我二人岂畏死者，顾死亦有礼。"从容向先生拜辞曰:"奴等得侍扫除于地下矣。"皆欣然受刃。之纲又谓先生曰:"若岂有所负乎?节义死即佳,何执之坚也?"先生曰:"我何负?负君耳!"出袖中诗一卷投之地,又出银一封,谓行刑者曰:"此樵川范生所赠也,今与若。"遂戮于泰宁之杉津。泰宁谢生葬其骸于杉窝山,题曰"画网巾先生之墓"。

一壶先生,亦莫知其姓氏爵里,破巾敝衣,徜徉登莱间,尤爱劳山之胜,结茅居之。性嗜酒,每出,必以一壶自随,人因称为一壶先生。即墨黄生、莱阳李生心知其非常人也,皆敬事焉。或携酒就先生,或延先生至家,然先生对此两人,每瞠目无语。欲有问,辄曰:"行酒来,余为生痛饮。"时而酒酣大呼,俯仰天地,若胸中有甚不平者。间一读书,必欷歔流涕,二生竟莫能测也。先生踪迹无定,或留久之乃去,去不知其所至。已而又来,亦不知其所自至。康熙壬子,去即墨已久,忽而复至,寓一僧舍。素与往来者视之,见其形容憔悴,神情惝恍,问之,俛而不答。夜半必哭,哭或彻旦。数日,竟自缢也。李生云:"先生是时年垂七十矣。"

谈资跋曰:余读画网巾先生传,怪其不死于守将,不死于提督,而独就之纲求死,观两不相知之语,意别有不言而喻者乎?若一壶先生之踪迹,则尤奇矣!昔宋中丞牧仲尝言:"酉戌间,有夫妇佣其家，甚勤力，然每遇主人与客谈诗文，辄徘徊窃听，不能去，积数年。一日忽不知所至，视其室，留书千言，自叙悲愤，词义博奥，援据今古，出人意表，竟不知为谁何？"余因思易代之际，山巅水涯，樵渔释道，与夫耕牧佣贩中，如一壶先生、宋氏佣者多矣！于今稗官之笔，遗老之口，犹当流传未绝。惜乎闻见所限，不获因其轶事，以想见其人于姓名爵里之外也。

山右二臣

蔡懋德字维立，号云怡，昆山人。万历己未进士，初任杭州推官，执法严平。行取入京，授主事，进员外郎，以忤魏党乞差归。崇祯改元，升副使，视学江右，迁嘉湖兵备，擒大盗屠阿丑、沈千斤，以忧去。服阕，除井陉兵备，复以计擒贼首齐天王，调宁前道，绥内御外，八城以安。懋德好释氏学，律身如苦行头陀。杨嗣昌谓其清修弱质，不宜处边地，改调济南，与周遇吉共平大盗李青山，以功升按察，转河南布政。

时方大旱，斗米三金，贼党又争传"迎闯王，不纳粮"之谣。懋德叹曰："此时而急催科，是驱民为盗也！"檄州县停征，自劾，镌七级。俄奉特旨巡抚山西，初至官，即平土寇，绥溃兵，立干城社，以招智勇之士，日夜为战守备。又值京城戒严，奉命率标兵防龙固诸关。积劳,以目疾乞休,未得旨,而闻贼已入秦窥晋矣。懋德闻报叹曰:"主忧臣辱,此岂我求去时耶?"立起视事。时秦地尽陷,山右所恃,惟一河为限,而南自芮浦,北至保德,随处可渡。抚标仅弱卒三千,檄召诸镇兵,无一人至者。懋德独立当贼,屡挫其锋,然亦幸贼大队未来,故不能遽渡。已而榆林陷没,岢岚告急,巡按汪宗友以晋王手敕敦促归救,懋德不得已,留副将陈尚智以二千人守河,而引余兵赴太原,以障其东。懋德甫离河上,而贼大队抵河津,自船窝东渡。尚智走还平阳,平阳随破,西河王被害,尚智走保泥山。汪宗友遽奏懋德弃河不守,奉旨解任听勘,使郭景昌代任。

甲申正月,贼转掠河东,陈尚智叛降于贼,列城皆陷。新抚郭景昌观望不前,懋德方召属官,约盟誓师固守,而罢官命至,或请出城候代,懋德不可。晦日,贼游骑至太原,传牌招谕,懋德斩其人,碎其牌。二月五日,自成抵城下,部将牛勇、朱孔训等出战,死之。六日,自成亲督众攻城,所调阳和兵首降贼。七日,风沙大作,拔木,昼晦。部将张雄缒城出降,语其党曰:"城中火器火药,皆在东南楼;俟我下,即焚楼。"夜中火起,风转烈,守者皆惊窜,贼遂登城。懋德出遗疏授知县贾某,谓中军副总兵应时盛曰:"吾学道有年,勘破生死,今日吾致命时也。"麾下持之,时盛扶懋德上马,即死(疑有阙文)。且下城巷战,乃持矛翼懋德突战，杀贼数十人。至炭市口，贼骑充斥，时盛呼曰出西门，懋德遽下马曰："封疆之臣，当死封疆。诸君自去，不可陷我于不义。"众复推之上马，至水西门，复下马据地坐。时盛已出城，还顾不见懋德，立杀其妻子，复斫门入告懋德曰："今请与公同死。"偕至三立祠，懋德就缢，身轻不绝，时盛脱甲加其肩，而与从骑皆自刎于旁。贼恨懋德不降，亲验其尸，以刀断颈而去。

周遇吉号萃庵，锦州人，勇而善射，性慈仁，得人死力。幼时为敌所掠，崇祯初，与所娶蒙古妇刘氏自拔来归，始授把总，积边功至京营参将。京营将多勋戚中宫子弟，见遇吉质鲁，意轻之。遇吉曰："公等皆纨绔子，岂足当大敌？何不于无事时练胆勇为异日用，而坐縻廪禄为？"同辈皆目笑之。

岁丙子，都城被兵，从尚书张凤翼血战有功，进副将。冬从孙应元剿贼河南，战光山、固始，皆大捷。明年班师，再进秩。己卯秋，复受命剿贼，破安世王于淅川，降其全部。从杨嗣昌扼张献忠于槐树关，又扼之化石街草店，贼闻其名，不敢犯。明年，与孙应元大破罗汝才于丰邑坪。又明年，与黄得功追破贼于凤阳。已而旋师，讨土寇于寿张，追至东平，连战，擒其魁李青山，屡加太子少保、左都督。壬午冬，代许定国为山西总兵官，开镇宁武。遇吉在镇，汰老弱，练勇，缮甲仗，日夜为战备守。刘夫人亦雄健，便弓马，又招胡妇之多力善射者，至三百余人，择麾下健儿事之，别为一队。平日恣其所欲，必遇战急，方用以冲坚陷锐，敌甚惮之。

癸未，李自成陷全陕，遇吉以沿河千余里，贼处处可渡，欲分兵扼其上流，而以下流属之巡抚蔡懋德。乃请济师于朝，朝廷遣副将熊通以二千人来援。甲申正月，遇吉使通防河，会平阳守将已降贼，讽通还镇说降遇吉。遇吉大怒，责之曰："尔统兵二千，不能杀贼以报朝廷，反为贼作说客耶？"立斩之，传首京师。太原告急，遇吉勒兵往救，贼又使遇吉所亲某以书来招，复斩之。进至石岭关，闻太原已陷，贼先驱将至，即伏兵忻口截之，歼贼数千而还。聚众谋曰："逆贼屡胜而骄，我悉精兵据险伺隙，凶锋可挫。若纵使入险，而婴城自守，此坐困之道也。"佥事王胤懋、同知吴铉疑遇吉欲通贼，固止之。又阴令百姓筑土塞门，以沮其行。贼觇官兵不出，喜曰："此天助也。"即自阳方口入，分兵六道趋城。遇吉与麾下杨光隆等分门而守，昼夜苦战。贼梯则碎其梯，贼穴则烧其穴，城已崩矣，囊土复完。相持三日，杀其骁将四，群贼死者无算。又设伏城内，出弱卒诱贼入城，急下闸，杀数千人。自成惧欲退，或教以分番迭进，官军力尽。俄而光隆中炮死，守陴者惊散，东关失守。遇吉督亲兵巷战，往来驰突，贼辟易不敢进。复使骑招之，遇吉曰："退兵十里，我当出。"贼许之。乃从角楼缒下，大呼曰："周都督来也。"至演武场，自成起揖曰："大同督抚一席，愿以累公。"遇吉骂曰："瞎贼，我岂受伪官者？今来求一死，光而且明。乘城杀贼，皆我将令，与士民无与耳！"贼胁以刃，骂声愈厉，遂被磔。将士及百姓闻之，益愤痛，人自为斗，家自为战，四面奋击。刘夫人率诸胡妇控弦升屋，矢无虚发，复杀贼无算，血流有声，遇吉步兵亦略尽，刘夫人矢竭，纵火自焚，诸胡妇及婢仆赴火死，无一人苟免者。王佥事、吴同知被执，亦不屈而死。是役也，贼丧精锐数万，自成叹曰："使守土者更有周都督几人，我事殆不济矣！不若且回陕西，相机而动。"适姜瓖降表至，自成大喜，俄而宣府总兵王永荫表亦至，贼遂尽屠宁武遗民而北。

论曰：闻当癸、甲之间，所惮者，在秦则孙督师，在晋则周都督。督师不败，潼关不破，贼不得潼关，敢越河而窥晋乎？都督不死，宁武不陷，宁武全，贼虽得太原，能出三关而犯宣大乎？督师之败，以朝廷趣战，全军一掷。都督之死，以王佥事沮其出战，坐困孤城。呜呼，昔人言："耕则问奴，织则问婢，阃以外将军制之。"乃一则欲守而不得守，一则欲战而不得战，以致金汤失险，干城同殉，国家大事，从兹而去，是谁之咎哉？蔡忠襄之死，与周都督相类。然提三千弱卒，往来奔命于二千五百余里之间，即不归太原，势必不支，非宁武比。独汪宗友者，始以羽书招之，旋以不守河劾之，至福王时，犹以不守河为失策，赐谥、赐祭葬而不予赐荫，尤可叹耳。忠襄既解任，仍以死殉，视已受命而徘徊河上者何如？若都督之见贼，意在保全百姓，而百姓愈乐为之死，忠义之感人如是哉。被磔后，材官张某哀其骸而葬之东门之外。至今宁武士民过其地者，莫不为之流涕焉！谥曰忠武，又奚愧焉？

关西二烈

流贼初扰关中，三原在籍副都御史焦源溥及泾阳在籍佥事王征，皆聚众筑堡，缮甲储粮，以卫桑梓。当是时，四方云扰，贼众往来飘忽，秦地几无坚垒，独二县之民安居无恐者，两人力也。已而西安陷，郡县皆从贼，自成伪行仁义，胁用才望之士，以收人心。先遣兵劫源溥至西安，见其修髯方面，仪观伟甚，特起加礼，欲重用之。源溥曰："吾纵不能起兵恢复，终不与诸逆俱生。"因说自成以逆天不祥，宜翻然改悔，归命天子，立功自赎，可致封侯。词气恳切，贼不忍杀，纵之归。又遣兵至泾阳胁征，征闻之，引佩刀坐于门曰："贼使至，我必以颈血溅之。"子永春跪请曰："大人毋自苦，儿今走西安请死，以代大人。"征曰："若代吾死，死孝；

我誓自死，死忠。各行其志可也。"遂绝粒不食。越五日，永春得释归，跪进汤饵，征曰："子之于父，当成其志。"卒挥去，不食而殁。邑人私谥曰端节先生。

源溥字涵一，起家进士。崇祯初，官河东兵备，迁宁武参政，再擢右佥都御史，巡抚大同，罢归。其在河东时，屡与诸将擒杀贼魁。及归自西安，谋东走蒲州，收召旧旅。又欲奔西宁，结羌戎以图恢复，而贼关防甚密，终不得去。每愤激欷歔，形之吟咏，有"百二山河尚可全，八千子弟今何在"之句，贼闻而恶之，复执之西安。至之日，贼大宴关中缙绅，出秦府金银器皿分与之，谓曰："饷乏，公等皆墨吏多金，宜各出之以助军需。"且令左右露刃胁之，皆战栗怵诺惟谨。次至源溥，源溥张髯瞋目，以笔掷自成曰："瞎贼，吾安得金？且汝不闻王嘉胤、紫金梁之事乎？我歼渠时，汝始为贼锉草扫马矢耳！"自成大怒，立磔之。

征字良甫，一字葵心。时有丘东周者立刺自成，不克而死。而源溥之兄源清字湛一、葵心之友袁养和，亦以拒召绝粒而死。其遁入山者：泾阳则兵备杨国柱、举人周惇，三原则举人周昌祚。

秦晋宗人

明太祖二十六子，马后生者五：长懿文太子，次秦王,次晋王,次成祖,次周王。太祖封成祖于燕,封周王于汴,据元宋旧都,而王二王于西北,秦关百二,晋表山河,岂不屹然长城万里,周之鲁卫哉!已而二王早薨,成祖入继,三国嗣王,谊属犹子,本支百世,与国同休矣。迨崇祯之末,大盗横行,屠陷城邑,独周王恭枵出库金数十万,募兵扼贼。河决后,薨于彰德。至于秦晋后王甘心屈辱,两国宗人亦皆束手待毙,未闻有以一矢加贼,与天子分忧急难,而抗节死义者,尤不多见也。意者王人之子孙,狃于富贵,故能自振拔者少欤?抑亦靖难之后,前车是鉴,强干弱枝,积渐之势使然欤?

西安之陷,秦王降贼,中尉谊杲泣曰:"吾不忍见宗国之亡、国主之辱也。我不死,且愧张长史、徐旗官。"赋诗三章,自投于井。(张长史尚绚,旗官徐应魁也。)谊杲之外,不食死者,中尉存榁,自缢者,中尉谊纠之子存柘,于是秦宗室有三烈焉。太原之陷,晋王降贼,宗室死义者六人:府学生员霞,霞父慎钲,王府审理慎镂,逸其名者曰小二,曰长安,又有敏□者任通判,时在龙门,闻变,知其父必不免,辄为位,斩衰哭奠毕,望阙再拜,自缢死。余未有闻焉。而其后贼臣韩文铨捕晋宗室四百余人送西安,悉杀之。叛将陈永福在太原,恐宗人为变,闭门搜捕,得千余人,杀之海子堰,若歼羊豕。嗟乎,是真不幸生帝王家尔!

善夫顾宁人之言曰:"自古待宗人之失,未有如本朝者。有周用人,必先同姓;汉唐猜忌骨肉,然刘氏李氏之任宰相、官中书者多有矣。独本朝庸疏舍戚,既不得筮仕为吏,又限之国城,若无罪而受拘。故不肖者怙侈放僻,以为民患;而贤者亦第谨身寡过,安于豢养。举天下之宗,无一人任国家之事,以生草泽之心,而来远人之侮。卒之干折枝摧,一时同尽。呜呼,是亦后王之大戒已!"

野史氏曰:明万历中宗人之文秀,莫盛于秦。有七子者善为诗,崇祯末,六子已逝,而子斗先生谊纠独年至八十,后其子存柘殉节十余年乃卒。余尝至西安,犹及见子斗先生,然求所谓青门七子合集,已不可得。而三烈之名,世争传之,然则士之所重,固在彼而不在此乎?抑余又闻太原之陷也,中尉长安之母语长安曰:"宗室家终难与贼并立,毋徒取辱。"遂母子同殉。及观贼臣屠灭晋宗,益叹死难诸人,非独节之高也,其揆事尤明且决哉!

献忠屠蜀

黄虎之窥蜀屡矣,而未尝得志。至癸未,自成入秦,黄虎独据湖北,见梁楚残破,不足久留,乃复溯江西寇。初，夔府设十三隘以捍盗，自刘士奇抚川，患饷不足，渐撤其兵，故贼得乘其无备。士奇在重庆，闻夔州陷，檄参将曾英屯涪江扼水路，副将赵荣贵驻梁山扼陆路，而重兵据铜锣峡以守城。贼先击走两路兵，舟师直向峡口，别令骑兵入山径，袭破江津县，掠其舟，从上流鼓噪而下，守峡兵立溃。时新抚龙文光方至顺庆，将士多往参谒，比返，则贼已夺佛图关矣。甲申五月，贼陷重庆，士奇及瑞王皆被执，黄虎降阶而迎，谓曰："我兵强于闯，殿下畏闯而去汉中，独不畏我而去重庆，岂非命乎？"将磔之而屠其民，赤日中忽雷电交作，晦冥，咫尺不见，黄虎仰而诟曰："我杀人何与天事？"用大炮向上轰击。俄而晴，遂并士奇杀之。百姓但斫右手，有因欲以左代，而两手并去者。

七月，贼进寇成都，新抚自顺庆往救。方出城，顺庆即降贼。贼留殷承祚守之，而令卒伪为顺庆兵，随文光先入省城。贼至城陷，文光死之，蜀王及妃嫔皆自尽。世子被执，贼封为太平公。悉驱百姓于中□，将纵骑蹂之，天忽尾垂一物如龙尾，黄虎喜，以为瑞，贼将汪兆龄亦固谏，乃释去。其年贼建号大西，又自称秦王，改元义武，置官属，以严锡命为丞相，分兵掠地，川中郡邑皆从之。

黄虎为人，其性特异，恒醉柔而醒暴，一日不杀，即悒悒不乐。既据蜀，先召地方官率乡绅召见，至则杀之。间有授伪职，不久亦辄见杀。前县令吴继善降贼，授伪官，一日为贼写祭天文，其纸中接，贼见之怒曰："若不欲我一统乎？"立剐之。降盗江鼎镇复归贼，授礼部尚书，后值迎春，黄虎问春入何门？江曰："入东门。"贼国号西，闻言东，怫然曰："是何出典？"江犹未悟，漫应曰："出《大明会典》。"虎大怒，责一百棍，江有故人为代受五十。翼日，飞骑收此两人，并家属悉斩之。一绅已从贼，为恶奴所诬，自知不免，乞一言而死，贼笑曰："若何言？欲良死耳。我自有法。"仆之地，滚以石轴，立成肉泥。又开科进士一百二十人，状元张大受，成都华阳县人，年未三十，身长七尺余，弓马绝伦。群贼咸贺得士，请图其像，传播远方。贼大喜，赐张甲第一区，美女金帛，家丁二十人。已而黄虎坐朝，伪官奏状元入见，忽颦蹙曰："我心实爱渠，但畏见其面，速斩之！"须臾张首至，又传令将张全家及所赐美女、家丁悉处死。禁民间畜马，及试武生而无马，则择营马极狞劣者给之，俟其既乘，即令兵士发喊放炮，马惊人坠，宛转尘埃，贼抚掌笑乐。畜群獒，遇朝会，伪官拜伏，辄纵獒下殿，为所嗅者，谓有异志，即裔以食獒，名曰天杀。严锡命为贼心腹，条陈甚多，尝言："陛下继嗣不广，皆由兵间所采女子，不足以配圣德。今有故相陈某女德才貌俱全，可正坤位。"贼于是强委禽焉。忽一日出示曰："陈娘娘欲斋僧，大僧十两，小僧六两，银用黄封柜，异贮大慈寺。"诸僧大喜，远近云集。市井无赖小儿多求僧剃发，暂为沙弥，得银许以半谢。至期，入寺领银者近万人。贼闭寺门，每十僧贯以一索，引去骈斩之。闯贼败还，思侵蜀以自广，屡遣兵攻顺庆，黄虎自出御之，失利。廉得诸生有通表于闯者，由是发怒，命州县教官率生监来省考试，教官之妻亦率生监之妻来省点检。既至，聚之大慈寺，照牌点名，驱至西城外青羊宫坑之，共一万七千余人，所弃笔砚如丘冢。先后所杀绅士，其家属得生者，皆发娼院，已复并娼优杀之。指官兵为毛贼，擒得非烹即剐。官吏被擒者，目为脏胚，叱剥皮，顷刻而尽，全皮俱下。稍与肉黏附，便谓剥不如法，即缚剥人之人，令善剥者剥之，其虐戾如此。

四方郡邑初惧加兵，故贼号令所至，争先送款。既而不胜其虐，于是王祥起遵义，杨展起犍为，曹勋起黎州，各据地自保。而前大学士王应熊亦聚众起义，缟素誓师，传檄讨贼。袁韬、武大定等皆以其兵反正。前守道马乾德自达州起兵，逐贼将刘廷举，迎曾英入据重庆。英以书招殷承祚。其使为逻者所获，黄虎令断一手，去一目一耳，割半鼻半唇，给令箭往谕。承祚大惧，即举顺庆降英。乙酉二月，黄虎使养子刘文秀攻之，为英所破，仅以身免。

贼初志在帝蜀，虽好杀，犹时有所纵舍。及兵出屡败，列城多叛，谋下荆、吴，又惮英为阻，益愤恨，攘袂瞋目，以咀嚼蜀人为事。先杀武弁，次及僧道、筮卜、医生、工匠皆尽。尤忌朱姓，知蜀府宗支多在灌县，围而屠之，蜀世子亦被害。贼先欲屠保宁，僧破山为之请，贼方进狗肉，谓僧曰："啖此即从汝。"破山曰："老僧救百万生灵，何惜如来一戒？"为啖数胾，保宁由是得全。至是，仍令守将尽屠其民，毁城而还。自入秋以后，悉聚其兵于成都，日遣一将出屠诸郡邑，并及村聚。尝登高四望，有兵过而炊烟在者，将吏必死。其下争以多杀为功，首级重不可举，男子割势，妇人各取阴肉，或割乳头，验功之所，积成丘阜。又用法移锦江，涸其流，穿数仞，实以精金及他珍宝累万万，下土石筑之，然后决堤放水，名曰锢金。

　　顺治三年春，肃王西讨，黄虎迎于阳平关，败还。有曼仙者，本楚府乐户，被掠，其侪琼枝不辱而死，曼仙刻意奉迎，黄虎嬖之，携入蜀。屡欲图贼，不得间。及黄虎自阳平败还，竟忽忽不乐，曼仙乃奉毒酒，清歌以侑，黄虎手挽其颈曰："汝先饮此。"曼仙不能却，立饮而毙。贼觉其情，念成都百姓必多因败图之者，夜寝必数迁其处。又选亲信左右千人，号诇事小儿，身易服杂其间，夜出周行街巷，听人私语，犯忌讳者，以白垩识门，黎明而收者至。偶闻俚语云："张家长，李家短。"喜曰："此吾家独霸之谶也。"未几，卒尽屠之。

而益发兵四出，穷搜荒僻，逢人辄杀，如是者复半载。

一日，贼独坐食馒首，忽千万手自空来夺，又闻乐奏虚室，就视皆无头女子。未及黄昏，城中鬼语啁啾，贼众或孤身夜出，鬼辄击之。贼恶其不祥，出居东园。东园者，蜀外府外面，有梨花数十本，皆二三百年物，每岁三月，都人士群游其间。贼至即伐木辟驰道，练兵其处，至是而徙居焉。贼众之樵采者，反入城拆民房为薪。八月，贼毁成都，焚蜀府宫殿及未尽民房。火不能毁者，聚薪发炮，必裂碎之而后已。成都有大小城，相传张仪所筑，刘先主复修之，甃以巨石，贯以铁絚，雄壮甲天下。宫室之盛，拟于京师，一旦变成瓦砾，于是成都四面方千余里，百物皆尽，空如沙漠。黄虎尝过梓潼七曲山，自谓文昌子孙，宜王蜀，追尊文昌为始祖高皇帝，制诗刻石。又自言尝见天神语之曰："天以百物与人，人无一物与天。"因续一句云："鬼神明明，自去思忖。"令刻于石，名圣谕碑。有道人谀之曰："陛下即天神，终当遗弃一切，仍归上界。"黄虎大悦，乃尽杀其妻妾，一子尚幼，亦扑杀之。而谓孙可望曰："我亦一英雄，不可留幼子为人所擒，汝终为世子矣。明朝三百年正统，天意未必遽绝，吾死，尔急归明，毋为不义。"遂分其兵为四，属可望及李、刘、艾三养子，弃成都北出。

九月，贼屠顺庆，进屯西充，大治舟楫，将悉杀川兵而入楚。诸将中惟刘进忠收川兵最众，惧而来降。肃王自保宁进兵,使大将雅布兰与进忠轻骑觇贼,直造营门,仅隔一河。黄虎初不为备,闻兵至,犹以为他寇,身衣蟒半臂,腰插三矢,引牙将临河视之。进忠望见指曰:"此八大王也。"贼方抽矢,雅布兰直前射之,洞胸坠马,王师大呼曰:"献贼死矣。"急渡河追杀,贼众以锦褥裹尸,埋于僻处而遁。王师求得,发而斩之,枭其首于成都。厥后埋尸之处生异草,触之者辄生大疽,或致死。又有黑虎白昼噬人,人不敢过其地。

贼溃兵过重庆,袭杀曾英,旋弃去,王应熊入据之。其明年,王师至,应熊走死。未几,明宗室朱容藩来寇,王师退屯保宁、成都者,亦驱残民千余北去。至绵州,复尽杀之,成都之人竟无遗种。已而朝议以四川荒索,馈饷难继,并撤保宁、顺庆之兵。明桂王乃使杨乔然为巡抚,大学士吕大器为总督,统驭诸将,代王应熊。时兵荒累年,百姓存者百无一二。或久窜山谷,变为野人,举体生毛,能手格猛兽,攀獐鹿啖之,悬崖绝壁,腾上若鸟隼。所在蒿莱满目,狼虎成群。有张懋赏者,主仆八人,至荣昌莅任,入城四顾无人,日未暮,群虎突出,八人之中,攫食其五焉。

川中诸将

王师既撤,明川中诸将各分地自守。雅川曹勋,嘉定杨展,遵义王祥,重庆袁韬,涪江、云阳则曾英养子李占春及于大海,其余赵荣贵、朱化龙、侯天锡、马应试分屯龙安、茂州、永宁、芦卫等处,巫山、万县则谭谊兄弟据焉。而朱容藩既挫王师,还屯夔州,兵最强。吕大器徒拥空名,不能制也。已而容藩谋据蜀自王,先改忠州为大定府,顺治五年夏,遂自称吴王。铸侯、将军等印,遍给在川文武,罕有应者。独于大海往,伪封靖南侯。降贼旧官张京责其贡献,大海唯唯。比入谒,高唱进宝,伪鸿胪问曰:"何宝?"大海徐答曰:"奇货骆驼。"盖容藩面瘦曲背,故以相谑也。杨乔然与吕大器乘众心不服,檄诸将共诛灭之。未几,大器病亡,即以杨乔然为总督。

杨展在嘉定,据有川西南州县,又能识宝藏气,所至得窖金,荒乱中用以赈济,故袁韬及李乾德、武大定皆归之。后与王祥构祸相攻,马、侯二师皆助祥。展使其子破芦卫,杀马应试,进攻天锡于永宁,王祥来救,展兵大败,由是威名日损。又性骄矜,众渐不悦,韬等遂袭杀展而分其地。

王祥者,王应熊部将,颇矜名节,岁必通使广西贡献。其妻尚祖警敏有权略,选健妇数千,皆男扮,别为一队。七年,祥为孙可望所破,自刎死。尚祖更衣盛妆,南向叩头,又拜其夫死处。既投缳,犹以手招左右曰:"扣宽不得绝,可系之。"如其言而尽。

可望既克遵义，进攻嘉定，李乾德死之。袁韬、武大定皆迎降，曹勋亦弃雅州，与化龙、天锡俱西走，不知所终。李、于二师久屯涪、云，可望屡使招之，两人怒曰："彼杀我父，幽我君，而我从之，不忠不孝，与禽兽何异？"立斩其使。及贼兵至，占春力战七日不能支，与大海率流民走楚，中路食尽，流民咸怨，占春不胜愤激，中夜呼酒，对妻子痛饮为别，单骑遁入华山为道士。大海以其众归朝廷。

九年，王师破保宁，斩赵荣贵。十五年，复重庆，乔然伏毒死。其年秋，王师南讨谭谊，乘虚攻顺庆，不能克。未几，谊及其弟弘杀谭文来降。有明故臣遗寇始尽，四川遂平。

沙定洲之乱

沙定洲，临安王弄土司也。其父沙源骁勇有将略，数从征讨有功，时号沙兵。王弄与阿迷州接壤，其土官普民升者，定洲内亲也。民升嬖江右范姓妓名彩云，生一子名服远。范氏狡而勇，崇祯间，挟制民升，导之攻劫，远近苦也。已而民升死，范氏独据阿迷，年长矣。一日，突至王弄劫定洲曰："惟尔可与我为夫妇。"定洲以有妻告，范曰："呼来，我自语之。"定洲妻至，范辄挥刀断其首，顾定洲曰："今不可以生同室死同穴乎？"遂夫之。定洲之年与服远相若也，复嬖范氏，用为谋主，范氏先教定洲告讦诸土司，以兵掠之，沐天波不能制。国变后，谓定洲曰："是可取而代也。"使诱武定土司吾必魁作乱，欲俟天波来调兵，因以伺间袭省城，定洲从其计。必魁果借行盐加税为名，兴兵破楚雄，声言："已无朱皇帝，安有沐国公？"天波发兵讨之，檄蒙自二千，定洲以五千往，至云南，则必魁已就擒，定洲失望。时有于锡朋者，用事沐府中，所为多不法，沐氏家奴怀怨者闻定洲有阴谋，许为内应。定洲乃托言入辞，乘不备，夫妇拔刀升堂，格杀数十人。诸奴应于内，沙兵集于外，天波踉跄走楚雄，妻女及二弟皆被杀。

　　天波既遁，范氏又教定洲劫巡抚吴兆元，使其题言："天波反，定洲讨平之，宜以代镇云南。"兆元不可，则拘而夺其印。又诡草禄丰在籍尚书王锡衮上永明王□。执锡衮至，以稿示之，锡衮大恨，诉上帝祈死，越数日竟卒。定洲于是遂行府事，发兵攻楚雄，天波再走永昌。沐氏世镇云南，府藏盈积，佛顶石、青箭头、丹砂、落红、琥珀、马蹄、赤金皆装以篚，篚皆百斤，藏以高版，板库五十篚，共二百五十余库，他珍宝不可胜计。定洲运入本峒，累月不绝。当是时，孙可望等休兵贵阳，方图云南，闻之骇曰："此皆我囊中物也。"起兵兼程而进。丁亥四月，四养子兵入云南，称黔国焦夫人弟来复仇，所过城邑有不下者，辄攻屠之。定洲力攻楚雄，闻之敛兵而还，李定国邀击之于蛇花口，定洲大败，遁还阿迷，不敢出。

可望等至省城，兆元迎之入，执诸叛奴戮之。进徇迤西诸郡，得杨畏知，使作书招天波。天波使其子忠显至军觇可望意，可望厚礼之，发二十骑送之归，而潜兵随其后，先夺澜沧桥。忠显归见其父，二十骑中有两人历阶而上，忠显视之惊曰："此李、刘二将军也。"遂劫天波还云南，车裂于锡朋以谢国人。己丑夏，李定国征阿迷，惮其险，已还师。定洲闻兵退，与范氏出，过其妹婿汤嘉兵砦，定国觇知，还兵袭之，执其夫妇。李兵初闻范氏嬖于二夫，疑必辰嬴夏姬之流，及献俘，魁墨奇丑，无不大笑。械至云南，夫妇竟同磔于市。

老神仙

张献忠掠河南，俘一男子，自言有禁方能活人，贼姑置军中，未之信也。献忠性残暴，每以大梃挞左右至死，既死而悔，偶忆男子言，使治，果立愈，始宠异焉。献忠在长沙，一日忽下令曰："人持一几来。"顷之得几数万，累为台，高几千尺，令将士执弓矢环其下，曰："吾有呼，即全军皆呼。"而召男子登之。男子登未半，股栗欲止，视台下皆引满相拟，大惧，遂造于巅。于是献忠揖而呼曰："老神仙。"将士数十万齐声曰："老神仙，老神仙。"声殷然动山谷。自此军中皆称为老神仙云。

老神仙者，邓州人，姓陈名士庆，少慕神仙术，遍游名山无所遇。后至终南，见老人箨冠羽衣，瞑坐石上峒中，士庆疑非常人，再拜自陈，求为弟子。久之，老人拭目徐视曰："若岂神仙中人，去，毋溷我！"士庆跪拜者累日。每饥则往山下乞食，老人乃与一物如饴，食之，腹中气蒸蒸然，遂不复饥。士庆愈不肯去，又累日，老人出书一卷授之，始拜受而退。视其书多不省，唯末四页颇能识之，则禁方也。归过洛阳，有富家女秋千坠地而折足，募能愈之者予百金，试以其方治之，果愈，得金以归。时盗贼蜂起，父母疑子素无赖，在外久，必从贼得金。士庆出书自明，父方怒，投之火，急起于取，止存末四纸而已。士庆初匿其姓名，后蜀文士刘滶与之善，许为作传，始为滶述之如此。

其在贼中，所全活甚众，献忠劈楚府宫人老脚，偶以暴怒，引刀刺之，洞腹溃肠，召士庆使治，士庆曰："嘻，乌有人肠离体而可复活者？然大王有命，不敢违。"舁置木扉，以清水涤之，纳其肠胃，线纫而敷以药。老脚越宿而呻吟，三日而思饮食，五日而起坐，不十日而仍侍左右矣。孙可望杀一爱妾，士庆度其必悔，即持去治之如老脚，衾裹置车中，阅数日见可望曰：

"前夜将军何自杀所爱乎？"可望抚膺叹曰："悔不求君治。"士庆曰："毋过伤，吾今适得一美人，愿以奉将军。"令人持车至，启衾出之，则前所杀妾也。视其项，红痕环如缕，美丽乃倍于平时。白文选与官军战，炮中其颈，濒死，士庆曰："伤重矣，我无子，彼能父我而养我以终身，当活之。然彼素反复，书券来。"白即书契券如其言。乃以药敷其痛处，锯去伤骨，杀犬取胫骨，如其长合之，敷以药。阅三日，而文选驰骑入官军，斩发炮者，以首归。其奇验多类此。

献忠死，士庆遨游诸将间，年老矣，犹日饮酒数斗，御数女，人或求其术，辄曰："此非吾所能传，有司之者。"后卒从文选投诚，而病死于腾越。

论曰：余览世所传老神仙事，泂奇怪，古方技中不多见也。惜为贼用，弗以其术活一忠义士。既又闻降将王安言："在贼中尝从老神仙求药，见其从群妇人剜取阴上肉方寸许，杂以药，投炉中熬之，须臾火起，光满一室，其火著物不燃。久之，老神仙曰：'药成矣。'复投以药而火熄。"若然。是其术非作贼者不忍试，且无由试也。曷足尚哉？

卷　下

桂王上

明永明王由榔，神宗之孙也。崇祯末，随父桂王避贼梧州。及两京浙闽相继覆灭，其时桂王已薨，于是广中督抚丁魁楚、瞿式耜迎永明王肇庆，称监国。唐王之弟聿𨮁在羊城，闻之，使陈邦彦来约和。永明王召其下，问和与战孰便，邦彦因进说曰："天潢之序，固应属王，何和之有？然外患方兴，奈何寻踪谭、尚？为今计，不若早正大位，以一人心。"魁楚然之，遂以顺治三年十月僭号，改元永历。遣彭耀往谕广州，比至，聿𨮁已称帝，执耀杀之。腊月，命瞿式耜东讨聿𨮁。前部林佳鼎轻进败没，丁亥正月，王师克羊城，乘胜而西，永明王走梧州，丁魁楚为李成栋所诱，死于藤江。是月，肇庆破，瞿式耜以永明王奔桂林。二月，太监王坤劝永明王入楚，永明王从之，出驻全州，留式耜守桂林。三月，李成栋袭桂林，式耜与总兵焦琏力战拒之，王师不能克。四月，武冈守将刘承胤以永明王如武冈，李成栋复攻桂林，弗克。八月，定南王兵渡洞庭，何腾蛟战败，自长沙南奔，永州守将曹志建亦弃永州走镇峡。王师进驻湘潭，尚王从东路渡江攻燕子窝，总兵陈士明等迎降。耿王别率兵趋湖西，破郝永忠，从宝庆直抵武冈。刘承胤见事急，乃伪降，密使副将谢复荣以永明王奔古尼，追兵迫，复荣以五百人断后，皆死焉。九月，王师进攻沅州，守将张璧先弃城走。永明王复自古尼走柳州，道阻，还次象州，资用乏绝，从臣狼狈，皆以青布裹头，渐欲散去。会王师于全州失利，撤兵北去，始得复还桂林。

戊子正月，金声桓南叛，永明王命何腾蛟出全州，焦琏出平乐，郝永忠屯永安，窥长沙以应之。二月，永忠兵溃还，夜半，劫永明王于寝，裸而置之城外，大掠而去。时事起仓卒，严起恒、马吉翔辈觅布袍竹轿，奉永明王远遁，遇水濡足，逢山扳树，逾旬始得抵南宁。式耜被劫登舟，适遇总兵周金汤、熊兆佐自楚至，始得脱还桂林。已而腾蛟闻变，与焦琏先后引兵归，王师乘乱攻之，不能克。三月，李成栋及布政袁彭年劫佟总督以广州南叛。使至南宁，永明王大喜，欲还肇庆。瞿式耜上言："宜且归桂林，或暂驻梧州，不宜委身新附，使太阿倒持。"不听。闰六月，永明王发南宁，过浔州，守将陈邦傅欲为乱，以石碎萧琦舟，杀之。永明王脱走，八月朔日，方至肇庆。成栋来迎，封惠国公。迁佟养甲于梧州，而使张善袭杀之于路。养甲行至杨柳沙，方与客夜弈，闻善至，按枪舱口，杀十数人。善厉声曰："公差矣，公所杀宗室诸王、忠臣义士以百千计，一死不足偿，乃吝惜若此耶？"养甲赴水，善擒得之，遂被磔于江中。

当是时，连得二省，兵势骤张，士人云集，其已仕者，不曰迎銮，即曰扈驾；而未仕者，亦诡称原仕以求用。袁彭年初降本朝，授广东提学，尝出示云："金钱垂辫，斯兴朝之雅制；博带峨冠，乃亡国之陋规。"至是，自谓反正功第一，欲专朝政。成栋东出，留养子元胤助守，彭年知其寡识，于是崇以礼貌，属以大权，挑其喜怒，以作威福。两人之门，晨夕如市。肇庆士庶乃作假山图、五虎号以讥之。元胤本贾氏子，故画假山一座，下列朝臣累百，有以头戴之者，有以手挟之者，有以杖支之者，有以肩背任之者，或仰而望，或倾而听，或指而有言，或跪而起拜，或惧而退避，山顶黑气蒙昧，直接云端。五虎者：刘湘客为虎皮，蒙正发为虎爪，金堡为虎牙，丁时魁为虎尾，而彭年尤横，为头。尝论事王前，语不逊，王责以君臣之义，彭年勃然曰："倘向者东国以铁骑五千席卷而西，君臣之义安在？"王默然变色。行在诸臣亦皆恶之，而心惮元胤，不敢发。

十月，李成栋攻赣州，败绩。腊月，何腾蛟会兵湘潭，使马进忠救南昌。己丑正月，进忠兵溃，乌金王袭湘潭，执何腾蛟。二月，李成栋复出攻赣州，兵败，溺水而死。先是，肇庆又得吴三桂密奏，群下咸谓中兴可望坐致，益复泄沓，惟借考选考贡，朝夕纳贿。王皇亲新教梨园子弟班成，文武诸臣无日不会，酣歌恒舞。瞿式耜在桂林，累次上书，言："宜君臣宵旰，肃官常，作士气，以图恢复。"莫有以为意者。及各路败书踵至，中外震骇，束手无策。式耜知事不可为，于是筑室仿虞山东皋水竹之胜，颜曰小东皋。与游客赋诗饮酒，不复谈经济矣。

成栋既败，永明王使其将杜允和代守羊城。庚寅正月，平南王兵逾梅岭，破南雄韶州，王留李元胤守肇庆，而身奔梧州。吴贞毓、郭子奇等乃敢劾五虎罪。王以彭年有反正功，削籍免议。余四虎皆下狱，堡与时魁谪戍，湘客、正发配赎。是月，王师进攻广州，广城东南距珠江，北有三里圬，人马不可站立，惟城西一带皆小麓，为兵冲，杜允和列兵坚守，平南王攻之，不能克。是月，罗南生起兵延平，奉德化王慈烨为主，攻陷大田、龙溪等县。四月，定南王破全州，守将吴一清退保榕江。是时永明王舟居于梧，犹行考选。中秋节，严起恒书"水殿"二字，制一牌坊，送至王舟，率群下上表称贺。九月，靖南王定延平，斩慈烨，降罗南生，引兵会攻广州。西城守将范承恩因小愤开门降，允和遁入海，袁彭年时以被黜居广，复投诚。十一月，定南王克肇庆，诛李元胤，进破严关，桂林兵溃，式耜赋绝命诗曰："从容待死与城亡，千古忠臣自主张。三百年来恩泽久，头丝犹带满天香。"城破，与张同敞皆死之。

永明王复走南宁。是岁，孙可望使杨畏知至梧州贡献，求封秦王，严起恒以非祖制，坚执不许，畏知因留粤不归。辛卯正月，可望托言入卫，遣兵至南宁，杀起恒及与议阻封者十九人，执杨畏知归滇，畏知骂贼而死。其年冬，南宁破，永明王将走镇安，会李定国兵出靖州，将迎永明王，孙可望心忌定国，顺治九年三月，使其党郑国迁永明王于安隆。

桂王中

永明既迁，改安隆为安龙府。孙可望使人监之，所供奉皆造册呈报，内开："皇帝一员，月支米若干，太子一口，宫眷八口，月支米若干。"闻者莫不怪叹。已而可望至安龙入见，将图不轨。王所居宫旁有古井，压以巨石，上刻符篆，相传张三丰锁孽龙于宫，可望发而视之，水忽涌出，可望惊走。媚贼者曰："此龙来朝王，王呼免朝，水当退。"可望且呼且走，而水来益急，几没可望膝。乃传永明王命呼之，水立退，邪谋由是顿息。

其年夏，李定国破沅、靖、武冈三州，总兵张国柱败没。定国进攻全州，先使其将张胜统精骑趋严关，七月，王师败于驿江湖，定南王急发兵往救，而张胜已扼关口不得出，全州遂陷。定国至，大战关下，王师破其象阵。定国斩其象奴，勒兵再战，士皆殊死斗，象亦直前冲突，王师大败，桂林陷，定南王死之。定国已得桂林，使高文贵为前锋，乘胜而东，永州、衡州皆不守。又潜兵破吉安，吴楚震动。朝廷命敬谨亲王尼堪，将十万众拒之，战于衡州城下，相持四昼夜，定国败走，而敬谨亲王为交枪所中，殁于阵，王师复却。定国亦力竭，退屯武冈。

是秋，孙可望亦出兵陷辰州，又使刘文秀寇蜀，文秀恃胜轻进，围吴三桂于保宁，其将王复臣谏不听。有黑煞神者，别屯城西，三桂觇其无备，先使孱兵挑之下山，而以铁骑蹂之，黑煞神败没。复臣兵屯其后，亦战死，文秀撤兵而遁。可望耻两路无功，功名独归定国，责文秀愎谏取败，假永明命落职闲住。癸巳春，可望悉师入楚，欲就定国，定国避入梧州，可望追之，道遇王师，骤而败，乃退驻贵阳，复召文秀使守云南。甲午春，安龙日益穷蹙，永明用吴贞毓谋，潜求迎于定国。马吉翔泄其事，可望复使郑国至安龙，杀贞毓及与谋者十八人。

是年，定国自梧州出攻肇庆，战败，走保柳州。丙午春，复出破廉州，进屯端溪西岸。乙未春，破高明，东攻新会，久不克。耿、尚二王及靖南将军朱马喇、纛章京东拜会兵来救,定国于峡口列巨象、西洋炮为阵,别以劲兵驻左山为冲突计。战既合,朱马驰铁骑先夺左山,二王张左右翼直攻峡口,定国军炮暗不发,群众皆惊逸,遂大败,走保南宁。会求迎之使复至,其年冬,遂自南宁赴安龙。可望闻之,使白文选劫永明入黔,文选心非可望所为,故迟其行,俟定国至而以不□劫归报。可望又使至曲靖邀之,文选因与定国合谋,同举永明而西。将至云南,刘文秀阳与可望心腹王尚礼等议城守,而阴出见定国曰:"吾辈久知孙、王为董卓,但恐诛卓之后,又有曹瞒尔!"定国自明无他意,折箭为誓,文选即迎永明入城。可望初得云南,即于五华山大建宫殿,制拟京师。方落成,而震电击其西楹,故不敢居,至是以为行宫。伪封定国为晋王,文秀为蜀王,而赐文选公爵,使边黔召可望。可望大怒,夺文选兵。丁酉春,可望大举南犯,与李、刘相持于交水,别遣马宝、张胜以精兵出间道袭云南。兵至城下,门犹未闭,张胜欲入,马宝止之,沐天波等始得严兵为备。王尚礼欲为内应,不敢发。俄而交水捷音至,宝以其兵降,张胜遁去,定国追斩之,王尚礼服毒而死。定国既逐可望,悉收其部将,余党王士奇、关有才等据永昌作乱,讨而诛之。自是事权始归于一。定国性本忠勇,又深以可望为鉴,谨守臣节,上下粗安。然自两人交恶,频年战争,猛将劲兵,十捐六七,定国锐气亦少衰矣!

戊戌夏，王师四路进讨。时刘文秀已死，永明使定国、冯双礼等扼盘江，据鸡公背，使文选督窦民望等出七星关，扼天生桥。十一月，固山额真侯墨勒根虾与吴三桂自遵义进兵，访土人得间道走乌撒，出至七星关后，文选弃关奔霭益。信亲王多罗锋尼与洪承畴破贵州，进至鸡公背。定国战败，退守盘江。土司岑维禄导靖寇将军罗托以楚兵出安龙，从南盘江直走昆明，定国选兵倍道截之，又败。又闻固山额真赵布大以越兵自广南入，知势不支，即弃盘江走滇都，奉永明奔永昌，令白文选留守玉龙关。己亥正月，信郡王会兵破省城，文选复弃关渡澜沧江，断铁索桥，吴三桂编竹牌以渡，破永昌，与赵布大合兵，急追定国。定国将决战，先令靳统武卫永明走腾越，而身结栅磨盘山左右设伏布地雷以待。三桂至，见山势险恶，未敢邃进。得降人卢桂生，始知定国虚实，于是分精卒扼伏兵处，而大队直前攻栅，破其前屯。定国升高观战，王师乘胜争功，挤入狭径，急督后队死斗，三桂骑兵迫于险不得骋，大败奔还。定国亦不敢追，徐收兵尾统武而西，欲至腾越，别思良策。而永明初闻定国失利，仓卒间已由别道至缅境，入铜壁关矣。

桂王下

缅甸者，西南缴外蛮落也，其都曰阿瓦。有新、旧城，中隔城江。新城在江左，缅酋所居；旧城在江右，一名者梗，尤荒僻。永明既入缅，缅人随集兵闭关，靳统武不得进而还。定国闻之，以北兵虽退，而夷叵测，闻文选在孟定，就而与之谋，欲各择便地驻兵，收合散亡，联络土司，俟形势稍固，然后迎复。文选谓王身处危地，兵卫单弱，稍迟恐生他变，不用定国计。定国留保孟定，文选独从奠蛮进兵，缅酋闻之，即移永明入阿瓦。己亥五月，永明至旧城，缅人盖草房十数间居之，留兵百人为卫。从臣自结草舍以居，犹各寻伴侣，携棋牌双陆，日夕游宴。缅民男妇往来贸易，诸臣短衣跣足，杂坐笑语，缅君臣无不目笑而心悲之。

其年秋，文选兵至新城，信缅人好语，不即攻。比觉其诈，则阿瓦守御已固，文选知不可克，退就定国，合兵复进。缅新城三面阻江，惟东南冯陆，文选去后，缅人掘陆引水为湖，湖内留堤三匝，外立木城以自固。定国至营三十里外，遣使谕缅酋送王，缅人答词甚倨。随于木城外环立木栅，调兵实之。越数日，复立外栅，调兵实之，以渐逼定国。既而驱群象索战，定国将步兵击之。战既酣，文选引铁骑横冲其胁，缅兵大败，保城不出。定国挥所获缅将如国老等礼而归之，复以书谕缅酋送王。又诇知永明在旧城，密遣丁仲柳于上流造船，谋袭江右。缅人不答其使，而遣轻兵袭仲柳，焚其舟。定国无如之何，乃为久困计，分兵四下扫粮，绝其孔道。数月，城中饥窘，乃遣使来，请先退兵，然后送王。定国谓文选："彼虽诈，不若姑从其请，休兵养锐，俟造舟成，东西并举。"即拔营而退。将入洞邬，文选先发，未半道，其部将张国用劫之来降。文选哭曰："吾负皇上及晋王矣！"定国闻之亦哭曰："为伊强图入缅，致坏大事，今反舍我而去。追思当年兄弟，今惟伊在，何忍复自相鱼肉？已矣，各行其志可也！"遂独引兵驻洞邬。

初，定国在孟定，多造印敕给诸土司，沅江那嵩、石宾龙世荣等皆响应。定国去至孟艮，吴三桂悉讨平之。然心惮定国及蛮中险远，将迁帅，使人谕缅酋曰："急缚伪王来，否者，我且屠阿瓦。"缅小国，恐，即欲执永明以献，虑定国等在外，故久不决。庚子十月，三桂勒兵将击缅，缅酋惧，先遣兵杀从臣四十余人，惟沐天波出袖中锤，击杀十数人，然后死。定国闻变，以舟师至江右，缅人欲害永明，永明伺间使人报定国曰："事已不可为，致谢晋王，宜自为计，勿以我为念。"定国及将士皆下马哭拜而返。腊月，三桂兵至阿瓦，营于城东之旧晚，缅相锡直持贝叶缅文来降。即日托言迁居，胁永明过江，行百余里，至三桂营。三桂初见甚倨，永明问曰："若为谁？"三桂一时口噤不能对。再问之，不觉屈膝伏地。王曰："我知之矣！他不必言，犹思归骨于祖宗陵墓，知卿能任此乎？"三桂强应曰：

"能。"左右扶出,汗流浃背,色如死灰。

辛丑正月,永明至云南,旧臣龚彝求见,三桂许之。具馔饮酒,永明痛哭称谢不能饮,彝亦哭拜不能起。久之,再劝王饮,永明勉卒三爵,彝拜且哭,触阶而死。定国治兵洞乌,谋邀三桂,既不及,复遇大疫,人马死者大半。乃斋戒作表告上帝,自陈反正辅明,出于诚心,若国祚告终,孤臣回天无力,乞速赐死,毋久害此军民。焚表未几而疫作,及闻永明父子以四月二十五日死于云南,一恸而绝。

天波,黔宁王英十一世孙,沙定洲乱后,不复任事,自永明至滇,始仍以世臣受寄。永明南遁,缅人守关不纳,永明使天波往谕,缅人闻沐国公来,犹下马罗拜也。天波三子,度国势既去,先使分赘诸土司。比天波入缅,而二子先后病死,惟长子忠显随妇翁龙世荣出降。未几,有梅道人者谋作乱,假忠显书投宁州禄昌贤。事发,忠显知不免,其妻方有妊,乃使内官胜九德引之出,诡称进香,浮舟远遁。忠显被逮,以婢夏莲为龙氏,而真龙氏后果生男,名曰神保。康熙四年,土酋王耀祖作乱,迎龙氏母子入山,后亦捕获解京。

粤东三烈

陈子壮字集生,号秋涛,广东南海人。万历己未,以探花授编修，天启甲子，忤珰削籍。崇祯立，起原官，累迁少宗伯，因争宗人授事，复黜。子壮为人长身巨口，美须髯，秀眉目，清言酝藉，雅为风流所宗。罢官后，闭门谢客，独见顺德陈令斌邦彦之文而奇之，延至家，使训诸子。邦彦感子壮之知己也，亦以师礼事子壮。其游若父子然，相得欢甚。邦彦慷慨有大节，双目炯炯，视日不眩。为诸生，四十未遇，居锦岩教授。甲申之变，志欲殉国，于是别子壮，谢生徒，草《中兴政要》数万言，走江宁上之，不用。唐王读其书而伟之，既自立，即其家授监纪推官。未任，举于乡，与张家玉同事唐王。

家玉者，东莞人，字元子，号芷园，癸未进士，选庶常。初陷贼中，设诡词求见，及见，长揖不跪。贼使卒愒以白刃，曰："降否？"家玉曰："不降。"曰："不降将剐汝。"家玉又曰："不降。"曰："不降将剐汝父母。"家玉始跪，贼乃释之。即伺间南遁。福王定从逆诸臣罪，阮大铖恶其依附东林，将列之五等，有为之力辩者，始得放归。黄道周荐之唐王，授侍讲，上疏陈江右剿抚事宜，唐王然之。命监郑彩兵救抚州，而邦彦以部属随苏观生驻赣州。彩进至广信，畏敌不敢前，家玉结健将四人，各领死士为先驱。方与王师遇，而彩已卷旆东奔，兵遂败。家玉走新城，坠马折臂，自请募兵潮、惠。至镇平，赖寄肖以其众万余人从之。又招降剧盗黄海，得兵数万，气稍振，闻福汀事急，率之往赴，王师邀击破之，家玉众散，亡归东莞。

邦彦数为观生画策，不用。福州破，观生遁入羊城，闻永明王称监国，使邦彦奉表至肇庆劝进。已行，而观生意中变，别奉聿𨮁。永明王夜召邦彦决策太后前，邦彦请王急正大位以系人心，发南雄劲卒取韶州，制粤东十郡之七，而委其三于唐王，使代我受敌，而徐乘其敝。丁魁楚辈皆以为然。于是擢邦彦兵科给事中，赍敕还谕观生。至广州，彭耀先往被杀，邦彦遂不敢入城，变姓名称林居士，匿高明山中。

顺治四年正月，李成栋破广州，西追永明。当是时，子壮已起兵邑之九江村，其兵多疍户番鬼，善战。闻邦彦在高明，急使人召之，谓曰："成不成，天也，姑置勿计。但得牵制成栋，使毋遽西，则浔、梧有备矣！"初，万元吉遣族人万年募兵于广，得余龙等千余人。未行而元吉败，龙等无所归，聚甘竹滩为盗，聚众至二万余人。邦彦乃与子壮谋，使同邑诸生马应芳说余龙攻广州，永明藉是得脱至桂林。及余龙败死，邦彦抚其余众，行收兵至高明，麦而炫等皆从之。当是时，家玉亦与举人韩如璜起兵刘潜，据东莞，籍前尚书李觉斯等资以犒士，进破新安，杀其令郑鋈，与家玉东西相应。

其年夏，子壮约邦彦攻广州，先结指挥杨可观为内应，又使花山盗诈降以助之，期于七夕，内外并发。子壮先期一日，连舟千艘，直薄西城，夺其炮台。可观等谋泄，佟总督悉收斩之，而飞骑召成栋还。盖其时成栋方攻家玉于新安也。翌日，邦彦至城东，知可观等死，度李兵夜当过禺珠，先伏舟以待，而使人报子壮曰："敌未必遭我火，恐其余众奔突，请严阵以侍。青旗而朱斿者，我兵也。"子壮得报，不即传令。其夜王师果至，火舟飘飖起蒲苇间，焚其巨舰十数，李成栋乘轻舸且战且走，邦彦尾而击之，环城而西。平明迫子壮军，城中亦登阵鸣鼓助呼，喧声雷动。子壮兵皆乌合，遥望帆墙千翼蔽江而上，以为皆北兵也，阵动。子壮急传令，而后军已走，王师乘之，前军亦溃。邦彦不敢攻城，全师走三水，破其城，杀知县陈亿，复助麦而炫复高明。已而清远指挥白尝灿与诸生朱学熙杀副使于玉华，以城迎。邦彦乃帅兵至江上，立栅以自固。

成栋既破子壮，与佟总督谋：以家玉在东，依山为垒，畏我骑兵，决不自至。邦彦居上流，舟师剽疾，若大兵东出，彼不乘广州之虚，必远连西越之众。乃使偏师缀家玉，而先讨邦彦。八月之末，王师至清远，邦彦使霍师连乘风驾火舟迎战，成栋败走。俄而风返，成栋回兵蹙之，火舟迫栅不得入，师连之众歼焉。清远破，邦彦帅死士巷战，身被三刀，走入朱氏园，见学熙缢，拜哭之，题诗于壁曰："平生报国怀深，望断西方好音。已共苌弘化碧,还同屈子俱沉。"题毕,自投于池,追兵引出,槛车送广州。

子壮之败也,收合散亡,兵稍振。八月既望,洞知佟总督生日,引兵袭之。夜泊白蚬壳,近三鼓,遥听城柝无声,缘墙望江中,水光凝碧,惟十数渔舟戢戢落月中,往来如织。子壮大喜,下令薄城,未至二三里,城上角声呜呜,忽兵舟数十乘风东来。子壮大骇,收兵败走。不数里,舟忽不进,下视舟旁,月光照彻,水内巨缆纵横,盖向者渔舟所为也。急奔他道,水浅舟胶,追兵迫,子壮弃舟登陆,壮士百余人掖之遁。会麦而炫来迎,乃奔高明。及邦彦被执,佟总督讯子壮所在,邦彦答曰:"我两人各殉国,何问焉?且生平师事之,即知,无可言者。"佟怒,命磔之。

成栋初攻新安,家玉兵败,韩如璜战死,祖母陈、母黎、妹石宝俱赴水死。家玉走西乡,已而王师引退,西乡大豪陈文豹复聚众奉之,袭破新安,据东莞。及成栋已破邦彦,即移师而东,家玉据金鳌洲拒战,大败。东莞破,文豹死,王师进克刘潜。觉斯怨家玉甚,发其行垄,尽灭其族,村市为墟。家玉号哭而遁,道得众数千,王师追之,家玉乃潜舟别岛,伺追兵过而自后击之。成栋失利引还。于是家玉收合散亡,复袭破新安,再为王师所败。乃奔铁冈,收合十五岭乱民,攻克龙门、博罗、连平、长宁,遂攻惠州,克归善,还屯博罗，益募兵，分麾下为龙、虎、犀、象四营，进据增城。王师至，家玉倚险自固，相持十余日。已而身被甲搏战，刀几及成栋，王师乍却，南兵追斩数百级，距长堤，鸣金收军。军法：出张旗，入卷旗，或夺得敌旗，即麾以入敌军。是日斩获多，旗手喜而忘之，臂绾数头，张旗至中军效功。后队望见骇曰："敌破中军矣！"急保垒。前军顾后队之移也，亦骇曰："敌乘我后矣！"皆不战而溃。家玉身中九矢，策马赴涧水而死。经数日，王师得之，颜色如生，须眉犹怒张欲动也。

至十月，王师至高明，麦而炫战死，前主事朱实莲、太仆卿霍子衡皆不屈死。实莲字子洁，子衡字觉商，皆南海人。而炫字章闾，高明人。

城既破，子壮冠带坐堂上，成栋舆致之，具宾主献酬。子壮素善饮，达旦不乱，至是，从容引满如平时。械送羊城，佟总督谓曰："公何不知天命？且我与公年家，方荐公，何苦而反？"子壮曰："若思年家两字，当知本朝恩不可负；若反本朝，何名而（疑作我）反？"遂受戮，子壮母自缢。

三人同时举事，邦彦磔后，逾月而家玉战死，又逾月而子壮被执。又三月，李成栋劫佟总督以广州叛。

子壮性孝友，善行草，文词典丽，少尝声色自娱，晚际乱离，悉斥去不少顾。长子尚庸没于白蚬壳，次子尚图同父被执，家人柏卿请寸斩以赎主人之孤，故得全。

邦彦博涉群书，著有《雪声堂集》《南上草》《留丹录》。初起兵，佟总督使人掩其家中，获其二子及妾何氏，遗书招邦彦，邦彦批其牍云："子杀之，妾辱之，身为王臣，义不顾妻子也。"养甲皆斩之。清远败，幼子恭尹走增城，父友湛粹破千金匿之，亦得全。

厥后永明王返肇庆，赠邦彦兵部尚书，谥忠愍；子壮番禺侯，谥文忠；家玉吏部尚书，增城侯，谥忠烈。家玉无子，而其父兆龙犹在，乃即以子爵封之。

野乘跋云：余尝游广州，过东城，彼中人指秋涛陈公死节处，衰草蒙茸，寒风凛冽，余望而悲之。既与其名士薛始亨等游，备得一时事。当广州已破，肇庆席卷，自非诸人牵制于东，桂林一枝，不早折耶？医欧阳生言，陈岩野被磔时，监者取其肝，肝忽跃起扑面，惊而坠马。归病，请生治，自述其事，后竟不起。其精爽可畏如此。张元子初以父母故屈膝于贼，论者谓公父母时在原籍，非自成之虐所能及，以此颇疑其心。及东莞举事，布政王应华以书招之，元子答书云："女不幸而节见，士不幸而忠见。今忠与节实萃于家玉一身，而执事乃曰利天下利社稷，亦思天下谁之天下，社稷谁之社稷？而执事所欲捐躯，更以何为也？"由是推其心，则知前之诡词屈膝，亦欲留其身以有为，岂一时偷生幸免者比哉！比经莞水，四望汪洋，操舟者犹述张翰林母、妻、妹自沉事，益肃然起敬云！

孙李构难

李定国字一人，绥德人，初名如靖，幼为流贼所掠，张献忠奇其才武，收为养子，与孙可望、刘文秀、艾能奇号四将军。献忠死于西充，四人分其兵，自川入黔，巡抚范圹首降之，黔中郡邑望风送款。又乘沙定洲之乱，盗有滇南。孙可望兵最强，年最长，又稍通文墨，共推为首；定国多才能，位次之；刘、艾兵稍弱，位又次之。既诛定洲，沐天波感恩，推戴可望。于是造敕印，营宫室，设伪官，铸兴朝通宝钱，意欲自帝矣。然以身与诸人同起，恐其不服，思所以镇压之。杨畏知乃说之归明，伪封秦王，时顺治七年也。

是岁，可望击杀高必正于巫山。其明年，破裴然于贵筑，克王祥于绥阳。艾能奇死，部将冯双礼主营事，可望笼之以术，使为己用。战既屡胜，又兼艾众，日益骄横。有方于宣者，为撰《国史》，称张献忠为太祖，作《太祖本纪》，比崇祯帝于桀纣。又为可望制天子卤簿，定朝仪，言帝星明于井度，上书劝进。定国渐不能平，可望与其心腹定计，于演武场执而笞之，欲以威众，孙、李之隙自此始。

壬辰春，定国自以其兵出靖州，可望恐其迎永明入滇，先使郑国迁永明于安隆，又令冯双礼以兵随定国为牵制。及桂林战胜，上下惊喜，议封定国，兼犒军士，而可望意不悦。已而定国上掳获，惟孔府金印及人参数捆，所报官军财物，估价仅十余万。忌之者因媒孽其短，册封犒赏，行之益缓，定国滋怒。其年秋，可望出兵破辰州，使人召定国，定国不至。俄而复有衡州之捷，于是可望部下愈忌定国而轻王师，遂以癸巳正月大出兵寇楚。

定国之再胜也，众议始定，封为西宁王，造设仪仗，遣官赍册往，已出黔境矣。比可望出师，复追还之，曰："孤入楚，当面会西宁，亲奉册宝以光宠之。"是时讹言四起，咸谓可望将袭杀定国受禅让。定国闻之，泣语其下曰："不幸少陷军中，备历险夷，尝思立尺寸功，匡扶帝室，垂名不朽。谁料甫得一胜，而猜疑如此？"即为书谢可望，而避入梧州。可望不意其去也，得书怅然，因自引兵追之，遇固山佟图赖于花街子。可望犹信部下言，谓北兵易与，冀立大功以服众，即直前薄之，且下令曰："得马者给其人。"兵甫接，王师小北，贼众争掠其马，阵乱，王师乘之，可望大败，退保盆口。乃使杨中书以王印授定国，招之还。定国怒曰："可望安得擅行封爵？当日兄弟四人受命先王，共扶明室，今置永历帝于何地？"挞杨中书而毁其印。可望度无如之何，仍善视其妻子以羁縻之。

甲午春，定国败于桂林，走保柳州，可望遣兵袭之，战于灵山，孙兵大败。时安隆穷困，惟定国岁时贡献，不失臣礼。至乙未冬，定国自新会还，始知（疑当作"如"）安隆，与白文选通谋，奉永明入滇。可望大怒，黜文选，夺其兵，然以妻子在滇，未敢逞。丁酉春，永明使张虎送可望妻子于黔，且好言谕之。可望既得其孥，即声言永明背德，定国谋反，留冯双礼守贵阳，宥文选，仍以为都督，勒兵十六万寇云南。定国、文秀同出御之，遇于交水，白文选迎降。可望探知滇都之无备也，令马宝、张胜以精兵袭之。定国又探知可望精兵猛将之分也，即以平旦悉师直掩其营。可望亲出决战，定国前锋不利。文选在黔，素与别将马维兴通谋，见事急，单骑突入维兴阵。维兴倒戈却走，直趋中军，李兵乘之，可望大败，仅以身免。过普定，守将马进忠不纳，冯双礼扬言追兵甚急，可望不敢留贵阳，取其孥，引残兵奔湖南，降于内院洪承畴。双礼及进忠皆以地南附。此时方于宣在黔，复驰书滇中友人，称："已集义旅，欲擒可望以报国。今逆寇既平，中兴可望也。"其友人答以诗曰："修史当年笔削余，帝皇度卅竟成虚。秦宫火后收图籍，犹见君家劝进书。"一时传诵以为笑谈。可望既降，召至京，封为义王。后从出猎，毙于流矢。

绣花针传

王兴字电辉，广东恩平人，方颊虎项，目多白，闪烁有光，武力雄视一时。恩平负山带海，俗习剽劫。兴初以杀人亡命，遂通群盗，易姓名为萧嘉音。群盗见其部伍整齐，刺剽精审，因目之曰绣花针，推为魁。久之，御史有以勤王师过新兴者，兴党以为捕己也，迎而击之，杀伤五十余人。兴闻大惊曰："此朝廷绣衣使者，若辈无知而犯之，今奈何？"乃单骑见御史，伏地谢罪，请立功自赎。适他盗谢寀劫高、雷饷数万，兴率众追及，斩寀，夺还所劫。督抚奇其才，札授武职，俾为抚戢，兴自此不为盗矣。

兴目不知书，而大义根乎至性，去就之际，可否断断。唐、桂相持高峡三水间，无日不战，绍武尝使人说兴袭永明，兴不应；及越西使至，即开壁受命。孙可望以书币招之，兴称愿耕海澨；及闻李定国破桂林，即自出请为前驱，其明决类如此。

广海有城名文村，前山后海，地最低，去城五六里，四面皆卤田，田中惟一堤向城。敌若远营山上，以炮击之，则高下不相值，欲迫攻之，则堤径峭狭，止容两骑，城上历历指数。稍近，即以小炮击之，无所避。兴素保恩平，及李定国西遁，始移兵据其地，熬海铸山，务农积粟，旁定诸屯砦。明宗室文武挈家托孥者以千数。滇中之通浙闽者，必藉兴为东道主。朝廷闻而恶之，屡责平南王收剿，不能克。至顺治戊戌，文村大饥，乃筑长围困之。自七月至明年之夏，城中食尽，斗粟二千，一鼠五百，下无叛者。平南王以书招谕，兴使人读而听之，叹曰："此君言似长者，必能知烈士之心。"即使其子八人随使者先诣羊城，而约以中秋后出见，人皆谓兴必降矣。至十六日薄暮，兴谕将士严守陴，归阖门，与妻张氏盥栉，服伪赐蟒，十五妾皆盛妆，祷月后园，共拜天地。然后使张氏自拜其母，又夫妇对拜，又同受众妾之拜。拜毕，依次坐桂下石床，笑谓众妾曰："今日之事憾乎？"皆应曰："无憾。"乃命酌，三爵既周，张氏起曰："可以行矣。"即率众妾归房，兴亦徐步出。张母随而觇之，兴至中堂，陈前后伪赐诰敕，北面嵩呼谢恩，次拜祖先，次拜四方，视壁间悬所爱虎顾彪图，亦就拜之，随执铜叉取下，卷置敕书旁，释公服，短衣至房，则众妾皆赫然梁间矣。房中先积火药，兴升小几，下张氏尸，解缳置药上，次及众妾皆毕。复出中堂，服公服，右秉烛，左抱敕书图画，大步而入。张母方惧而走，而房中烈焰贯天。将士奔救，见十七人骸骨皑然，乃取兴平日所斫大棺，合而殓焉。尚王闻而义之，迎其柩至广州，葬之城南。兴有侄名茂公，文村破，复引残兵据隔水文厅，久之方灭。

纪新会妇事

顺治壬辰，李定国攻新会，城中食尽，将士杀人以食。有莫氏妇，守者将食其姑，妇叩头求代，守者曰："孝妇能如是乎？"烹之而释其姑。

有李氏妇，守者将食其夫，妇泣曰："夫未有子，若杀之，是绝翁姑后，即余亦终无子也。请食我乎？"守者烹之，而归其元，使葬焉。

贫士梁某被缚将烹，一女才十岁，拜请代，守者怜之，父母得免。

门初闭，乡人求入者数百，县令欲勿许，守者曰："此事急时十日粮也。"启而纳之。城围凡八阅月，所食近万人。有一家数口被食者，事定后，遇守者于道，遽拜不已。诘之，答曰："我父母妻子皆葬公腹中，我他日无坟墓，寒食近矣，得不望公一拜乎？"守者惭而去。

某氏妇孀居，城围时，家人皆登陴，一卒抽刀劫之，怒其不从，断首掷道旁。其姊之夫见而欲收之，首重不可举，叹曰："姨，礼义人也，礼与我无相见，殆为是乎？"趋而告妻之兄，兄自往收之，应手起矣。

粤西二臣

何腾蛟字云从，贵州黎平人。天启辛酉举于乡，历官中外，才情精敏，所在见称。十六年冬，拜右佥都御史，巡抚湖广。福王立，进兵部右侍郎，总督湖广、四川、云贵、广西军务。左良玉举兵迫，腾蛟解印付家人，将自刭。良玉兵至，为拥去，伺间跃入江水，漂十余里，一渔舟救之起，则汉关侯庙前也。而家人怀印者亦至，相视大惊，觅渔舟，忽不见。远近谓腾蛟忠臣，得神佑，益归心焉。腾蛟乃间道抵长沙，集诸属吏，痛哭盟誓，调副将王朝宣、张先壁、刘承胤兵，朝宣等先后至，兵稍振。唐王初立，腾蛟复收李自成余众，众号百万。丁亥八月，定南王兵渡洞庭，腾蛟迎战而败，弃长沙奔武冈。武冈破，从王走桂林，复出取衡水，会诸将进攻长沙。会马进忠作乱，大掠，奔还武冈，他守将皆溃，而南昌又已先破，乃奔湘潭，惟空城。乌金王乘胜自间道来袭，腾蛟不为备，北将徐勇先入。勇，腾蛟旧部将也，率其卒罗拜，劝之降。腾蛟大怒，叱之，遂拥之去，不食七日，乃杀之。永明王闻之哀悼，赐祭者九，赠湘中王，谥文烈。腾蛟初生，其宅边井中忽有五色鱼跃起，光彩夺目，自此时出游泳。比其死也，鱼不复见云。

鹿樵纪闻

瞿式耜字起田，号稼轩，常熟人。由进士历官给谏，敢搏击，虽权贵无所避，大臣多畏其口。后因助钱谦益，沮温体仁会推，被谪，遂废于家。又以奸民讦其贪肆不法，逮治，坐赎徒。福王立，复起应天府丞，已擢右佥都御史，巡抚广西。继事永明王，以大学士留守桂林，招兵裕饷，日夕训练，任大将焦琏为心腹。定南王破全州，直叩严关，诸将皆远遁，城中将士亦多弃去，式耜不能禁。部将戚良勋请式耜上马远走，式耜叱而退之。俄而门人张同敞自灵州来谒曰："事急矣，先生将奈何？"式耜曰："封疆之臣，当死封疆。"同敞曰："然，公与城为存亡，敞即与公为存亡，君恩也，亦师义也。"式耜曰："不然，后事未可知，君亟去图生以任其难，勿留此同死而为其易。"同敞不可。

是夕，两人相对秉烛危坐，一老兵侍，令召中军徐高，付以敕印，令持送王。黎明，有数骑至，式耜曰："我两人待死久矣。"定南王慰之曰："吾断不杀忠臣。但两公亦当知天命所归。本藩圣裔，尚附兴朝。"语未竟，同敞骂曰："逆贼何等辱我先圣！"突前欲批其颊，有德大怒，以刀背断两臂，与式耜同幽于民舍，犹日以诗酬唱。至闰十一月十七日，将就刑，天忽大雷电，空中震击者三，远近称异，遂与同敞俱死。昆山归乎来先生尝和其绝命诗曰："元臣日夜执戈眠，首尾经营历四年。方冀时来能定国，那知力尽不回天？凭魂杀敌生前志，托梦归乡死后缘。浩气乘云诗句在，几回读罢泪潸然。"又曰："江陵相业故非常，身后凄凉行路伤。谁料有孙绳祖武，还能为国死封疆？当年朝局何须问，四代君恩不可忘。报答此时惟有命，精灵常在毅宗旁。"盖同敞，江陵相国之曾孙也。

隶　仆

顺治乙酉五月，王师至江宁，明提督曹存性将出迎，使麾下一卒前马。卒问："今日之事何如？"存性曰："降耳！"卒曰："公降我不降。"存性曰："若小人何知？勿复言。"卒大呼曰："我真不降也。"抚膺号恸，立投中河桥下。

安远侯柳昌祚出迎豫王，惟恐不及，一卒哭止之曰："侯世受国恩，此行可缓，愿自爱。"昌祚叱之，卒犹牵衣力阻，昌祚手批其颊，行至中河桥，卒擗踊哭曰："侯不我听，我去侯死矣！"即自投于河。

野史氏曰：春秋时，士多仕于卿大夫家，卿大夫亦有与之同升者。秦汉而下，称奴仆矣，士即甚无赖，罕有厕身于此。惟大将麾下丁壮，往往因功自拔，或致显爵，此辈中宜有贤者窜身其间。如兹两人，其皆烈士而隐者欤？抑余又闻王师初下河南，明总督丁启睿将迎降，其家丁控马止之，因不见听，自沉于河，此与江宁两人相类。而前此贼陷华阴，得邑人王氏之仆李亮，见其伟干多力，欲留充前锋，亮大骂不从，被磔死。武愫受伪职，索吉服，仆某泣谏曰："圣驾崩，主人不奔丧哭临，又取吉服，想见新君乎？饿死事小，失节事大，望三思之！"叩头出血，愫叱之出，仆曰："主人为名利所锢，不听我言，必有后悔。李贼贪淫无道，天怒人怨，势必不久。吾不忍见主人之身名兼丧也！"不食而卒。又新会简凤兴者，家贫，自鬻于梁生，梁生以不薙发将见诛，简请以身代，梁生泣曰："尔代我死诚义，然亦有所欲乎？"答曰："无所欲也，我蒙主人衣食数十年，今以死报，何憾？惟贷某人百钱未偿，主若为我偿之，即瞑目矣。"遂死。如是三人者，是又奴仆中之可书者矣。

乞 儿

甲申之变，江宁有乞儿遇士人于路问曰："相公知北都事乎？"士曰："哀诏已至，崇祯皇帝自缢矣！"乞儿咨嗟不已，市酒饮之，绕秦淮岸而走，人以为醉，忽放声大哭曰："崇祯皇帝果死耶？"擗踊数十里，望北叩头，赴水死。市人闻诸有司，祭而葬之。或曰："此即愧二先生也。"乙酉五月，福王出奔，有乞儿题诗百川桥上曰："三百年来养士朝，如何文武尽皆逃？纲常留在卑田院，乞丐羞存命一条。"题毕，投水而死。

顾生曰：呜呼，此殆不食嗟来，以至斯极者耶？其死在王师未入时，故特止为奔逃者叹，不知后此之文武，求如一逃而不可得也！其时长干又有丐者，曳杖絜瓢，跛草屦，且哭且笑，行至通济桥，植杖挂瓢，脱草屦，投水死。人发其瓢，得二诗，痛伤国变，语甚激烈。三乞皆江宁人。而先是常熟有丐户石电者，勇悍善用枪，从指挥包文达援桐城，文达追贼于宿松，恃勇轻进，陷于伏，电单骑往救，手斩数十人，与文达俱死焉。头已去，犹持兵作击刺状，逾时始仆。皖人念其功，奇其烈，招其魂而祭之忠宣余公庙。呜呼，何乞人中之多忠义也！

闯献发难

李自成初名鸿基，小字黄来儿，又字枣儿，延安府米脂县霞泉堡人也。曾祖世辅，祖海，父守忠，一名印，世为养马户。母金氏，印死，金氏改适，流落宁夏，闯后未及迎而败，至今土人犹戏传"永昌太后"云。当万历丙午，江宁妖人刘元绪谋反，言有辟地李王，将以中秋出世，事发伏诛。印初无子，祷于西岳，梦神谓之曰："当命破军星为若子。"至是年八月生。孩提时，教之字，颇能记忆，顾性跳踉不可制。比长，伟躯蓬鬓，高颧深幽，鸱目蝎鼻，声如豺虎，走及奔马。尝学刀槊于同郡罗君彦，能尽其道，侪辈莫及。

崇祯改元之岁，秦中大饥，赤地千里。白水王二者，鸠众墨其面，闯入澄城，杀知县，由是府谷王嘉胤亦聚众于黄龙山。他若汉南王大用、阶州周大旺等所在蜂起。其明年，山西巡抚耿如杞勤王之兵溃于良乡，延绥、甘肃之兵亦溃，窜走秦晋山谷间为盗，其魁高迎祥，自成戚也，始自称闯王。时自成年二十三，为驿书，岁荒逋赋，里人艾同知又逼其私债，嘱邑令笞辱之，乃弃乡里，与从子过投甘州为兵。已复犯法，遂逃归迎祥，自结一队为闯将。

张献忠亦延安府人，世居肤施县柳树涧，与自成同年生，长身而瘦，面微黄，剽劲果侠，人皆惮之，目为黄虎。为府捕快，因事革役，去从军，坐法当斩，已解衣伏斧锧，参将陈洪范奇其貌，救而活之。即亡去为盗，依王嘉胤，战辄先登，贼中号为八大王。自盗起延绥，蔓延秦、晋、荆、豫，西连巴蜀，东扰江淮，其最强者，闯献而外，若过天星、闯塌天、曹操、革里眼、左金王、老回回、袁时中之属，不下数十部，朝廷或剿或抚，不能扑灭。

自成、迎祥转寇山西河南，七年，入秦，为官军所蹙，与献忠同困于车箱峡，用顾君恩计，以诡降脱。掠平凉、邠州，为左光先所破，窜出关，与群盗破凤阳。还入秦，败贺人龙、曹文诏，兵益强。战渭阳，为洪承畴所破，复窜出关，掠淮北，败于滁州之朱龙桥。折而西，与祖家军战于归德、裕州，皆不利。仍走秦，败官军于罗家山。至米脂，呼邑令与之金，令修文庙，且曰："吾故乡也，勿虐其民。"已而走韩城，将西掠，孙传庭迎击于盩厔，俘迎祥，自成窜秦州。

十一月，自秦入蜀，陷广元、昭化、刘青、江油等州县，进攻成都，不克，退与官军战于梓潼原，大败，尽亡其卒，独与刘宗敏、田见秀等十八骑，窜入商洛山中。已闻张献忠反谷城，潜往投之，献忠素恶自成，欲杀之，乃转依老回回。卧病半月，回回畀以五百骑，仍出掠劫汉阳。

献忠初据十八寨，四年，入晋，败于曹文诏，嘉胤死，献忠降而复叛。六年，为官军所迫，与群贼自毛家寨渡河扰梁楚，犯四川。八年，自楚而东，陷凤阳，焚皇陵，还兵而西，道麻城，将入关。已复出商洛，与官军连战，大败，窜入山中。九年，自均州东出，会群贼顺流而下，烽火达淮阳，为左良玉所破，遁还楚，伪为官军装□宜城。良玉兵至，仓皇走，官军追急，伤额破面，创甚，不能复战。

部下有薛姓者，首相国观子侄行也，劝之就抚。贼念诚得国观为主于内，抚可万全。又闻陈洪范在追军中，即饰名姝赍重宝以进，自陈："大恩未报，愿率所部随马足自效。"洪范为言之总理熊文灿，文灿先以闽海抚贼得厚贿，即踵故事行之。贼笑曰："是欲刘香我也。"举人王秉贞、诸生徐以显素无赖，教贼以孙吴书，造诸器械，在谷城操演者逾一年。至己卯五月而复叛，破房县，败左良玉，势甚猖獗。其年冬，杨嗣昌督师，议先讨献忠。献忠自楚入蜀，官军追破之玛瑙山，遁入兴、归箐谷间，掩旗息鼓，从白羊山走武昌。

汝才即曹操也，过天星即惠登相也。方是时，献忠未平，官军皆西出，荆豫无备，而河南北大荒，土寇蜂起。自成久伏汉南，食尽众散，屡欲自刭，义子李双喜救止之。自成乃谓其众曰："人言吾有天命，若等可卜之神，如不吉，即杀我以降。"其将刘宗敏者，蓝田锻工也，最骁勇，时亦欲降，自成与步入丛祠，令宗敏取神筶投之，三投皆吉。宗敏还杀其两妻曰："我今生死从若。"余贼多有杀妻子愿从者。于是自成与百余骑渡汉而北，中原蜂起之辈，若瓦罐子、一斗谷、艾一、侯二等争归之，旬日间众至十余万，从此自成遂为盗魁，继高迎祥称闯王。

其年冬，献忠挟罗汝才之众而窥成都，首破开县，杀骁将张令，屠绵州，降守将王光启，进攻成都，不克，去陷泸州。嗣昌移驻重庆，檄诸将西追贼，而驾驭失宜，秦将贺人龙先以其兵北遁。贼闻官军将至，自泸州还兵渡南溪，走汉州德阳，东路空虚，官军反自泸州蹑贼后。辛巳正月，追及贼于开县之黄陵城，时士卒疲病，人无斗志。献忠在山巅，见左军倚险自守，又不见秦兵旗帜，即悉精骑大呼驰下，官军立溃。嗣昌得报，急从夷陵还救，而贼已席卷而东，自开城一日夜驰四百里，出巫山，至当阳。留罗汝才缀郧阳之兵，自以精锐下宜都，杀驿骑于途，取其符檄，令养子李定国等先持至襄阳，诳门而入。夜半，贼从中起，斩关纳外众，襄藩遂覆。嗣昌所储军资器械数十万，悉为贼有，而洛阳亦先旬日陷矣。

自成之称闯王也，有宋献策者，长不满三尺，上谶记云："十八子主神器。"自成乃大悦。又逆案李精白之子岩，初为女贼红娘子所得，强夫焉，后脱归。当道者下之狱，红娘子救出之，遂与磨勘被斥举人牛金星同投贼，为之谋主。三人始教贼收人心，据要害，以争天下。又为"迎闯王不纳粮"之谣，传之远近，于是归贼者弥众。既破永宁，杀万安王，遂乘胜直犯洛阳。是月之朔，福王内殿基下大声如狮吼，掘之深丈余，见古鼎甚钜,舁之不动,仍掩焉,识者谓必有异变。及贼至,将士力战三日,斩获颇多,而总兵工绍禹麾下,有所招逃兵数百为贼内应,城立破。福王及世子由崧缒城走,王以体肥不能远去,贼得而杀之,称其肉,重三百六十余斤,脔分股割,与鹿肉同烹,群贼胪食,名曰福禄宴。遂移兵攻汴州,不能克,去屠密县,败官军于新蔡,杀傅宗龙,再攻开封。

初,怀宗愤贼难制,密旨下秦抚汪乔年,发两贼先冢。乔年发张氏冢,内有大蚁数石,沸汤杀之,而李氏塚莫知其处。至是,米脂令边大受廉得之,穴在三峰子乱山中,相传为异人所扞,有铁灯醮火圹中,且留记曰:"灯常明,李氏兴。"大受先破海圹,灯火尚荧荧然,剖其棺,骨黑如墨,头额生白毛,脑后一穴如钱大,中伏小蛇,长数寸,爪角悉具,见日腾起,迎日光而咄咋者久之。次破守忠棺,骨色如铜绿,生黄毛。余圹骨皆血润,亦有生毛者。乔年腊蛇斩颅骨,函之以闻。是日,自成即于汴州中箭损左目,撤围而退。

其年秋,贼败官兵于孟家庄,害傅宗龙,又围左良玉于郾城。乔年闻宗龙死,悉师继出,自成闻之愤踊曰:"是发我先冢者,急击勿失。"乔年进及襄城,遇贼,全军皆没。贼遂陷襄城,杀降将闯塌天、李万庆,又破南阳禹州,杀徽王,还攻开封。周王益发金募兵杀贼,力战三昼夜,贼死伤既多,复撤兵去,东陷归德,屠陈州。

献忠既破襄阳，旋弃去，休兵光、固间，东出破随州，为左良玉所败，折而西，罗汝才始去献忠，北就自成，兵益盛。四月，复自归德趋汴，围而不攻。丁启睿代嗣昌督师。惮闯之强，而易献孤立，乃曰："法当攻瑕。"檄诸将先击献忠。献忠战败伤股，自信阳东奔，官军邀击，贼众降散略尽，走投罗汝才。汝才知自成欲修旧怨，分数百骑资之，麾使去。献忠遁入英、霍，与左、革合。启睿已破献忠，始会兵援汴。五月，王师至朱仙镇，自成抽兵迎战，王师大败，汴州援绝粮尽，渐不能支。至九月望日，河水大决，直冲曹门，波头高几二丈，满城皆为洪流。自成初欲据汴州自王，至是失望，乃移兵南寇郧、襄。十月，败孙传庭之师于南阳，陷汝宁，杀杨文岳，左良玉避贼东走，汉东之民，多奉牛酒迎贼，贼遂破荆州、夷陵，杀湘阴王。

癸未正月，贼陷承天，襄汉尽没。时闯王□几至百万，自称"奉天倡义文武大元帅"，群贼大会，悉受约束。汝才众亦数十万，称"承天抚民威德大元帅"，以山西举人吉珪为谋主。李兵长于攻，罗兵长于战，两人恒相须成事。自成不喜声色，脱粟布袍，与其下共之；汝才妻妾数十，女乐数部，厚自奉养，两人又互相非笑也。未几，自成心欲专制，先召汝才所善贺一龙宴，醉而缚之，随以二十骑袭杀汝才，又诱左金王及袁时中杀之，悉并其众。惟老回回别屯在澧，得不与。一龙即革里眼，左金王即蔺养成，老回回即马守忠。

自成既合诸部，改号新顺王，以襄阳为襄京，更变县名，立李双喜为太子，备百官，文则有上相、左辅、右弼、六政府尚书、侍郎、郎中、从事等员；武则有权将军、制将军、果毅、威武等号，外则节度使、防御使、府尹、州牧等职。封崇王襄阳伯、邵陵王枣阳伯、宁王宜城伯、肃宁王顺义伯，以前参政张国绅为上相。分布已定，大会群下，议出兵所向。牛金星欲先取河北，直攻京师；杨永裕请下金陵，断漕运，以坐困北都；顾君恩进曰："金陵势居下流，难济大事，其策失之缓；直攻京师，万一不胜，退无所守，其策失之急。关中汉唐故都，形势足恃，又大王桑梓之邦，宜先定为根本，资其兵力攻山西，后向京师；则进可以攻，退可以守。"自成于是决计入秦。

自朱仙镇兵溃，梁、楚之间，人心惶惧，守令多弃城潜遁。献忠在英、霍，收合群盗，乘机复出，以壬午夏破舒城、六安，掠含山、巢县，陷庐江，习水战于巢湖，窥金陵，为黄得功所破，还自桐城趋黄州。生员季时荣、无赖张以泽迎贼，黄州陷。癸未四月，从鸭蛋洲渡江，袭陷武昌，执楚王。贼见库中积金，叹曰："有如许财，而不知用以设守，朱胡子真庸儿也！"舁而沉之江，遂据楚府，伪设五府六部，开科取士，铸西王之宝。已闻左良玉西还，去破岳州，将涉洞庭，卜于神，不吉，投筊大诟，俄而风作，覆其百艘，乃焚舟陆行，连破长沙、衡、永、吉安、建昌，将犯辰、沅，石滩恶不可上，仍还岳州。

献忠初破武昌，自成在襄、荆，遣使修好，献忠亦逊词以答，乞彼此相援。比自衡州还，左良玉已复武昌，自成亦弃楚北去，献忠乃走淅川，值老回回病死，因收其众，从此群盗悉并于二贼。而李则自秦犯阙，张亦由荆屠蜀矣。

论曰：闯、献同起延绥，扰乱中原，十数载间，卒亡明室。说者以为当时将相异心，剿抚失策所致。然余窃怪此二贼者，心相忌而事若相倚：自成再起，既因房、竹所追；献忠复兴，亦藉朱仙兵溃。岂圣王肇造，天必先使若辈为之驱除乎？又闻崇祯改元戊辰岁旦，天子方御正殿受朝贺，忽大声发自西北，占者以为鼓妖。是日，自成与其徒饮米脂山中，酒酣，举骰祝曰："得六红，我当为帝。"一掷果六红。群小被酒，皆下阶叩首呼万岁。是知盗贼之生，亦由天意，殆未可专归之人事也。

鹿樵纪闻

自成犯阙

孙传庭之败于南阳而归也，抽丁壮，招边勇，兵稍稍集。又依古偏箱、武刚之制，造车万辆，拔降将高杰、白广恩为先锋，日夜操演。然其意欲且守关中，张形势，使贼西顾，不敢直犯京师。而朝廷屡督之战，不得已以癸未八月治兵再出。当是时，自成方去荆襄，闻秦师至，颇惧，乃匿其精锐，以孱弱诱之。官军屡有斩获，传庭转以贼为易与，进至宝丰。既入险，贼坚垒相持，官军不得战，值霖雨，饷道阻绝，传庭还兵就饷，乃悉精骑乘其后，及于当阳。贼前锋名三堵墙，一红、一白、一黑，望如云锦，官军方饥疲，见之皆股栗，丁壮推车者脱挽络先奔，师复大败。自成逐之，一日夜逾四百里。传庭至关，方调兵商洛口，而炮声忽从内发，盖兵溃时贼得所弃甲仗，使其众被之，杂奔者先入为内应也。贼既入关，西安不守，传庭拥所养喇嘛僧西去，不知所终。高杰渡河奔蒲州，方伯以下，及白广恩、陈永福等皆降于贼，永福于是反为之尽力。

是时，秦中郡邑多从贼，独凤翔及庆阳、榆林不下，贼使刘宗敏屠凤翔，又攻庆阳，破之，执韩王。使李过攻榆林，失利，自成自引兵屠之。宁夏总兵牛成虎迎降，进攻甘肃，屠西宁，三边尽入于贼。于是大会群下，戎马万匹，旌旗百里，诣米脂祭墓，哀被发遗骸封筑之。访求宗人，赠金赐爵，改延安为天保府，米脂为天保县。十一月，自成还长安，召见关中绅士，先各馈银八两，然后责其输助。遣官考州县生童，改八股为论。先遣兵入山西，陷平阳。

甲申正月，淮安民家凿井，适中古甃，将及泉，得一石，有记曰："宋建炎二年开，开三百年而塞，塞二百年而复开，天下当清。"是月，自成僭号，建国曰顺，纪元曰永昌。封其党为侯伯子男，造甲申历，改西安为长安。铸大钱，值白金一两。设科目取士，试《定鼎长安赋》，拔扶风举人张文熙为第一。二月，贼自龙门渡河，破汾州，进陷太原，所下郡邑，即置伪官。壬申，贼至潞安，分遣刘宗敏入故关，掠大名、真定，而自以大队徇忻、代，陷宁武，杀周遇吉。三月壬辰，帝星下移。乙未，贼陷大同，进薄宣府，太监杜勋以城降。癸卯，贼犯居庸关，太监杜之秩、总兵唐通开关以迎。甲辰，贼陷昌平，犯十二陵。始贼欲侦京师虚实，阴遣人辇重货贾贩都市，又令充部院诸椽吏，刺探机密，千里驰报，至是，兵部发骑探贼，贼辄诱降之，无一人还者。是日薄暮，自成至彰义门，伫望间，城楼忽堕一天启大钱，宋献策进曰："此胜兆也。"发一炮，楼角立崩。

乙巳，贼大至，城外三大营皆溃，杜勋初降贼，廷臣请急檄城守诸内官，忽传旨云："杜勋骂贼殉难，予荫祠。"丙午，自成设黄幄，坐广宁门外，秦、晋二王左右席地坐。勋呼城上人，请入见，守城诸监缒之上，见帝盛称贼势，劝帝禅位，不然，则割山陕分国而王，上不答。或请留之，勋曰："不返则二王危。"乃纵之去。勋退，谓其侪曰："吾辈富贵故自在也。"复缒城去。时浃旬阴惨，是日忽大风震雷，俄而微雪。申刻，贼攻广宁门，杜勋射书城上，曹化淳立启门。外城陷。二鼓，帝命周后自经，令太子、二王易服出避，手刃袁妃、长公主。五鼓，贼攻正阳门，帝欲出，不得。俄而内城陷，帝登煤山，自缢于寿皇亭。戊申，贼以扉舁出，与周后同置东华门侧，殓以柳棺，枕以土块，覆以蓬厂。辛亥，始改殡于茶庵。已而伪官传纸票，仰昌平州葬之于田贵妃墓。四月初三日发引，永、定二王青袍哭送出城而返。

署昌平州事吏目赵一桂与好义之士孙繁祉、白绅、刘汝朴、王政行等十余人捐钱三百四十千，募人开圹。始启石门，内香殿三间，中悬万年灯二盏，陈设祭器，前置石香案，旁列五彩绸制侍从宫人，及生前所用器服。东间石床高尺五六寸，广盈丈，上铺绒毡被褥诸寝具。又开二层石门，内通长大殿九间，石床如前式，妃棺在焉。初四日，帝后梓宫到，祭奠毕，先移田妃于床石，次安周后于左，然后奉帝居中，随闭石门掩土。初六日，一桂复率捐葬乡耆祭奠，哭声震天。死难太监王承恩即葬于陵右，明遂亡矣。一时词人悲叹，往往见之诗歌，就所睹记，录之于左：

七言绝句

玉皇西狩下天都，纵使霜狼斗赤乌。赛过五红惊一坐，戊辰元旦受嵩呼。（盗起）

花生玉露柳生烟，坐览军书上未眠。夜半月斜殿影黑，黄封犹降凤池宣。（勤忧）

阁臣天性最仁廉，招抚何须剑戟铦？将吏台前听号令，中军元帅诵华严。（嗣昌）

挥金百万作城防，贼未枭头已自创。天若资王生大统，国当磐石到无疆！（周王）

虎踞龙蟠说旧京，六宫拟从翠华行。君王也道江南好，只是因循计不成。（南迁）

风雨凭城下玉台，锦筵空为射堂开。天弧夜夜高张在，却放狼星易度来。

有诏坤宁共省愆，毁巢破卵事相缘。夜来帝坐移于下，遮莫轩辕也失缠。

崇关巨堞是居庸，百二山河推要冲。闻报官军三十万，齐心为贼作先锋。（破关）

贼兵百万涨昏埃，鼙鼓惊天晓角哀。闻报六宫皆掩面，玉銮日暮出平台。（城围）

空炮连声震若雷，园陵十二尽成灰。平台召对何人对？天子无言拭泪回。（召对）

王儿传至各歔欷，御手亲将换厂衣。对仗两班同哭罢，殿庭但有燕双飞。（太子）

社稷沦亡命亦捐，两行珠泪尽君前。圣明过守无成戒，妾负皇恩十八年。（周后）

翠华西阁断君怜，未得长门赋一篇。今夜有魂甘带血，落花风里变啼鹃。（袁妃）

剑气冲花萎绿苔，玉真高驾彩云回。幽幽椒殿无人住，鹦鹉犹呼万岁来。（公主）

内家避寇承明旨，玉殿金闺人尽亡。不似唐朝委社稷，三千宫女拜黄王。（宫人）

玄武楼头漏点传，从亡一整旧宫员。笼灯莫讶联三盏，未必微行得万全？（欲出）

白家河畔草迷离，万户烟深怨鸟啼。怅望南云无去路，东风吹到马频嘶。（回宫）

城上悬灯贼入濠，九门已献六军逃。士民欲为朝廷战，三百年中不佩刀。（城陷）

燕台四月草青青，马上悲笳耳倦听。过客若还忆旧里，回头一望寿皇亭。（帝缢）

转眼宫庭便陆沉，洁身同葬御河深。只应皓月来相照，照出澄波一片心！（魏氏）

两行遗诏亦悲哉，饮恨吞声向夜台。此日廷臣皆仗

节,犹嗟未得救时才!(遗诏)

血渍衣襟诏一行,殉于宗社事惶惶。此时天帝方沉醉,不觉中原日月亡!

天荒地老春余梦,剩水残山劫后钟。九土曾无埋骨处,淑人却借一抔封。(帝葬)

午门待罪责供招,旧事先王各大僚。忍见灵车从内出,月绫被体发萧萧。

茶庵棚内白杨棺,百姓皆来掩泪看。多少骑骡人过此,从无一肯下驴鞍。(茶庵)

千叠山河万叠云,重瞳魂魄傍湘君。白杨只恐樵苏及,麦饭谁浇数丈坟?(帝坟)

不鉴前车在汉唐,东林讲学为三王。臣忧门户君忧国,门户成时国已亡!(党祸)

谨具江山百座城,崇祯帝后列双名。鲜红简子书申敬,献纳通家八股生。(书生)

七言律

岂如黄虎只凶狂?甚有才能合众强。终始称渠不俯屈,奈亡无地更飞扬。李岩失路为谋主,神祖多方赉盗粮。作贼不图声色乐,苦心专志致明亡。(李闯)

人心厌治物违和,从逆交加赴火蛾。变乱如开龙耳嘴,危亡端在马蹄窝。锋头毛面堂廉满,紫眼鸢肩草泽多。天却生才与位左,不关功令咏《菁莪》。

初时群聚只饥民,蠲赈能教一叱平。驯致渠魁收壮士,便须能将动雄兵。洪卢孙戴全忘死,曹艾陈刘不顾身。其奈举朝皆泄泄,更无庙算似黄琼!

救火衣冠揖让频,中书枢密更添薪。河南未配红娘子,山右先驰黑煞神。一左尽堪专调选,二曹良足靖风尘。大河才有灵昌渡,便是飞鹰透碧旻。(纵盗)

中原郡邑久兵荒,极选人才未足当。江岭知能俱好好,关河庸毳独怅怅!平时觅食嫌山远,急处藏身乐草长。一脏受伤未必死,死来五脏气俱伤。(郡邑)

名将谁无此日难,福堂孙傅坐相看。已开函谷千寻道,又撤瞿塘万里滩。新蔡空拳当敌骑,宝丰枵腹跨征鞍。忠臣苦事将谁诉?狱吏才过剧盗攒。

那将贼势著胸中,气涌如山胆塞胸。驻马昔曾降大憝,挥刀今必斩元凶。曹能犹子同摧敌,周亦夫人共折冲。闲置西偏徒一死,不教河上立奇功。

英明昏暗不差多,秦后宫庭一网罗。张业吕强麟凤少,赵高封谞虺蛇多。蒙君窃柄难薰灌,揖盗开门孰谯诃?犹把王承恩藉口,南来威福似江波。(宦官)

若思东晋足忠良,刘李(闯塌天刘国能,射塌天李万庆)于今得继芳。丝濯江涛成锦绮,玉磋山石协圭璋。杀身完节嘉名远,建庙褒官世泽长。若问文儒甲申事,不知对此面何藏?

弥天盖地折凶威,锡穴奇才卓不移。地久荒残心作垒，人无甲胄铁为皮。五千壮烈同甘苦，廿万猖狂慑指挥。若使京城君设守，岂教宗社变冰澌？

槐国人政

顺治元年三月丁未，明京师陷。昧爽，李自成毡笠缥衣，乘乌驳马，至西直门，拔箭去镞，向后三发，令曰："军士入城，敢伤一人者，杀无赦。"忽有黑气涌门而出，宋献策曰："此害气宜避。"乃改从德胜门入。太监曹化淳率其属迎于门外，自成仰天大笑，手发一矢，中坊之西偏。至承天门，语诸贼曰："吾一矢中其天字，必一统。"射之不中，中天字下，自成愕然。牛金星趋进曰："中其下，必中分天下。"自成乃喜。入宫，即传令求崇祯帝及太子、二王，以曹化淳背主献城，先勒献饷银五万两。戊申，周奎献二王，自成曰："吾待以杞宋之礼。"发刘宗敏收养。午刻，始得崇祯崩闻。

是日，检讨梁兆扬倡助饷，与同志数人各书五千金，托宋企郊投谒。己酉昧爽，成国公朱纯臣、大学士魏藻德率文武百官至午门待罪，群贼争侮，为椎背脱帽，或举足加颈相笑乐，各官惴惴，莫敢仰视。日暮，自成始出，牛金星执缙绅录唱名，嘻笑怒骂，恩威不测，呼及周钟，顾君恩特下揖云："主上饥渴求贤，当不次擢用。"自成问："钟何许人？"君恩曰："名士，善为文。"自成笑曰："何不做见危授命题目？"□□□大学士陈演首劝进，自成不许。时入朝者三千余人，点用不满百人，从东华门出，送吏政府。余者每员马兵二人押往西华门外，纵辔腾逐，若蹴羊豕，人人自谓必死矣！俄传令曰："前朝犯官，悉送权将军刘处分。"盖贼愤各官不迎己，欲尽杀之，因宋献策力争而止也。

庚戌，收执逃官，路断行人，封太子为宋王，赦刑部锦衣卫系囚，又传檄郡县，中云："君非甚暗，孤立而炀蔽恒多；臣尽行私，比党而公忠绝少。贿通宫府，朝端之威福日移；利入戚绅，闾左之脂膏尽竭。"词出黎志陞，论者以为实录。辛亥，召见梁兆扬，自成谓曰："朕起义兵，专为救民。"兆扬叩头对曰："旧君无大失德，但猜疑自用，以致上下暌隔，民坠涂炭。陛下救民水火，由晋抵都，兵不血刃，真可比隆唐虞！臣遭逢圣主，敢不精白一心，以答知遇殊恩？"自成大悦，留坐饮茶，授兵政府侍郎。贼初自楚入秦，已设文武各官，至是，以父名印，改印为符、券、契、章，凡四等，改内阁为天佑殿，翰林院为弘文院，文选司曰文选院，六科曰谏议，御史曰直指，官服领尚方，用云为级。以牛金星为天佑殿大学士，何瑞征、黎志陞为弘文院大学士，旧臣点用者除授有差。

时贼令新降者不得乘马,壬子,各官皆骑驴,方巾蓝服,小扇遮面,至牛、宋及顾君恩署投门生帖,且领契。其外选者,乞携妻孥,宋企郊语之曰:"俟到任后做得好官,来迎未晚。"皆欣然而去。

癸丑,伪礼政府谕各官率耆民上表劝进,使周钟草登极诏,内有语云:"比尧舜而多武功,迈汤武而无惭德。"或私语钟曰:"闯贼残杀太甚,恐难成事!"钟曰:"昔太祖初起亦然。"乙卯,派各官概纳饷银,大抵点用者派少,不用者派多,下至厂卫著姓,要津权胥,四方富贵,无不滥及。一言不办即夹,往往骨碎身死。大学士魏藻德被夹,献银万两,刘宗敏责以首相致乱,藻德曰:"此一人无道所致。"宗敏怒曰:"汝以书生擢状元,不三年为宰相,崇祯有何负汝,而诋为无道?"掌嘴数十,仍夹不放。

四月戊午朔,宋献策言:"帝星不明,天象阴惨,宜停刑,且速即位。"庚午,各官复上表劝进。辛酉,焚明太庙神主。是日,试在京举人,首题"天下归仁焉",次题"莅中国而抚四夷也"。取者送吏政府候选。复考秀才,取者送国子监读书。司业薛所蕴因令监生多作文字,以候新主幸学。壬戌,禁用十字,若忠为中,成为丞之类,改大明门为大顺门,易乾清宫匾"敬天法祖"为"敬天勤民"。

是日,先释系官数百人,取所得银及合累朝镇库积银三千七百余万，金一千万锭，悉令工镕作穿心方版，为易运计。

癸亥，禁奏疏冗长，召见伪侍郎杨观光，问郊天何以必去荤酒，远女色，止行刑？观光答曰："天人一气，去荤酒则心志清明，远女色则呼吸灵爽，止行刑则举念慈和，故能感格上穹。"自成称善，送至檐下，答拱而别。

甲子，铸九玺及永昌钱，不成。乙丑，始尽释诸系官，其勋戚大臣，仍令兵监押。遣伪将四出催粮，执故相冯铨至京，勒献银数万。丁卯，盘各仓谷。伪礼政府示，十二日百官习仪天佑殿。望日，颁诏，论功行赏。

十七日，郊天祭地，即帝位。次日幸学，行释奠礼。戊辰，西平伯举兵报至，趣伪防御左懋泰赴密云，张若麟赴山海。己巳，停习仪，杀所押大僚勋戚数十人于平则门外，下令亲征。夜半，先运辎重百万辆归陕西。庚午黎明，自成毡帽蓝布袍，挟二王及吴襄东出。精兵二十余万悉行，各官送之金明桥而返。

闯贼本无大志，自得牛、李后，始知收拾人心。至京师，颇严军令，士卒有淫掠者，辄枭斩，或断臂割势悬市。然其下为贼久，令虽严，不能制也。军士初入民室，曰："假汝灶一炊。"既食，曰："借汝床一眠。"将眠，曰："雇汝妻女一伴。"不从则死。已又编排甲，令五家养一贼，民不胜毒，缢死相望。自成宠宫人窦氏，号曰窦妃，夜宿宫中，晨起啜少米饮而出，惮食宫中物。见诸龙器皿，辄震慑。将升御座，忽见白衣人长数丈，手剑怒视，恐惧不敢复登。内臣初进冕旒，窄不可戴，易之又宽，再易之始冠。刻许，头痛如裂，急欲去。识者知其不能久也。

  论曰：自成之恶极矣！历观古来盗贼，若赤眉、黄巾辈，其毒虐犹未若是之甚也。然或言其在西安，都司舍人丘从周乘醉入秦府，戟手骂曰："若小民妄称尊号，踞王府，而所为如此，何以能久？"自成闻之笑曰："此酗儿。"略不加意。少时尝盗邻家羝羊，其人执而笞之，既得志，不修旧怨。前参政张国绅者降贼，自成以为上相。国绅诱一故宦之室进之，欲以求媚，自成顾重其夫名，立斩国绅而归其妇。由是推之，意者夹官搜银等事，或其下所为，非尽自成之意欤？夫初得关中，姑以一二事示大度，假仁义以结民心也。语云："盗亦有道"，信夫。

西平乞师

吴三桂字长白，辽东籍，江南高邮人。父襄，字西环，两世并起家武科，积军功，官至都指挥司，同守宁远。甲申正月，怀宗以西寇渐近，调襄还京，已又撤宁远镇，封三桂为西平伯，手敕召之入援。三桂行至沙河而京师陷，贼使诸降将以书招之，三桂犹豫未决。初，上宠田妃，妃殁，上念之不置，戚畹田弘遇欲娱上意，游吴门，出千金市歌姬陈圆、顾寿，将以进御，上知为青楼妇，却之。弘遇死，寿随一优人逸去，而圆归三桂。贼据京师，刘宗敏居弘遇故第，因有誉二姬色之都、技之绝者，宗敏于是系襄索圆。三桂闻之，即还兵据山海关，刑牲盟众，誓兴复明室。报至京师，自成切责宗敏，立释襄，厚加抚慰，使作书谕三桂，三桂不从。

当是时，国朝闻明都之变，方议入讨，而三桂兵少，自揣其力不足以办贼，遗使因故帅祖大寿来乞师，朝廷犹未之信也。山海镇城在关内，而关外复有罗城，四月丙子，贼先遣轻骑自一片石北出而东，突入外城断东路，而自成以全师围内城。三桂复来求救，于是二王统劲兵飞驰而西，将及外城，见炮方东向击，九王疑三桂已没，驻兵欢喜岭，高张旗帜以待。三桂望见，从数骑突围而至，力请进兵。九王以素无盟约，又贼与吴兵甲仗相似，欲令吴兵薙发以自别异。三桂曰："然，我固非怯也，使我更得万骑，何惧于贼？为今兵少，故乞师于若，盟誓薙发无恨。"即与九王同歃，立薙其发，导王师直抵关下，而贼外城之卒先烂矣。

三桂驰入关，即呼城中人薙发，即日开内城门，三面并出：三桂居前，九王继后，豫王、英王张左右翼。汉兵先合，贼围之数十重，三桂奋死斗，卒皆一当百，贼散而复合。王师驰至，从黄埃中发数矢，贼骇曰："关东兵来矣！"天忽大风，沙石飞起，击贼如电，二王纵铁骑乘风夹击，贼步卒几尽，骑兵死者过半。刘宗敏中箭坠马，选锋骁将莫不重伤。自成乃杀吴襄，悬首高竿，收余兵西遁。三桂战罢，哭其父尸极哀，九王慰唁之，且趣之曰："稍迟即京师糜烂矣。"九王即摄政王也。三桂于是兼程而进，壬午，追贼于永平，张若麟来降。自成乘千里马驰一日夜，癸未平旦，至京师，立缚吴襄家属三十余口，杀之于市。

贼之东出也，留京师者仅老弱数万。文官则牛金星，大轿开棍，往来拜客；武官则一只虎李过，防守禁城，九门齐启，惟日驱驴马运金帛归关中。已而微闻战败，贼将督民夫拆城外房，运器械上城，为守御备，或相聚耳语而泣。民间喧传：吴三桂夺太子来，太子入立，即顺贼所署诸臣斩无遗。比自成至，人马残惫，全无纪律，益肆淫掠。诸内臣初奉命守城，已怀异志，令士卒皆持白杨杖，朱其外，贯铁环于端，举之有声，格击则折。至是，贼下令尽逐内监，无老幼贵贱，即以其杖驱之，皆号泣徒跣，破面流血而去。其金帛珠玉，悉为贼有。于是贼各官莫□疾步求间脱去矣。

甲午申刻，贼传示次日郊天即位。俄而刘宗敏先卧长桌舁出，群贼亦多束驮金帛，纷纷而去。乙酉，贼僭即帝位于武英殿，以李继迁为太祖，追尊七代考妣皆为帝后，立妻高氏为皇后，使牛金星代行郊天礼。三桂兵至，觇知贼将西走，先设疑兵于西山，又多取酒罂，实以石灰，埋齐化门外道口。五鼓，贼众万马齐出，践罂穿足，辄惊踣，后骑奔压，石灰迷目，不可视。疑兵远噪以惊之，贼众大乱，尽弃其辎重，留伪将军左光先、谷可成殿后而遁。

五月戊子朔，在京诸臣设崇祯帝位于午门，行哭临礼，令百姓人制素冠。庚寅，备法驾迎新君于正阳门外，都人犹以为故太子也。及驾至，前驺麾百姓悉去白冠，始悟其非。三桂追贼至定州，斩可成，光先伤足，贼负而逃。自成还兵战于真定，复大败，身中流矢。三桂追出故关而还。比至京，则国朝已定鼎矣。

自成至山西，郡邑多闭门拒守，贼辄攻屠之，而叛者愈众。又以牛金星谮杀李岩，刘宗敏以下皆离心，故不能复战。留陈永福守太原，委以晋事，而归西安。自成初以李岩言谬为仁义，及岩死，兵又屡败，益虐戾自用，群下小忤辄死。又设严刑，民盗一鸡者斩，西人大恐。

其年冬，王师西讨，陈永福拒战甚力，城破而死。肃王遂自皇甫川渡河，击破贼将郭英、李过兵。英王自怀庆渡河，向潼关，贼使伪巫山伯马世耀将三十万来拒，一战而败。自成知不能守，散府库，焚仓廪，出武关东奔。乙酉二月，攻郧阳，明守将王广恩伏步卒于近郊林莽间，自引骑士别驻远郊，而使羸兵诱贼。既入险，骑不得骋，伏发，贼兵多死，薄暮引去，而广恩已驰骑先破其垒。林间步卒复四面举火，噪而逐之，贼众大溃。时左兵方东下，自成闻之，收拾散亡，将乘虚袭武昌，大兵分两道穷追，闯贼还战辄败北。至武昌，众尚五十余万，留屯月余，欲溯江走岳州。将发，忽烈风暴雨，阴霾四塞，贼由是变计，从陆出咸宁、蒲圻。

丙戌正月，过通城九宫山，使其下先发，自以十余骑殿后，猝陷于淖，土人以耰锄击杀，断其首而献之明。李过来救，仅夺其尸，结草为头，以冠冕葬之罗公山下。大兵追至，获其从父二人及刘宗敏、左光先，皆斩之。执宋献策，金星、企郊等皆潜遁。发验自成尸，已腐，莫能辨也。李过改名锦，与余贼四十六部奉高氏降于何腾蛟，唐王赐锦名赤心，寻死。后人有诗曰："谁道天公醉？元凶未献俘。九宫灵一击，全队贼皆逋。"盖时又传自成过九宫山，单骑谒玄帝庙，为帝所击，伏地而毙也。

郡邑纪闻

郡邑死事，就所见闻，颇得其详而可录：曰房、谷，曰武昌，曰长沙，曰榆林，曰保定。

崇祯己卯春，流贼九股分屯襄、郧间，督师熊文灿主抚，于是张献忠首出求降。文灿为请于朝，授副总兵，处之谷城，而使佥事张大经监其军，所谓西营八大王也。群贼闻之，皆佯就抚，文灿随地安插，内三股近房县。房小邑，又数被兵，而群贼逼踞，人无固志。邑令郝景春争之文灿，文灿怒曰："朝廷欲化贼为民，今将驱民作贼耶？"趣居之城外。于是罗汝才居东北，号曹操营；黑云居南，号十万营；白贵分处西南西北，号小秦王营。景春虽单骑就营，与结盟定约束，事稍稍定，然已自知必死矣。

未几，献忠叛，谷城令阮之钿死之，张大经从贼，引贼兵趋房县，又使人约汝才同反。景春子诸生鸣銮力敌万夫，乃擐甲诣汝才曰："若不念香火情乎？慎毋从乱。"汝才佯诺，鸣銮觉其伪，与守备杨道选授兵登陴，而献忠前锋已至。鸣銮迎击，斩其魁上天龙。已而贼大至，献忠兵张白帜，汝才兵张赤帜，少顷，二帜相杂环城立攻，白黑二渠策马呼曰："以城让我，保无他也。"献忠又以张大经檄谕降，景春大骂碎之，而以寸纸系卒髀间,缒城求救。十数往,文灿卒不应。鸣銮且守且战,相持五日,击伤献忠左足,杀其善马。又用间入贼垒,阴识献忠所卧帐,将袭擒之。而指挥张三锡启北门揖汝才入,城陷。景春回署,将自尽,大经短枪乘马突入执之。贼坐县堂,见景春来,为起立,且酌卮饮之,而责问库银仓粟。景春骂曰:"死贼,仓库有物,城岂为汝所陷?"乃拥之去。鸣銮与道选巷战,道选中箭死,鸣銮闻父被执,追至,景春见之连呼曰:"好好!"以手自画其颈曰:"此亦不甚痛也,男儿至是,惟一死耳!"遂父子同遇害。而主簿朱邦闻亦以骂贼不屈,全家被杀。之钿字实甫,桐城诸生,由保举授县令。三锡后为官军所获,磔死。大经从贼,及玛瑙山之败,复出降。

张献忠之破汉阳也,武昌绅吏议募兵为备,而府藏空虚。贺逢圣屡请贷于楚府,王不应。左良玉东走,亦入见王曰:"与臣十万人饷,当为王保境固城。"王复不应。众不得已谋撤江上兵入保。参将崔文荣曰:"守城不如守江,守江不如守汉。团风、鸭蛋诸洲,水浅不及马腹,纵之飞渡,而婴城坐困,非策也。"众不听。兵既撤,而承天、德安溃卒东下,王始发金钱尽募之。使长史徐学颜为之帅,不隶他将,所谓楚府兵也。未几,贼偏师先自团风洲渡,其大营尚在江北,有张其在者,以罪被笞,走投献忠,告以虚实,贼乃从鸭蛋洲毕渡，直薄城下。文荣御之，颇有斩获。贼转攻德胜门，参政王扬基、推官傅上瑞先遁，楚府兵斩关迎贼，城遂陷，文荣及学颜皆战死。盖募兵时，贼先使其卒杂溃兵应募为内应也。

王闻城陷，出坐殿角门。贼入，王骂之，献忠曰："吾来，正欲扶王为天子耳！"王曰："天下吾家天下，天子吾家天子，安用贼扶？"贼党尚食王，却之，绝粒四日，献忠乘以竹舆，二人舁之，再拜而投之江。妃及宫眷、宗室、内臣死节者数十人。外臣死事者，自文荣、学颜外，有通判李毓英、知县邹逢吉、都司朱士鼎。绅士死义者，大学士贺逢圣而下，有王师文、陈靖之。而宗室盛潮之子观音保年十三，贼得之，因其少不之备，保伺贼醉，潜拔贼刀刺杀数人，然后自刭。学颜字君复，永康人。文荣海宁卫人，世指挥佥事。士鼎起家武进士，既被执，贼爱其力，欲用之，士鼎戟手大骂，贼断其右手，乃以左手染血洒贼，贼又断之，不死。贼既退，令人缚笔于臂，犹能作楷字，招集旧卒，训练如常。

崇祯壬午秋，李自成寇郧阳，巡抚王永祚奔荆州。癸未正月，承天陷，巡抚宋一鹤、总兵钱中选死之。朝命以王扬基代一鹤，李乾德代永祚，乾德有官无地，移抚偏沅，而扬基暂驻岳州。五日，张献忠屠武昌，扬基惧，率标兵走长沙，推官蔡道宪语之曰："岳与长沙，唇齿也。并力守岳,则长沙可保而衡永无虞,奈何弃之?"扬基曰:"岳非我属。"道宪曰:"弃北守南,犹不失为楚地;若南北俱弃,所属地安在?"扬基语塞,乃复还岳州。会吉府承奉王命明与副将尹先民潜通贼,贼遂浮舟于湖以窥衡岳,既破咸宁,进至蒲圻,扬基先遁。湖广巡抚王聚奎驻袁州,惮贼不敢进,道宪贻书为陈利害,聚奎使至,使总兵孔希贵拒贼于陈陵矶,战屡胜。既而以众寡不敌,聚奎与希贵及湖南巡抚李乾德奔还长沙。岳州陷,道宪谓聚奎宜乘贼未至,先于山砂矶及戴家湖立水陆二营以遏贼。(以下阙)

跋

吴梅村《鹿樵纪闻》三卷，类分为四十一篇，向无刊本。余假得彭城金氏钞本，烂脱至数十处，为校其可知者，而缺其不可知者，因录副藏诸笥。是书《乾隆县志》未著录，《嘉庆直隶州志》仅载书目，未详卷数，则亦未之见也。篇中杂记三王，间涉崇祯时事，而中卷《郑成功之乱》叙及郑氏之亡，则在康熙二十二年，梅村即世久矣，疑是篇当止"代领其众"，下"甲寅春，耿精忠叛"至篇末，当是后人续之，非原本也。古人著述，一经改窜，适滋异日之疑，可不谨欤？又《献忠屠蜀》篇中，载县令吴继善降贼，授伪官，一日写祭天文，"其纸中接，贼见之怒曰：'若不欲我一统乎？'立剐之。"与《梅村集》中《志衍传》异，疑传据事，衍归时所述，而此晚年所纪，当得其实；不然，先生忍以诬友者诬天下万世哉？

镇洋山人识

吴兔床《拜经楼题跋》云："《鹿樵纪闻》，或谓吴梅村著,又以为即《绥寇纪略》之别称。"盖《绥寇纪略》当时罕见,故不能与之一校耳。今以照旷阁刊本与此书对勘,则截然不同,所题"梅村野史"当另是一人,非必定是骏公也。

孙毓修跋